DOCUMENTS

SUR

L'ABBAYE DE NOTRE-DAME-AUX-NONNAINS

DOCUMENTS

SUR

L'ABBAYE

DE

NOTRE-DAME-AUX-NONNAINS

DE TROYES

PAR

M. L'ABBÉ CHARLES LALORE

Professeur de Théologie au Grand-Séminaire de Troyes

TROYES

IMPRIMERIE ET LITHOGRAPHIE DUFOUR-BOUQUOT
Rue Notre Dame, 43 et 41

1874

DOCUMENTS

SUR

L'ABBAYE

DE

NOTRE-DAME-AUX-NONNAINS

DE TROYES

PRÉFACE

—

L'abbaye de Notre-Dame-aux-Nonnains est une des plus anciennes abbayes du diocèse de Troyes; elle fut la plus importante des abbayes de femmes.

Cependant le fonds de Notre-Dame-aux-Nonnains, conservé aux Archives de l'Aube, ne renferme qu'un très-petit nombre de pièces antérieures à l'an 1247. La disparition des documents les plus anciens s'explique par le violent incendie qui, le 23 juillet 1188, dévora l'abbaye de Notre-Dame-aux-Nonnains et ses archives. De 1188 à 1247, c'est-à-dire pendant une des périodes les plus intéressantes de l'histoire monastique dans nos contrées, presque toutes les chartes de l'abbaye manquent encore. En voici la cause : lorsqu'au xvii° et au xviii° siècles les Bénédictins entreprirent leurs grands travaux et publications historiques, ils empruntèrent au trésor des archives de Notre-Dame-aux-Nonnains cent vingt-cinq chartes qui offraient le plus d'intérêt au point de vue de l'histoire, de la diplomatique et du droit; ils laissèrent seulement quelques doubles des chartes qu'ils emportèrent. Que devinrent les chartes confiées aux Bénédictins? nous l'iguorons; mais la copie des cent vingt-cinq chartes dont nous venons de parler existe à la Bibliothèque nationale, dans le manuscrit latin 11926. Nous avons transcrit fidèlement ce manuscrit et nous croyons utile de le publier pour compléter le fonds de l'abbaye de Notre-Dame-aux-Nonnains, existant aux Archives de l'Aube. Le recueil que nous publions comprend treize pièces du XIIe siècle, de 1147 à 1198 (dont quatre sont antérieures à l'incendie de 1188); cent neuf pièces de 1201 à 1247; une pièce sans date; une pièce de 1270 et la dernière de 1315.

Après le texte des principales chartes, nous publierons l'inventaire des autres chartes de Notre-Dame-aux-Nonnains qui sont aux Archives de l'Aube.

Enfin, pour mettre en œuvre ces documents, et quelques autres, nous tracerons l'esquisse rapide de l'histoire de l'Abbaye de Notre-Dame-aux-Nonnains.

Troyes, le 21 mars 1873.

PREMIÈRE PARTIE

---

§ I. — Texte des principales chartes.

1147.

Charta nemoris de Chenegio.

1. — Ego Henricus, Dei gratia Trecorum episcopus, universis tam
presentibus quam futuris notum facio quol Gaufridus furnerus, et
ejus uxor Lora, et Dudo de Sancto Memorio cum uxore sua, et
Galcerus de Meriaco, dederunt in eleemosynam domui Dei que est
supra Paennium, usuarium nemoris de Chenegio ex utraque parte
ville, quod nemus Commuia appellatur. Inde testes sunt : Andreas,
Gaufredi furnerii miles, et Homerus, ejus venator, et J·nanus, et
Otrannus, ejus major. Donum hoc plenarie factum est, Ludovico
Rege peregrinationis iter aggrediente.

Bibl. nation. Latin 11926, fol. 331 v°.

1158.

Charta de Domo Petri Creancerii juxta domum de Lormel.

2. — Ego Henricus Trecensium comes palatinus, existentium pre-
sentie et futurorum posteritati notum fieri volo me, Petro servienti
meo et heredibus suis, domum suam que est ante Ormel libere in
perpetuum possidendam, quietam clamasse ; et ne hoc aliqua temporum vetustate mutari vel infringi possit, scripto commendari et
sigilli mei auctoritate confirmari precepi. Hujus rei et confirmationis
testes sunt : Ansellus de Triangulo, Nicolaus capellanus, Guillelmus
notarius, Simon de Verzelaio, Ulricus camerarius, Garnerius coquus,
Durandus coquus, Petrus de Blesi, Robertus Chafornel. Hoc autem
factum est anno incarnati Verbi millesimo centesimo quinquage-
simo octavo, Ludovico rege Francorum regnante, Henrico Trecensium episcopo existenti. Tradita est apud Trecas per manum Guillelmi
concellarii.

Bibl. nation. Latin 11926, fol. 293 r°. — Archiv. Aube. *Origin.*

1180.

De viginti solidis de Villiaco.

3. — Notum sit omnibus tam presentibus quam futuris quod ego Gofridus de Villa Harduini, comitis Henrici marescaldus, dono concessi ecclesie Beate Marie Trecensis et sanctimonialibus ibidem Deo servientibus, viginti solidos pro filia mea Alaide de primis red-ditibus meis de Villiaco in Natale Domini annuatim assignatos. Ut hoc ratum et inconcussum teneatur, sigilli mei impressione anno-tavi. Hujus rei testes sunt : Felicius et Guntherus, sacerdotes; Galterus miles, frater meus; Kana, uxor mea; Emelina, soror mea; Giraldus de Villiaco, famulus meus; Galterus de Spina; Odo de Seleriis; Garnerus Gener. Actum anno incarnati Verbi millesimo centesimo octuagesimo.

Bibl. nation. Latin 11926, fol. 304 v°.

1180.

Charta de Percussu monasterii Cellensis.

4. — Ego Hugo, humilis abbas de Cella, omnibus in perpetuum. Ea que per manum nostram facta sunt, rata et inconcussa permanere volentes, notum facimus presentibus et futuris quod inter eccle-siam nostram Cellensem et ecclesiam Beate Marie Trecensis talis ab antiquo consuetudo fuit instituta, ut si homo de corpore Beati Petri de Cella feminam de corpore Sancte Marie de Trecis requireret, et eam vellet ducere in uxorem, ipsam, dato pro libertate sua jam dicte ecclesie Beate Marie quinque solidorum pretio, libere et absque contradictione aliqua solebat accipere et ducere legitime in uxorem; homo quoque de corpore prenominate ecclesie Sancte Marie, de femina de corpore Sancti Petri de Cella. hoc similiter fa-ciebat ; unde quoniam talis consuetudo istarum dictarum ecclesia-siarum scripto minime fuit commendata, consuetudinem istam de communi utriusque ecclesie capituli assensu inter ipsas duas eccle-sias pro bono pacis fieri et teneri fideliter approbamus et laudamus, concedentes ut si homo de corpore sancti Petri de Cella feminam de corpore Sancte Marie de Trecis accipere voluerit in uxorem, dato pro libertate sua, ut diximus, quinque solidorum pretio, libere ac-cipiat, eadem femina cum tota prole sua ecclesie Cellensi in perpe-tuum remanente; homo quoque Sancte Marie de Trecis, si femi-nam Beati Petri accipere voluerit in uxorem, dato pro libertate sua, ut prelibavimus, quinque solidorum pretio, libere nichilo-

minus accipiat, eadem femina cum tota prole sua ecclesie Sancte
Marie de Trecis in perpetuum remanente. Quo l ut verius credatur
et firmius teneatur, et ne ab aliquibus pos-it infringi, presentem
chartam cum chyrographo partito, inde fieri et sigillo nostro corro-
borari precepimus, corroboratam prenominate ecclesie Sancte
Marie Trecensis in testimonium tradidimus. Actum hoc fuit et
confirmatum in ecclesia Cellensi anno ab incarnatione Domini millesimo centesimo. octogesimo.

Bibl. nation. Latin 11926, fol. 308 v°.

1188.

Charta parochie Sancte Marie.

5. — Manasses, Dei gratia Trecensis episcopus, universis ad quos
presentes littere pervenerint, in Domino salutem. Quoniam patres et
predecessores nostros in bonis imitari volumus, et debemus, beneficium quod ipsi sanctimonialibus in ecclesia Beate Marie Trecensis
Deo servientibus in parochia ejusdem ecclesie contulerunt, ad
preces et instantiam venerabilis abbatisse G. sororumque suarum
laudavimus, concessimus, et confirmamus, et singillatim singula,
ne questio inde suboriri possit, distinximus. Presentatio siquidem
sacerdotis ejusdem ecclesie et electio spectat ad abbatissam proprie,
consulto capitulo suo ; qui presentatus ab abbatissa curam repor-
tabit ab episcopo. In singulis dominicis diebus habet presbyter curatus ejusdem ecclesie tantummodo duos nummos in principali
missa, relique oblationes erunt Beate Marie; et in ceteris missis per
septimanam habet abbatissa duas partes oblationum et sacerdos tertiam, et medietatem panis et vini. In legatis vero mortuorum que
vulgo dimissiones vocantur, habebit Sancta Maria per se totum
legatum suum, et de legato quod sacerdoti fiet, habet Sancta Maria
medietatem, et sacerdos alteram. In Pascha, in missa parochiali
habet sacerdos tantum duos solidos, et reliquum Sancta Maria. In
Pentecoste, habet sacerdos in missa parochiali decem et octo denarios
et reliquum Sancta Maria. In Assumptione Sancte Marie, habet sacerdos in missa parochiali octo denarios, et reliquum Sancta Maria.
In festivitate Omnium Sanctorum, habet sacerdos in missa parochiali
decem et octo denarios, et reliquum Sancta Maria; in die crastina,
habet sacerdos omnium oblationum tertiam partem, exceptis candelis. In Natali Domini, habet sacerdos in parochiali missa duos
solidos, et reliquum totum Sancta Maria. In Apparitione, habet
sacerdos in parochiali missa octo denarios, et octo panes, et octo
vina, et residuum Sancta Maria. In Parasceve, habet sacerdos octo

denarios, et reliquum Sancta Maria. De nuptiis vero ita statutum
est, quod si sacerdos pro pastu suo nummos acceperit, Sancta Maria
habebit inde medietatem, et de quatuor denariis sponsi et sponse
habebit similiter Sancta Maria medietatem. Et sciendum quod de
omnibus candelis que offeruntur per annum, nichil habet sacerdos
preterquam de cereis mortuorum medietatem, et in Purificatione
Beate Marie plenum pugnum candelarum. Ut autem hec omnia
rata permaneant et inconcussa, ad dirimendas lites inter sanctimoniales et presbyterum sepe dicte ecclesie, ea scribi fecimus, et sigilli nostri munimine confirmari. Testes sunt : Joannes abbas
Belliloci, Odo abbas Sancti Martini Trecensis, magister Stephanus,
Garnerus sacerdos Sancti Michaelis, dominus Hugo de Lina,
Galterus de Spina, Garnerus Gener. Actum hoc anno ab incarnatione Domini millesimo centesimo octuagesimo octavo.

Bibl. nation. Latin 11926, fol. 297 v°. — Archiv. Aube. Origin.

1188.

De domo Petri Creditoris.

6. — Ego frater Guiterius, Beati Lupi Trecensis humilis minister, omnibus ad quos iste littere venerint notum fieri volo quod
ego presens eram quando Gertrudis, Beate Marie Trecensis abbatissa, Leubaudo, nepoti Petri Potatoris, plateam suam quitavit et in
pace dimisit, quam ipse Petro Creditori pro quadraginta solidis im-
pignoraverat. Joannes quoque, sacerdos Sancti Johannis, testatus est
quod prefatus Petrus Creditor quadraginta solidos pro sorte quam
inde receperat, in lecto egritudinis sue perdonavit. Testatus est et
eisdem Joannes, me, Thoma capellano suo, et prefata abbatissa
presentibus, quod Galterus monachus, villicus Insularum, pro
querela predicti Lebaudi excommunicatus est. Quod totum ego,
precibus predictorum Johannis sacerdotis et Lebaudi adquiescens,
assensu prefate abbatisse, scribi feci scriptumque sigillo meo com-
munivi. Anno incarnati Verbi millesimo centesimo octogesimo
octavo.

Bibl. nation. Latin 11926, fol. 332 r°.

1189.

Charta magna Trecensis.

7. — Ego Henricus, Trecensis comes palatinus, notum facio presentibus et futuris, quod bone memorie predecessor meus comes
Hugo dedit ecclesie Beate Marie Trecensis et sanctimonialibus ibi-

dem Domino servientibus Scellerias, Fais, et quicquid ipse habent
apud Spinam et apud Lincionem, Champigneium, Montaublem,
Virei, Cortenoue, et apud Maigrigniacum libere et quiete perpetuo
possidendum, adjiciens quod in homines supradictarum villarum
sub potestate abbatisse et custodia preposili constitutos, servientes
aut ministri comitis manum nullatenus mittere possent, nisi inde
primo abbatisse clamorem facerent, et hominem in ipso forifacto
aut mesleia deprehendissent. De hominibus vero Beate Marie de
Virei et de Cortenout statutum fuit quod major Insularum justitiam aut exactionem aliquam supra eos nequaquam haberet, nisi
per manum abbatisse, excepto latrone et falsa mensura, et si querelam erga aliquem predictarum villarum hominem haberet, cla-
more facto abbatisse, inde jus in domum suam de Cortenout aut
de Viriaco abbatissa faceret. Contulit etiam eidem ecclesie quatuor
fora in quatuor solemnitatibus Beate Marie, salvo jure vicecomitum
et aquam de Duillet, et Renaudum piscatorem cum heredibus suis;
et omni possessione sua. Postmodum vero avus meus comes
Theobaldus hec omnia supradicte ecclesie laudavit et sigillo suo
confirmavit; nichilominus bone memorie pater meus comes Henricus
easdem justitias et libertates ecclesie concessit, conferens et adjiciens harum libertatem domorum, videlicet : domus de Draperia,
domus de vico Harduini, domus Roberti ad pedem, et domus que
est ante domum Nicolai Bergier, quas videlicet liberas fecit ab
omni consuetudine comitis et vicecomitis; dedit etiam memorate
ecclesie libertatem trium furnorum; et quadraginta solidos annui
reditus in singulis nundinis Trecarum; viginti solidos in excambium sanctorum de duellis in Megeycio assignatos; et nundinas in
curia Beate Marie in Assumptione Beate Marie; omnesque ejusdem
ecclesie homines Trecenses ab omni consuetudine liberos esse voluit et precepit; concessit etiam curiam Beate Marie omnino liberam a banno et ab omni justitia, ita quod abbatissa sanguinem
et falsam mensuram infra curie libertatem haberet; ii vero sunt
termini libertatis curie, videlicet a domo Gualteri de Bousanton
usque ad domum Radulphi cordarii que est de libertate, et usque
ad extremum postem domus Hugonis Girbaut, et a fabrica Giraudi
fabri usque ad pontem aule ex parte Beate Marie. De predictis autem libertatibus sibi hoc pater meus retinuit, quod si eum in propria persona in expeditionem profiscisci contingeret, si ex parte
ejus abbatisse nuntiatum esset, ipsa homines ecclesie mitteret in
eamdem expeditionem; si vero latro infra libertatem curie aufu-
geret, aut si infra libertatem proprio commisso deprehenderetur,
abbatisse esset, in hunc modum quod pro latrone prepositus co-

mitis viginti denarios dicte abbatisse daret, et ipsa eum omnino nudum mandato comitis redderet. Has ergo predictas libertates, justitias et consuetudines sicut a patre meo et predecessoribus meis dicte ecclesie collate sunt et concesse, ita eas ipse laudo et perpetuo habendas concedo, adjiciens et conferens memorate ecclesie, quod vinum suarum propriarum vinearum, ubicumque sint, libere et absolute absque ulla consuetudine per portas intromittatur, et libere per totam villam vendatur; dictamque ecclesiam et moniales, terram, quam ipsis dedi pro imminenti casu dominarum que in Trecensi incendio ibidem miserabiliter perierunt, ad loci sui incolatum dilatandum sine infestatione et molestia perpetuo tenere volui. Utque hec et omnia supradicta nota essent et firmiter tenerentur, ea litteris annotata sigillo meo confirmavi. Actum Trecis anno verbi incarnati millesio centensimo octogesimo IX°. Data per manum Hayci cancellarii.

Bibl. nation. Latin 11926, fol. 290 r°.

1190.

Charta de presentatione ecclesie de Viriaco.

8. — Ego Manasses, Dei gratia Lingonensis episcopus, notum facio presentibus et futuris, quod ecclesia Beate Marie Trecensis libere presentationis jus habet in ecclesia de Viriaco et de Corteno, ita quod tota ejusdem parrochie decima, tam grossa quam minuta, ipsius est, excepto quod presbyter illius ville utramque habet decimam a colle domini Bartholomei usque ad cavam viam, et in ipso die quo annuntiatur reddenda decima Beate Marie debentur presbytero sex denarii pro annuntiatione decime. Reliqui vero proventus ex equo dividuntur, ita quod medietas presbyteri est, et medietas ecclesie Beate Marie Trecensis, salvo jure presbyterii quod presbyteri est, scilicet : pere, confessiones, visitationes, baptisteria, pugiles, nummus pro pane benedicto, oblationes sponsi et sponse, sed secta dividetur. Legata pro albatis similiter dividuntur; de ceteris legatis omnibus presbyter quintam partem habet; pro caritativis suis residuum equa lance dividitur. In crastino Natalis Domini moniales totam oblationem recipiunt et eo die faciunt presbytero et clericis procurationem. In alio festo Sancti Stephani et in festo de Corteno de communi oblatione fit procuratio clericorum; si quid residuum est eque dividitur. Testes : Hilduinis Lingonensis decanus, Jacobus de Riveria, et Jacobus notarius episcopi. Actum anno incarnati Verbi millesimo centesimo nonagesimo.

Bibl. nation. Latin 11926, fol. 299 v°.

1191.

De molendino Bachiaci.

9. — Ego Maria Trecensis comitissa, notum facio presentibus
et futuris, quod cum querela verteretur inter abbatissam Gertru-
dim Beate Marie Trecensis et Philippum Baccant super quadam
terra et quodam prato et sede cujusdam molendini apud Bachia-
cum, in presentia mea inter ipsos ita compositum est : dominus
Philippus dictam terram et pratum et sedem molendini prefate ecclesie in perpetuum remisit et omnino quietum clamavit, tali siquidem conditione, quod ipse de medietate cujusdam molendini,
quod est supra predictum molendinum, unum sextarium bladi et
sex nummos tantummodo prefate ecclesie annuatim reddet, de qua
medietate tria sextaria bladi et sex nummos annuatim reddere solebat. Soror autem ejus de reliqua medietate tria sextaria bladi et
sex nummos reddet annuatim. Hoc autem ita tenendum laudaverunt filii sepe dicti Philippi, et conventus memorate ecclesie. Ego
autem rem, in presentia mea ita ordinatam, litteris annotavi et sigilli
mei testimonio feci confirmari, testibus : Milone de Braio, Milone de
Sancto Quintino, militibus; domino Adam, domino Joanne, capellanis comitisse ; domino Felicio capellano domine abbatisse ; Galtero
de Spina, Garnero Genero, Odo de Seleriis, famulis domine abbatisse. Actum anno incarnati Verbi millesimo centesimo nonagesimo primo. Data per manum Galteri cancellarii. Nota Theoderici.

Bibl. nation. Latin 11926, fol. 294 v°.

1192.

Charta de domo de Paains.

10. — Bartholomeus, Dei gratia Trecensis episcopus, omnibus
ad quos presentes littere pervenerint, in Salvatore salutem. Si circa
domos et ecclesias nobis commissas destituta restituimus et restituta
conservamus, profecto id ad quod sumus constituti perficimus.
Super hoc ergo nos, vel aliqua vice, vigilantes, et domum Dei que
dicitur de Paains sub prava et enormi habitantium cura diu lan-
guisse considerantes, in regularis observantie custodiam eam dignum duximus esse reducendam. Inde est quod precibus abbatisse
venerabilis ecclesie Beate Marie Trecensis ejusdemque conventus
supplicationi condescendentes, quamplurimorum tamen discreto-

rum consilio id agentes, predictam domum cum appenditiis suis et
pertinentiis omnibus, prefate abbatisse et ejusdem conventui, uni-
versisque eisdem successuris in perpetuum possidendam concessimus. Ne hoc autem mundana fragilitate depereat, sed stabile ra-
tumque permaneat, sigilli nostri impressione muniendum esse
decrevimus. Actum anno ab incarnatione Domini millesimo centesimo nonagesimo secundo.

Bibl. nation. Latin 11926, fol. 300 r°.

1192.

Charta de Aubrissello.

11. — Ego Joannes, Beati Petri Trecensis ecclesie decanus, totumque ejusdem ecclesie capitulum, notum fieri volumus tam presentibus quam futuris, quod cum inter abbatissam Trecensem et
Bartholomeum presbyterum de Arbrissello super decimam de terris,
quas eadem abbatissa in territorio illo ad proprium cultum ad-
quisierat et excolebat, controversia verteretur, tandem mediantibus magistro Odone de Mariaco, et domino Willermo, canonicis
nostris, taliter conquievit : quod videlicet jam dicta abbatissa et
successores sue prefato presbytero et successoribus suis quatuor
sextarios bladi, duos frumenti et duos ordei, in perpetuum annua
pensione in festo Sancti Andree persolvent, et ita hinc inde omni
lite et contentione sopita, predicta abbatissa et monasterium suum
ab omni exactione et solutione decimarum, tam de acquisitis terris
quam de acquirendis, in perpetuo absoluta et libera remanebit. Si
vero jam dicta abbatissa vel successores sue terras ad censum vel
ad annuam pensionem alicui forte commiserint, vel quocumque
alio modo in alium transtulerint, prefatus presbyter ex tunc de
terris illis decimam in integrum sine contradictione percipiet.
Ceterum predicti bladi annuam pensionem quam tam ipse quam
successores sui ab abbatissa vel successoribus suis sunt de cetero
percepturi in granario abbatisse Trecensis, salva tamen minuta decima, que in omnibus et per omnia ad jus sacerdotum ejusdem ville
pertinere sine contradictione dignoscitur. Et ne compositio, obli-
vione, que quandoque materia est discordie, nullo unquam tempore
in dubium redeat, sigilli nostri attestatione eam roborari dignum
duximus et signari. Actum est hoc anno incarnati Verbi millesimo
centesimo nonagesimo secundo.

Bibl. nation. Latin 11926, fol. 306 v°.

1196 (v. st.) Janvier.

Charta de consuetudinibus de Fay et de Chammay.

12. — Ego Maria, Trecensium comitissa, notum facio presentibus et futuris, quod Petrus de Sancto Fydolo, filius defuncti Milonis pie recordationis domini Sancti Fydoli, in presentia mea recognovit patrem suum, dictum Milonem, ob remedium anime sue, consuetudines quas predecessores sui et ipse postea in terra ecclesie Beate Marie Trecensis antiquitus tenuerant et habuerant, videlicet apud Fay et apud Chammay, ad petitionem sanctimonialium dicte ecclesie bona fide recognovisse. Recognovit autem eas jam dictus Milo sic quemadmodum subscripte sunt :

I. Ecclesia Beate Marie Trecensis habet omnem justitiam infra villam que dicitur Fay ; ita tamen quod si homines ejusdem ville domino Sancti Fydoli forefecerint aliquid, idem dominus abbatisse dicte ecclesie vel majori suo de hominibus de Fay clamorem faciet ; abbatissa vero vel major ejus eos pro jure exequendo ad locum qui dicitur *Fosse avoir* adducet. Si vadia duelli ad *Fosse avoir* adducantur, abbatissa hominum suorum vadia habebit, et dominus Sancti Fydoli vadia suorum habebit, et victum similiter. Si autem major domini Sancti Fydoli majori Beate Marie clamorem fecerit, major Beate Marie vadia habebit ; preterea si dominus Sancti Fydoli homines de Fay de aliquo crimine accusaverit, nec inde eos convincere voluerit, coram ipso per quintam manum homines se purgabunt. Extra villam de Fay dominus sancti Fydoli totam habet justitiam.

Homines de Fay in nemoribus de Perchoi et de Bayse habent omne usuarium et nemus mortuum ; si voluerint in lignis Trecis ad vendendum ducere poterunt. Abbatissa similiter in eisdem nemoribus usuarium suum habet ad ardendum. Sciendum tamen quod alicui hominum de Fay in dictis nemoribus scindere non licebit neque fagum, neque quercum majoris grossitudinis quem manu claudere possit, nisi pro marremio faciendo, aut ad edificationem domorum suarum, aut ad reficiendum, nec hoc etiam ipsis licebit, nisi hoc prius majori vel forestario domini Sancti Fydoli dixerint. Si homo de Fay in dictis nemoribus besanas apium invenerit, ecclesie Beate Marie erunt. Porci de Fay in Perchoi et in Bayse pasnagium non debent.

Si latro apud Fay captus fuerit, abbatissa eum, si voluerit pro forifacto suo, si forifactum tantum sit, damnare poterit ; sin autem, domino Sancti Fydoli reddetur. Consuetudines de Chammai he sunt :

II. Sicut homines de Fay pro justicia exequenda ad *Fosse avoir* per abbatissam vel per majorem suum adducuntur, eodem modo homines de Chammai et eodem jure ad Pissenci ire tenentur.. Dominus Sancti Fydoli vel aliquis ex parte ejus infra moncellum de Chammai in aliquem manum non apponet, nisi precepto abbatisse vel majoris sui, nisi in presenti forifacto seditionis vel mesleie inventus fuerit. Si major domini Sancti Fydoli clamorem fecerit majori abbatisse de Chammai de hominibus de Chammai vel de Fay, major diem dabit in curia sua, et si duellum pervenerit, major abbatisse vadia duelli habebit.

Mensura bladi et vini in predicto moncello de Chammai esse non poterit, nisi per manum utriusque majoris; si mensura falsa inventa fuerit, forisfactum domini Sancti Fydoli erit.

Si furtum in villa de Chammai factum fuerit in terra Beate Marie, major Beate Marie, et major domini Sancti Fydoli simul villam exquirant. Si latro infra Chammai vel moncellum de Chammai capiatur, domino Sancti Fydoli reddetur et suus erit, et pro latrone reddet abbatisse vel majori suo XX denarios, et spolia latronis.

Homines de Chammai usuarium suum habent in nemore de Wevre, exceptis quercu, piro, pomario et fago.

Si dominus Sancti Fydoli bannum posuerit apud Chammai, homines Beate Marie et hospites terre ejus, libere vendere poterunt. Si autem aliquis extra libertatem de Chammai, dum bannum extiterit, vinum detulerit, si vinum captum fuerit, forisfactum domini Sancti Fydoli erit.

Abbatissa habet apud Chammai tres homines liberos sub sua justitia tantummodo, excepto quod si dominus Sancti Fydoli de eis abbatisse clamorem fecerit, abbatissa de eis apud Pisanci justitiam exibebit.

Post predicta, sciendum est quod ecclesia Beate Marie Trecensis habet in molendino de Tremania sex sestiarios annone annui reditus pro anima matris defuncti Milonis domini Sancti Fydoli; in molendino vivarii de Chammai annuatim III sextarios moliture, si ea lucrari poterit. Habet etiam prefata ecclesia Beate Marie in censu domini Sancti Fydoli apud Chammai XXV solidos annui reditus percipiendos in festo Beati Remigii : pro anima Ersendis de Sancto Memorio sororis defuncti Milonis Sancti Fydoli V solidos, et pro anima ipsius Milonis XX. Abbatissa Beate Marie debet sanctimonialibus ejusdem ecclesie in anniversario defuncte Emeline, uxoris dicti Milonis, XX solidos ad refectionem, et in anniversario jam dicti Milonis XX solidos cum predictis XX solidis, qui assignati sunt in censu de Chammai, sicut jam dictum est, et ita in anniversario sepe dicti Milonis pro refectione sanctimonialium debet abbatissa XL solidos. Quadraginta autem solidi quorum XX in anniversario Emeline uxoris predicti Milonis, et XX solidi in anniversario ejusdem Milonis redduntur, in domo Ysembrunorum accipiuntur. Hec autem ut nota permaneant et rata teneantur, sigillo meo confirmavi. Actum mense januario anno incarnati Verbi millesimo centesimo nonagesimo sexto. Data per manum Galteri cancellarii. Nota Theoderici.

Bibl. nation. Latin 11926, fol. 291 r°. — Archiv. Aube. *Origin. scellé.*

1198.

De decem libris que nobis solvuntur in nundinis Sancti Johannis pro missa Henrici Comitis.

13. — Ego Theobaldus, Trecensis comes palatinus, scripti hujus testimonio, notum facio presentibus et futuris, quod cum frater meus bone memorie comes Henricus ob remedium anime sue, in ecclesia sanctimonialium Beate Marie Trecensis sacerdotem quemdam singulis diebus, pro sua et omnium fidelium salute, missarum solemnia celebraturum instituerit, et eidem ecclesie pro sacerdote sustentando decem libras annui redditus assignaverit, ego bonam ejus voluntatem nolens sua intentione fraudari, hoc ipsum laudavi et concessi; bonumque opus volens firmius stabilire, memoratas decem libras in redditibus meis de nundinis Sancti Johannis assignavi. Quod ut ratum et firmum teneatur, litteris annotatum sigilli mei impressione firmavi. Actum anno incarnati Domini millesimo centesimo nonagesimo octavo. Data per manum Galteri cancellarii. Nota Petri.

Bibl. nation. Latin 11926, fol. 293 r°.

1201.

Charta minute decime de Lonsoldo.

14. — Frater D., Beati Lupi Trecensis dictus abbas, et totum ejusdem loci capitulum, omnibus presentes litteras inspecturis, salutem in Domino. Quia religiosis omnibus convenit diligere pacem

et charitatis concordiam retinere, volumus ad communem notitiam
pervenire, quod cum discordia esset inter nos et sanctimoniales
Beate Marie Trecensis super eo quod nos ratione parrochiatus de
Lonsoldo volebamus habere decimam de charruagio ipsarum quod
habent in eadem villa, ipsis eandem decimam reddere nolentibus,
quantum ad nostram justitiam pertinebat; tandem pacis Actore
juvante, in hunc modum cum ipsis composuimus : primo eis quidquid juris habebamus in prefata decima quitavimus in bona pace;
ipse autem medietatem totius minute decime nobis in perpetuum
cum ipsis percipiendam et habendam concesserunt, ita quod quidquid ex eadem vel pro eadem decima reddetur, ex equo inter nos
et ipsas partietur. Si quis autem super eadem decima eas vexare
voluerit, nos partem laboris, cum fuerit opportunum, in perse-
quendo justitiam suam et nostram sustinere concessimus. Actum
est hoc anno incarnati Verbi millesimo ducentesimo primo.

Bibl. nation. Latin 11926, fol. 312 v°.

1202. Juin.

Charta de decima de Bouilly.

15. — Ego Guido, prior de Sancto Sepulchro, notum fieri volo
omnibus presentes litteras inspecturis, quod cum ecclesia Beate
Marie Trecensis, et nostra, decimam bladi Bouilliaci habemus ab
antiquo et etiam tractum decime, ita quod altera ecclesiarum in
uno anno decimam recepit, non habuit tractum decime, et e con-
verso; unde quia visum est nobis ex utraque parte damnum inde
habere, communi assensu et voluntate laudavimus et statuimus
quod quecumque ecclesiarum suo anno decimam receperit, habeat
eodem anno similiter et tractum. Et quoniam hoc in futurum ratum
et inviolabile servandum statuimus, in hujus rei testimonium, presentem chartam, cyrographi titulo signatam, sigillo nostro voluimus
roborari. Actum anno Dominice incarnationis millesimo ducentesimo secundo, mense junio.

Bibl. nation. Latin 11926, fol. 317 v°.

1205. Novembre.

Charta de Doillet.

16. — Milo, Trecensis ecclesie decanus, omnibus tam presentibus quam futuris presentes litteras inspecturis, in Domino salutem. Universitati vestre significamus quod cum sepius retractatum

fuisset in presentia nostra quod omnis teneura Johannis de Doillet
de ecclesia Beate Marie Trecensis moveret, et quod eadem ecclesia
in dicta teneura quadraginta solidos annui redditus haberet, reddendos in quatuor festis capitalibus Beate Marie, quolibet festo videlicet decem solidos : tandem ipse Johannes coram nobis et venerabili abbatissa prefate ecclesie, pluribus laudabilibus viris astantibus, hec predicta ita esse publice recognovit. Ipse autem Joannes
magno debitorum onere aggravatus, assensu abbatisse, omnes terras suas arabiles, et prata, et vineas, Herberto, consanguineo
suo, invadiavit pro quinquaginta quinque libris Pruvinensis monete, de proximo pascha venturo usque ad quatuor annos com-
pletos. Si autem memoratus Joannes, transactis quatuor annis,
terras suas non redemerit, abbatissa Beate Marie eas, si voluerit,
redimet, et tenebit cum omnimoda teneura tam in aquis quam in
terris, et pratis, et vineis, quousque de quinquaginta quinque libris
habuerit plenariam solutionem ; et si dictam gageriam abbatissa
redimere noluerit, prefatus Herbertus eam tenebit et excolet, donec
de predicta summa pecunie perceperit creantum suum. Sciendum
preterea quod quicunque dictam gageriam tenuerit, si memoratos
quadraginta solidos statutis terminis non persolverit, abbatissa ca-
piet totam teneuram, et tamdiu tenebit quousque redditum suum
perceperit cum emenda. Nos autem in hujus rei testimonium ad
utriusqne partis petitionem, presens cyrographum fecimus sigilli
nostri munimine roborari. Actum anno gratie millesimo ducentesimo quinto, mense novembri.

Bibl. nation. Latin 11926, fol. 315 v°.

1206.

Charta de Seleriis.

17. — Ego Clarembaldus, dominus Caparum, notum facio presentibus et futuris, quod domina mater mea dedit et concessit in
eleemosynam Deo et Beate Marie Trecensis ecclesie quandam justitiam quam habebat in quarrogio, quod est extra villam de Seleriis erga Mainilum usque ad cheminum ; et justitiam quam habebat similiter in tribus collibus ibidem adjacentibus. Hanc autem
eleemosynam pro salute anime patris mei et antecessorum meorum
laudavi, et in perpetuam eleemosynam eidem ecclesie possidendam
concessi. In cujus rei testimonium presentem chartam fieri volui,
et sigilli mei munimine roboravi. Actum anno Domini millesimo
ducentesimo sexto.

Bibl. nation. Latin 11926, fol. 304 v°.

1206.

Charta de pace facta cum ecclesia de Gaya super familia Giberti de Codes.

18. — Ego frater G. prior de Gaya, totusque ejusdem ecclesie conventus, notum facimus omnibus ad quos littere presentes pervenerint, quod cum discordia esset inter ecclesiam nostram de Gaya et ecclesiam Beate Marie de Trecis super familia Giberti de Codes, exinde pax fuit facta in presentia Campanie comitisse hoc modo, quod ecclesia Beate Marie de Trecis habuit pro hac pace : Mariam, et liberos suos, et filiam suam que erat maritata, et antenatam filiam Eloydis, sororis predicte Marie; ecclesia vero de Gaya habuit contra : Radulphum, Colinium et Bernaudum, filios predicti Giberti, et predictam Eloydem cum familia sua. Ut autem hoc ratum haberetur et firmum, sigilli nostri munimine duximus roborandum. Actum anno ab incarnatione Domini millesimo ducentesimo sexto. Sezannie, in presentia domino comitisse Campanie.

Bibl. nation. Latin 11926, fol. 318 r°.

1208. Mai.

Charta de priore de Arceiis et quibusdam hominibus.

19. — Ego magister Henricus, officialis curie Trecensis, notum facio omnibus qui presentes litteras viderint, quod discordia que vertebatur coram nobis inter Haymonem, priorem de Arceiis et quosdam laicos ex una parte, et moniales Beate Marie Trecensis ex altera, super quadam domo et terris, sopita est in hunc modum, videlicet, quod idem prior domum de qua contentio erat tenetur eisdem monialibus sine difficultate reddere ad instans festum Sancti Johannis Baptiste, in eo statu in quo eam accepit, et si aliqua melioratio necessaria facta erit in eadem domo, ipse moniales restituent pretium ad arbitrium decani de Arceiis. Promisit autem dictus prior quod etiam jugera terre que vendiderat cuidam homini, de manu ipsius, si poterit, revocabit, alioquin tantum terre et ejusdem valoris quittam et liberam predictis monialibus ad predictum terminum assignabit. Sane de laicis ordinatum est et statutum ut terras in quibus fimum posuerunt, ab instanti festo Beati Remigii in duos annos pacifice teneant, et deinceps ad ecclesiam Beate Marie cum omni melioratione sine reclamatione aliqua revertantur;

itaque memorate moniales, si voluerint, de omnibus terris quas
dicti homines tenent ad ipsas pertinentes, in quibus dumtaxat non
est fimus appositus, medietatem bladi et fructuum percipient, medietate seminis persoluta, et ipsas terras, elapso instanti festo Sancti
Remigii, sicut proprias libere rehabebunt. Preterea condictum est
et concessum ut si laici qui cum ipsis monialibus nondum compo-
suerant de terris super quibus lis movebatur, similem compositionem tenere voluerint, ab ipsarum monialium molestatione,
quantum ad hoc pert... nt, liberi remaneant et quieti. Nos autem
hujusmodi compositionem a partibus approbatam et in scripto re-
dactam, de communi assensu, sigilli nostri appensione duximus
roborare. Actum anno gratie millesimo ducentesimo octavo, mense
maio.

Bibl. nation. Latin 11926, fol. 316 r°.

1208. Juillet.

De XX solidis quos habemus in theloneo Cantumerule.

20. — Ego Blancha, comitissa Trecensis palatina, notum facio
et testificor presentibus et futuris, quod dilectus et fidelis meus
Henricus de Avelly in mea presentia recognovit quod pater suus
Deo et ecclesie Beate Marie Trecensis in perpetuam eleemosynam
dederat XX solidos annui re litus in theloneo Cantumerule singulis
annis in crastino Sancti Remigii percipiendos; et ipse Henricus
hanc eleemosynam coram me concessit pariter et laudavit. In
hujus autem rei testimonium presentem chartam fieri volui et
sigilli mei munimine roboravi. Actum Trecis anno incarnati Verbi
millesimo ducentesimo octavo, mense julio; vacante cancellaria.

Bibl. nation. Latin 11926, fol. 295 r°.

1208.

**Charta de quadam vinea de Fayel a Renero clerico
nobis quitata.**

21. — F. decanus, H. archidiaconus, et R. de Sancto Verano,
canonicus Aurelianensis, omnibus presentes litteras insperturis, salutem in Domino. Noverit universitas vestra quod cum nos auctoritate Apostolica judices essemus super quadam querela cujusdam
vinee de territorio Fayel, que inter Renerum clericum ex una parte,
et abbatissam Beate Marie Trecensis ex altera vertebatur, tandem
in hunc modum pacis communicato prudentum virorum consilio,

ut idem Renerus clericus coram nobis proposuit, convenerunt ita,
quod idem Renerus clericus domine abbatisse et conventui abbatie
Beate Marie Trecensis vineam de Fayel, quam sepedictus Renerus
sibi jure hereditario pertinere dicebat, coram multis personis, ut
idem Renerus asserebat, jam dicte abbatisse et conventui omnino
quitavit. Nos autem, ne inde a predicto clerico aliqua posset impos-
terum renasci vel oriri calumnia, in hujus rei testimonium litteras
istas composuimus et sigillorum nostrorum munimine roboravimus.
Actum anno ab incarnatione Domini millesimo ducentesimo octavo.

Bibl. nation. Latin 11926, fol. 313 v°.

1208.

Charta domini Hagris de Ervico.

22. — Ego Hagres de Ervico miles, notum facio omnibus tam
presentibus quam futuris, me dedisse in perpetuam eleemosynam
Deo et ecclesie Beate Marie Trecensis et monialibus ibidem Deo
servientibus, pro anniversario meo, et Luce, amite mee, ejusdem ecclesie tunc priorisse, annuatim celebrando, duos sextarios
avene, annui redditus, in consuetudinibus quas habeo apud Cha-
maium, cum costumis que cum dicta avena in festo Sancti Remigii reddi tenentur super ipsos qui in presenti scripto subnotantur,
et super successores eorum qui in posterum easdem terras tenuerint inde consuetudines jam dicte debentur ; et sicuti ego has consuetudines hucusque libere tenui, ita eas do et concedo in omnibus
modis et commodis memorate ecclesie perpetuo pacifice possidendas.
De his autem consuetudinibus debet Thibaldus Raïote minam
avene et unum panem, et dimidium sextarium vini, et unam gallinam ; et Oscha Genovefe duo bicheta avene; Petrus de Chemino
minam avene, et panem unum, et dimidium sextarium vini, et
gallinam; Hodierus Blarandin et fratres ejus debent sex bicheta
avene. Insuper dedi eidem ecclesie viginti solidos annui redditus in
decem libris quas bone memorie comes Henricus in nundinis Trecensibus mihi dedit.

Ut autem hec eleemosyna mea in perpetuum illibata conservetur,
in hujus rei testimonium feci eam in presenti pagina adnotari et sigilli mei munimine roborari. Actum anno Domini millesimo ducentesimo octavo.

Bibl. nation. Latin 11926, fol. 309 r°. — Archiv. Aube. *Origin.*

1208.

Charta domini Petri Putemonnoie.

23. — Ego Petrus Putemonnoie, miles, notum facio universis presentes litteras inspecturis, quod ego dedi et concessi ecclesie Beate Marie ad Moniales Trecensi duodecim denarios censuales reddendos annuatim ad festum Sancti Remigii apud Trecas, quos assignavi monialibus dicte ecclesie in platea que est retro domum meam, que sita est ante domum defuncti Hugonis Concerei, juxta furnum domini Regis Navarre, in vico Beate Marie Trecensis, sicut dicta domus se comportat, pro liberis defuncti Martinelli de Corjusanis, scilicet Joannem, Giletum et Elizabeth, quos abbatissa ecclesie Beate Marie ad Moniales Trecensis, et totum ejusdem loci capitulum, mihi dederunt et concesserunt pro donatione predicta. Statutum est etiam inter me ex una parte, et dominam abbatissam predictam et dictum capitulum ex altera, quod si forte contingeret matrimonium interesse de feminabus meis et de hominibus dicte domine abbatisse, teneor et promitto dicte domine abbatisse et capitulo predicto dare in escambium quandam de feminabus meis pro Elizabeth supradicta. Quod ut ratum et firmum permaneat, presentes litteras sigilli mei munimine roboravi. Actum anno Domini millesimo ducentesimo octavo.

Bibl. nation. Latin 11926, fol. 309 v°.

1210. Septembre.

Charta de minuta decima de Danmartin.

24. — Magister Henricus, Trecensis curie officialis omnibus presentes litteras inspecturis, in Domino salutem. Noverit universitas vestra quod cum inter abbatissam et conventum Beate Marie Trecensis ex una parte, et presbyterum de Jessenniis ex altera, discordia verteretur super minuta decima ville de Danmartin et coram nobis super hoc fuisset diutius litigatum, tandem in arbitros compromiserunt, videlicet in magistrum Joannem decanum christianitatis Trecensis, et H. decanum Sancte Margarete. Ipsi autem arbitrati sunt in hunc modum, quod abbatissa Beate Marie Trecensis habebit duas partes totius minute decime predicte ville, in omnibus modis et commodis, tam in lana quam in aliis rebus, et ipsa pro sua portione tenetur solvere duas partes synodorum et cir-.

cade. Quod ut notum permaneat, et firmum habeatur, in hujus rei testimonium, fecimus presentes litteras sigillo Trecensis curie communiri. Actum anno gratie millesimo ducentesimo decimo, mense septembri.

Bibl. nation. Latin 11926, fol. 312 r°.

1211. Avril.

Charta Clarini de curia Beate Marie.

25. — Ego Clarinus de curia Beate Marie, filius defuncti Girardi prepositi, notum facio omnibus tam presentibus quam futuris, quod de omnibus que habebam in comitatu Trecensi, tam in pratis quam in terris et in vineis ad me hereditario jure spectantibus, dedi pro remedio anime mee et antecessorum meorum, Deo et ecclesie Beate Marie Trecensi, in omnibus modis et commodis tertiam partem in perpetuam eleemosynam possidendam. Quod ne oblivioni tradatur, et perpetuam habeat firmitatem, in testimonium veritatis, feci presentes litteras sigilli mei appensione muniri. Actum anno gratie millesimo ducentesimo undecimo, mense aprili.

Bibl. nation. Latin 11926, fol. 332 v°.

1211. Juin.

Charta de presentatione ecclesie Beate Marie.

26. — Herveus, divina permissione Trecensis episcopus, omnibus presentes litteras inspecturis, in Domino salutem. Noverit universitas vestra quod nos, ad presentationem dilecte in christo filie A. Beate Marie Trecensis abbatisse, recepimus ad curam parochialem ejusdem ecclesie Wuilelmum clericum, et postmodum Odonem presbyterum. In cujus rei memoriam presentes litteras fecimus sigilli nostri munimine roborari. Actum anno gratie millesimo ducentesimo undecimo, mense junio.

Bibl. nation. Latin 11926, fol. 298 v°.

1211. Septembre.

De eadem presentatione.

27. — Herveus, dei gratia Trecensis episcopus, omnibus presentes litteras inspecturis, in Domino salutem. Noverit universitas vestra quod nos, post decessum Evrardi presbyteri parrochie Beate

Marie Trecensis, ad abbatisse et conventus ejusdem loci presentationem, recepimus Wilelmum clericum officialis nostri ad curam parochialem ejusdem ecclesie, prius receptis testibus quod ab antiquo jus patronatus dicte parrochie ad eandem ecclesiam Beate Marie pertinebat. Post resignationem vero prefati Willelmi quam ipse fecit de prefata ecclesia, alium videlicet Odonem presbyterum, ad ejusdem abbatisse presentationem, recepimus ad parrochialem curam ecclesie supradicte. In cujus rei memoriam et testimonium presentes litteras scribi fecimus, et sigilli nostri munimine roborari. Actum anno gratie millesimo ducentesimo undecimo, mense septembri.

Bibl. nation. Latin 11926, fol. 298 v°. — Archiv. Aube. *Origin.*

1213. Décembre.

Charta de blado de Granchiis.

28. — Herveus, dei gratia Trecensis episcopus, omnibus presentes litteras inspecturis, in Domino salutem. Noverit universitas vestra quod Hugo de Granchiis et Elizabeth, uxor ejus, coram nobis recognoverunt se dedisse in perpetuam eleemosynam ecclesie Beate Marie Trecensis et monialibus ibidem Deo servientibus, pro remedis anime Johannis filii eorum et aliorum liberorum suorum octo sextarios bladi, videlicet quatuor sextarios siliginis et quatuor sextarios avene ad mensuram Plaiotri in granchia sua apud Granchias, annuatim, termino Sancti Remigii percipiendos. In cujus rei testimonium, ad petitionem predictorum Hugonis et Elizabeth, uxoris sue, fecimus presentes litteras sigilli nostri munimine roborari. Actum anno gratie millesimo ducentesimo tertio decimo, mense decembri.

Bibl. nation. Latin 11926, fol. 301 v°.

1215. Mai.

Charta de pace decime de Vireio.

29. — Ego Bartholomeus, decanus Sancti Stephani Trecensis, et ego Bernardus, decanus christianitatis de Barro super Albam, et ego Milo, capellanus Barri super Sequanam, notum facimus presentes litteras inspecturis, quod cum dominus Jacobus, capellanus Vireii traxisset in causam, auctoritate Apostolica, abbatissam et conventum Beate Marie Trecensis coram domino cancellario Parisiensi et

conjudicibus suis, petens ab eis decimas novalium infra fines ecclesie sue contentorum, et decimas terrarum quas habent intra terminum ad percipiendum decimam capellano determinatum, et decimas parrochianorum suorum qui terras excolunt apud Juilleium et
apud Fulcherias et alibi versus occidentem; tandem in nos tres, ab
utraque parte, super predictis solemniter est compromissum. Nos
autem, die ad hoc assignato, apud Vireium personaliter accedentes,
habito diligenti tractatu, de prudentum consilio, ita composuimus
inter partes, videlicet quod predictus Jacobus prenominatas querelas quitavit in perpetuum; prenominata vero abbatissa pro quitatione predicta dictum Jacobum associavit ad minutam decimam
totius parrochie, que minuta decima ad ipsam et ecclesiam suam
de jure pertinebat, ita quod de cetero ipse capellanus percipiet
medietatem ipsius minute decime, videlicet hortorum, nutrimen-
torum, lane, feni et vini, que omnia debent deferri ad domum
monialium et ibi ipsa die partiri, et si inde sacerdos vel ejus mandatum aliqua receperint, ipsa die receptionis partientur; et de hoc
fideliter observando tam presbyter quam ejus capellani, et illi qui
receperint ex parte monialium, sacramentum prestare tenentur.
Istud autem factum est salvis chartis et privilegiis earum, quantum ad alia capitula. Domum autem monialium super rivulum sitam, ubi idem Jacobus moratur, quandiu tenebit ecclesiam, pacifice possidebit, ita videlicet quod pro ea singulis annis reddet
monialibus quinque solidos infra octavas Natalium Domini; postquam autem cesserit vel decesserit, ipsa domus cum omni melioratione ad moniales integre revertetur. Quod ut ratum habeatur et
firmum, presentes litteras fecimus sigillorum nostrorum munimine roborari. Actum anno gratie millesimo ducentesimo quinde-
cimo, mense maio.

Bibliot. nation. Latin 11926, fol 310 r°.

1215. Juillet.

Charta de minuta decima de Bouilli.

30. — Omnibus presentes litteras inspecturis, magister Joannes,
Trecensis curie officialis, salutem in Domino. Noverit universitas vestra quod cum causa verteretur coram nobis inter abbatissam Beate
Marie Trecensis, ex una parte, et presbyterum de Bouilli, ex altera,
super medietate minute decime de Bouilli, tandem nos super hoc
testes dicte abbatisse, recepimus et diligenter examinavimus, et die
partibus assignata de sententia proferenda, per sententiam diffini-

tivam pronuntiavimus quod supradicta abbatissa sufficienter pro-
baverat quod ipsa debebat habere medietatem minute decime supradicte. In cujus rei testimonium et memoriam presentes litteras
sepedicte abbatisse tradidimus sigillo curie Trecensis confirmatas.
Actum anno domini millesimo ducentesimo quinto decimo, mense
julio.

Bibl. nation. Latin 11926, fol. 312 v°.

1216. Mai.

Charta de terris de Lueriis et Ascenseriis.

31. — Omnibus presentes litteras inspecturis, N. decanus Trecensis, et B. Beati Stephani Trecensis decanus, salutem in Domino.
Noverit universitas vestra quod cum abbatissa et conventus Beate
Marie Trecensis Petrum Villanum, et Herbertum et Arnulphum,
filios suos de Mainilio, per litteras Apostolicas traxissent in causam,
petentes ab eisdem quasdam terras apud Luerias et Ascenserias
sitas, ad dictam ecclesiam pertinentes, et fructus ex eis perceptos
usque ad valentiam quatuor modiorum et duorum sextariorum
bladi; predictis Petro et filiis ejus dictas moniales reconvenienti-
bus super quibusdam dampnis a dictis monialibus sibi, ut dicebant,
illatis usque ad valentiam quindecim modiorum bladi et centum
solidorum; tandem super predictis querelis in nos ab utraque parte
fuit solempniter compromissum, ita videlicet quod quidquid de predictis querelis compositione vel judicio statueremus, pars utraque
inviolabiliter observaret, pena decem librarum hinc inde apposita
a parte illa que a nostro arbitrio resiliret, parti alteri persolvenda;
ex parte monialium domino Rolando Trecensi canonico, et ex parte
altera Sennero clerico, plegiis constitutis; nos igitur, longo tractatu
prohabito, de consensu partium super dictis querelis ita composuimus et ita terminavimus in hunc modum, quod supradicti Petrus
et filii ejus terras memoratas quas moniales petebant ab ipsis,
dampna etiam omnia supradicta que sibi a monialibus illata esse
dicebant, absolute et simpliciter penitus quitaverunt, et omni juri
sibi super his ex quocumque contractu vel ex alia causa qualibet
competenti, de voluntate et assensu abbatis Arremarensis, domini
sui, renunciaverunt omnino. Moniales vero supradicte fructus memoratos quos ab ipsis petebant, eis similiter quitaverunt. In cujus
rei testimonium, ad utriusque partis petitionem, fecimus presentes
litteras fieri sigillorum nostrorum munimine roboratas. Actum
anno gratie millesimo ducentesimo sexto decimo mense maio.

Bibl. nation. Latin 11926, fol. 322 r°.

1216. Juillet.

De XX solidis quos habemus in censibus de Monfueil.

32. — Ego Blancha, comitissa Trecensis palatina, notum facio
omnibus presentes litteras inspecturis quod constitutus in mea presentia dilectus et fidelis meus Iterus de la Broce recognovit quod
ecclesia Beate Marie Trecensis in qua moniales institute sunt, habet XX solidos annui reditus in parte censuum quos habet idem
Iterus apud Monfueil. Testificatus est enim idem Iterus quod pater
suus illos XX solidos donavit in eleemosynam prefate ecclesie in
recompensatione beneficii quod ei contulerunt dicta ecclesia et
moniales ejusdem loci, que receperunt Blancham ejus filiam in
monialem et sororem. Quod ut notum permaneat et firmum teneatur, litteris annotatum sigilli mei munimine roboravi. Actum
anno Domini millesimo ducentesimo sexto decimo, mense julio

Bibl. nation. Latin 11926, fol. 295 r°

1216 (v. st.) Janvier.

Charta de Droicia.

33. — Ego Adelidis abbatissa totusque conventus ecclesie Beate
Marie Trecensis, notum facimus tam presentibus quam futuris,
quod cum nos traxissemus in causam Droiciam, relictam defuncti
Radulphi Nabur, coram officiali Trecensi, super forismaritagio et
rebus aliis, et ipsa a nobis peteret quamdam pecunie quantitatem,
tandem de consilio bonorum virorum, grata inter nos et ipsam
compositio intervenit, videlicet quod ipsa amodo libera permaneat
sub custodia ecclesie nostre, ita quod neque talliam, neque exactionem, neque forismaritagium, nec aliquid ab ipsa exigere poterimus,
nisi forisfactum fecerit propter quod nobis debeat emendam. Bona
etiam ipsius Droicie ad heredes ipsius sine contradictione nostra
devolventur. Ipsa vero, in recompensationem hujus beneficii, nobis
assignavit sex solidos annui redditus, termino Sancti Remigii perpetuo recipiendos in quatuor domibus suis, videlicet in domo que
fuit defuncti Bonelli de Rameruco sexdecim denarios, et in domo
defuncti Radulphi Pichelart sexdecim denarios, et in domo lapidea
ejusdem Droicie viginti denarios, et in domo sua lignea adjacente
viginti denarios, excepto censu antiquo qui nobis debetur de domibus memoratis. Quoddam etiam thuribulum nostrum, quod in

vadio habebat, nobis restituit; et tam nos quam ecclesiam nostram ab omnibus querelis, et ab omnibus aliis absolvit perpetuo et quita- vit. Nos autem in ejus rei memoriam fecimus presentes litteras sigillorum nostrorum testimonio roborari. Actum anno Domini millesimo ducentesimo sexto decimo, mense januario.

Bibl. nation. Latin 11926, fol. 334 v°.

1217. Mai.

Charta de terris de Montaublein.

34. — Ego Guillelmus Passelege, miles, et domina Inda de Lantages, uxor mea, notum facimus tam presentibus quam futuris, quod omnem querelam que vertebatur inter nos, ex una parte, et Adam Engolevent de Montaublein, ex altera, videlicet de terra de Ruel et de Essarto de Foresta et de Essarto de Allodio, et de omnibus acquisitis que dictus Adam, et uxor et filii ejus a nobis et nostris emerant usque in presens, quitamus eis et heredibus eorum in perpetuum et concedimus pacifice possidenda. Quod ut ratum et firmum permaneat in futurum, ego Guillelmus, ad voluntatem predicte Inde, uxoris mee feci tam sigillo meo quam sigillo domine abbatisse Trecensis presentes litteras communiri. Actum anno domini millesimo ducentesimo septimo decimo, mense maio.

Bibl. nation. Latin 11926, fol. 323 v°.

1217. Août.

Charta de octo arpentis terre et quatuor arpentis prati que nobis dedit domina Ida apud Montaublein.

35. — Omnibus presentes litteras inspecturis, Guiardus, archidiaconus Trecensis ecclesie, et officialis, in Domino salutem. Noverit universitas vestra quod constituta coram nobis domina Ida relicta Symonis de Lantagio, militis, pro remedio anime sue et antecessorum suorum, dedit ecclesie Beate Marie Trecensis et monialibus ibidem Deo servientibus in eleemosynam octo arpenta terre sita apud Montablain ad Brocas, et quatuor arpenta prati sita juxta pratum quod dicitur pratum Garneri ab eadem ecclesia in perpetuum possidenda, ita tamen quod Nichola de Meriaco, monialis ejusdem ecclesie, habeat ad vitam suam proventus dictorum quatuor arpentorum prati, et post obitum ejus dicta ecclesia eadem prata cum proventibus suis sine alicujus contradictione habebit. Actum anno gratie millesimo ducentesimo septimo decimo, mense augusti.

Bibl. nation. Latin 11926, fol. 312 r°.

1217.

Charta de oschia Fabri de Chamaio.

36. — Omnibus presentes litteras inspecturis, Guiardus archidiaconus Trecensis ecclesie et officialis Trecensis, in Domino salutem. Noverit universitas vestra quod constitutus coram nobis Martinus Hunaux quitavit penitus abbatisse Beate Marie Trecensis terram que dicitur Oscha Fabri sitam apud Chamai de qua questio vertebatur inter eos; quitavit etiam eidem abbatisse quidquid juris habebat in terra predicta. Datum die veneris post Pentecosten, **anno** gratie millesimo ducentesimo septimo decimo.

Bibl. nation. Latin 11926, fol. 315 r°.

1218.

Charta de viginti solidis de Monfueil.

37. — Ego Iterus, miles de la Broce, notum facio omnibus **tam** presentibus quam futuris, quod cum abbatissa et moniales Beate Marie Trecensis, ad preces bone memorie Iteri, patris mei, recepissent sororem meam Blancham in sororem et monialem, idem pater meus in recompensationem hujus beneficii donavit eisdem monialibus in perpetuam eleemosynam viginti solidos annui redditus in censibus suis de Montfuel, termino Nativitatis Beati Johannis Baptiste annis singulis percipiendos. Ego vero hanc donationem patris mei ratam habens et gratam eam volui et laudavi. **Et in** hujus rei testimonium presentes litteras sigilli mei munimine roboravi. Actum anno domini millesimo ducentesimo octavo **decimo.**

Bibl. nation. Latin 11926, fol. 332 r°.

1218. Décembre.

Charta de Megrigniaco.

38. — Herveus, Dei gratia Trecensis episcopus, omnibus presentes litteras inspecturis in Domino salutem. Noverit universitas vestra quod Petrus de Sancto Quintino, miles, vicecomes Lenniaci,

in presentia nostra constitutus, recognovit se contulisse in perpetuam eleemosynam abbatisse et monialibus Beate Marie Trecensis
tertiam partem omnium que habebat apud Megrigniacum in terris,
pratis, censivis, hominibus, redditibus, justitiis, vel quibuscumque
aliis rebus quocunque modo ad eum pertinentibus. Duas autem
reliquas partes omnium predictorum similiter confessus est coram
nobis se predictis monialibus vendidisse pro centum et undecim
libris Pruvinensis monete. Promisit etiam coram nobis quod tam
super rebus donatis quam super rebus venditis contra omnes heredes eisdem monialibus legitimam garantiam portabit. Et si quis
appareret qui supradictas res de suo feodo vel de sua censiva esse
diceret, vel ad se quocunque modo pertinere, et sic tam donationem quam venditionem reclamaret, vel laudes et ventas inde habere vellet, supradictus Petrus ipsum tacere faceret quantum de
jure deberet, et de laudibus et ventis predictas moniales acquitaret
omnino. De iis autem omnibus plegios dedit Odonem militem, et
Herbertum armigerum, fratres suos, et Guidonem Joslani, militem,
qui tres plegii fidem dederunt quod se tanquam plegios tenebunt
de iis omnibus observandis . Similiter Renerus, frater dicti Petri,
canonicus Trecensis, hec omnia laudavit, et plegium se constituit,
et super his litteras suas dedit. Predicti etiam duo fratres Odo et
Herbertus hec omnia laudaverunt, et fidem corporaliter prestiterunt quod hec omnia firmiter observabunt, et quod ipsi super iis
omnibus clamorem non facient nec alios facient reclamare. Preterea Joanna uxor sepe dicti Petri hec omnia supradicta laudavit, et
fidem corporaliter dedit, quod neque occasione dotis sue, neque alia
ratione unquam reclamabit. Nos vero ad omnium instantiam et
petitionem fecimus presentes litteras sigilli nostri appensione muniri. Datum anno gratie millesimo ducentesimo octavo decimo,
mense decembri.

Bibl. nation. Latin 11926, fol. 300 r°.

1218 (v. st.) Mars.

Charta de censu de Pipere.

39. — Omnibus presentes litteras inspecturis, Guiardus, archidiaconus et officialis Trecensis, in Domino salutem. Noverit universitas vestra quod cum causa verteretur coram nobis inter abbatissam Beate Marie Trecensis, ex una parte, et Theobaudum et
Alartinum de Pipere, fratres, ex altera, super quadraginta denarios,
et quatuor gallinis, et uno sextario avene de annuo censu super

tres oschias apud Piperem sitas percipiendo, dictis fratribus asserentibus quod medietas illius census sua erat, abbatissa in contrarium allegante quod defunctus Stephanus quondam presbyter de Pipere dederat in eleemosynam ecclesie Beate Marie Trecensis dictum censum, et quod potuit dare; tandem cum per testes ab abbatissa productos plenarie constitisset quod dictus presbyter emerat a dictis fratribus partem illam quam habebant in dicto censu, et quod idem presbyter eum dederat in eleemosynam ipsi ecclesie Beate Marie, nos, communicato prudentum virorum consilio, partem illam per diffinitivam sententiam adjudicavimus ecclesie memorate. Actum anno gratie millesimo ducentesimo octavo decimo, mense martio.

Bibl. nation. Latin 11926, fol. 328 r°.

1219. Décembre

Charta de terra de Tyais apud Fay.

40. — Magister Guiardus, archidiaconus et officialis Trecensis, omnibus presentes litteras inspecturis, salutem in Domino. Noverit universitas vestra quod constitutus in presentia nostra Falconis Wambes, civis Trecensis, publice recognovit, quod cum ipse quandam terram haberet apud Fay, que vulgo vocabatur campus de Tyais, unde duas partes de allodio tenebat, et tertiam partem de domicellis de Juenniaco per censum et consuetudinem duorum solidorum et mine avene per annum; idem Falco pro remedio anime sue dedit in perpetuam eleemosynam Deo et ecclesie Beate Marie Trecensis medietatem illius terre quam de allodio tenebat; duas vero partes residuas totius terre predicte vendidit abbatisse et monialibus ejusdem ecclesie pro triginta quinque libris pruviniensibus, et fiduciavit quod tam de eleemosyna quam de venditione predicta eidem ecclesie contra omnes homines debitam garantiam portabit ad consuetudinem et usum Trecensem; inde plegii sunt : Petrus Gener et Odo Chevroil. Dictus autem Falco posuit in responsa hujus eleemosyne et venditionis abbatisse et monialibus memoratis dimidiam domum suam de Clauso, cujus altera medietas est ecclesie supradicte, ita ut si quis eas super hoc impeteret, unde damnum incurrerent vel gravamen, ipse inde ad eandem domum dimidiam Falconis se verterent et tenerent. Hec autem omnia laudaverunt Bartholomeus, Thomas et Joannes, filii sepedicti Falconis. Nos vero, ad utriusque partis instantiam et petitionem, in hujus

rei testimonium, fecimus presentes litteras sigillo Trecensis curie
communiri. Actum anno gratie millesimo ducentesimo nono
decimo, mense decembri.

Bibl. nation. Latin 11926, fol. 311 r°.

1219 (v. st.) Février.

Charta de quinquaginta solidis Torpini.

41. — Ego Guiardus, archidiaconus et officialis Trecensis, omnibus ad quos littere iste pervenerint, in Domino salutem. Notum
vobis facimus et testamur quod cum venerabilis domina A. tunc
abbatissa Beate Marie, et Torpinus, civis Trecensis, in nostra essent presentia constituti, confessus est idem Torpinus coram nobis
quod diu permanserat excommunicatus, occasione cujusdam querele de hereditagio quondam domini Guiardi de Mercato, quam
abbatissa petebat; tandem inter se ad pacem coram nobis et concordiam devenerunt, quod prefatus Torpinus pro bono pacis assignavit per manum nostram Deo et ecclesie Beate Marie in perpetuum quinquaginta solidos annui redditus, videlicet in domo sua
de Mercato, juxta domum defuncti Winebaudi viginti et novem solidos et dimidium ad festum Assumptionis Beate Marie, et in Macecraria in domo quam Odinus Archerus tenet, et in alia domo quam
Arnulphus Li Racha tenet decem solidos et dimidium ad festum
sancti Remigii, et in summo Tanerie in sex areis quas Haymericus
tenet decem solidos ad festum Sancti Joannis; et per hoc remansit
Torpino et heredibus suis illud hereditagium de quo inter ipsos
erat querela. Quod ut ratum et firmum permaneat, ad petitionem
utriusque partis, fecimus presentes litteras sigillo Trecensis curie
communiri. Actum anno gratie millesimo ducentesimo nono decimo, mense februario.

Bibl. nation. Latin 11926, fol. 313 r°.

1219 (v. st.) Mars.

Charta de Escheeta defuncti Tierrici de Thusi.

42. — Magister Guiardus, archidiaconus et officialis Trecensis,
universis presentes litteras inspecturis, in Domino salutem. Noverit universitas vestra quod cum querela verteretur coram nobis
inter dominam A. venerabilem abbatissam et conventum Beate
Marie Trecensis, ex una parte, et Perinum Hergot, filium Petri
Poilehaste, et Giletam, sponsam ejus, et Adureium, ex altera, super

3

excasura et manu mortua defuncti Tierrici de Thusi, et patris et
matris ejus, tandem bonis viris mediantibus, inter ipsos pax refor-
mata est in hunc modum quod abbatissa et conventus Beate Marie,
jure predicte escasure et manus mortue que eis inde fuit recognita,
habent stallum predicti Tierrici, quod est inter stalla carnificum
et terram de Linceon, que fuit ejusdem Tierrici, jure perpetuo
possidendum, et insuper habent quindecim libras pro rebus mobilibus eorumdem; et per hec quitaverunt abbatissa et conventus predicte Perino et Gilete, sponse sue, et Adurcio memoratis
totum residuum ejusdem escasure et manus mortue, in domibus, terris, pratis, et rebus aliis tam mobilibus quam immobilibus. Sciendum etiam quod in dicta remanantia escasure habent
dictus Perinus et sponsa ejus Gileta duas partes et Adurcius tertiam
partem. Preterea sciendum quod Bochardus de Insulis et Petrus
Poilehaste predictus plegii sunt erga abbatissam et conventum predictas, quod quam cito dicta Gileta erit desponsata, ipsi tantum
facient quod ipsa hanc pacem laudabit infra tertium diem sequentem. Nos vero ad utriusque partis petitionem, in hujus rei testimonium, fecimus presentes litteras sigillo Trecensis curie communiri. Actum anno gratie millesimo ducentesimo nono decimo,
mense martio.

Bibl. nation. Latin 11926, fol. 330 r°.

1219 (v. st.) Mars.

Charta de Lincon.

43. — Ego Henricus, comes Barri Ducis, notum facio omnibus
tam presentibus quam futuris, me in partem vendidisse et in partem in eleemosynam concessisse perpetuo possidendum ecclesie
Beate Marie Trecensis quidquid habebam apud Linceon juxta Trecas tam in granchia quam in terris et censibus, et omnibus modis
et commodis, ita quod ego vel heredes mei in his omnibus de cetero
nichil omnino poterimus reclamare. Predicta vero ecclesia Beate
Marie mihi propter hoc de bonis suis dedit sexaginta et decem libras Pruvinensium in memoriam hujus facti. Quod ut ratum et
firmum permaneat in futurum, presentem chartam sigillo meo mu-
nitam inde feci, et eam tradidi ecclesie memorate. Actum anno Dominice incarnationis millesimo ducentesimo nono decimo, mense
martio.

Bibl. nation. Latin 11926, fol. 304 r°.

1220. Avril.

Charta de nemore de Juviniaco et decima de Sancto Pothamio.

44. — Ego Literius abbas, totusque conventus ecclesie Beati Petri de Cella, omnibus presentes litteras inspecturis in Domino salutem. Notum vobis facimus quod cum inter nos ex una parte, et abbatissam et conventum Beate Marie Trecensis ex altera, discordia verteretur coram judicibus a domino Papa delegatis, super decima de Sancto Pothamio et super usuario nemoris de Juvigniaco, et super aliis querelis, tandem bonis viris mediantibus, tam nos quam abbatissa et conventus predicti, super illis omnibus querelis compromisimus in dominam comitissam Campanie, firmiter promittentes quod quidquid ipsa super premissis statueret, inviolabiliter observaremus ; et de hoc dedimus plegios pro nobis Radulphum de Pontibus et Guillelmum de Curia Beate Marie, milites; abbatissa vero et conventus Beate Marie pro se dederunt plegios Bartholomeum, decanum Sancti Stephani, et Gilonem de Dielon, civem Trecensem. Domina vero comitissa, habito consilio et tractatu diligenti, ita protulit dictum suum, videlicet quod dicte moniales in dicta decima de Sancto Potamio singulis annis de cetero percipient quintam partem. In dicto autem nemore de Juvigniaco habebunt eedem moniales usuarium ad ardendum, scilicet ad unam bigam cum duobus equis per totum annum, que biga exonerabitur ubicunque voluerint moniales, et semel tantum in die ibit ad nemus predictum ; usuarium quoque predictum habebunt moniales prefate ad omne genus lignorum, preter quercum et fagum stantes, ita etiam quod quercus et fagi residuum jacens, si non sit aptum ad faciendum merrenum, et si non sit de nemore vendito, capere poterunt et asportare. Adjecit etiam domina comitissa quod si cetera ligna aliquando defecerint, quercus et fagi stantis ramos et branchias possint capere et asportare. Preterea dixit in dicto suo quod in nemore memorato capiant dicte moniales singulis annis, si eis opus fuerit, decem bigatas circulorum ad aliam bigam quam ad predictam. De aliis autem querelis statuit domina comitissa quod tam nos quam moniales predicte, simus in eo puncto et statu in quo eramus, antequam mota esset predicta discordia, de omnibus teneturis et rebus aliis super quibus querela vertebatur, per redditionem reddituum et consuetudinum quas inde reddere consuevimus. Per istam autem pacem, sicut superius est divisa, tam nos

quam moniales predicte, renunciavimus omnibus litteris super dictis querelis ad quoscumque judices impetratis, et expensas hinc inde propter dictas querelas factas, et dampna, et deperdita, ad invicem quittavimus. Predictam itaque compositionem voluimus et laudavimus, et ut perpetuum robur firmitatis obtineat, sigillorum nostrorum munimine fecimus roborari. Actum anno gratie millesimo ducentesimo vicesimo, mense aprili.

Bibl. nation. Latin 11926, fol. 296 r°. — Archiv. Aube. Origin.

1220. 17 avril.

De nemore de Juvigniaco et de decima de Sancto Pothamio.

45. — Ego Blancha, comitissa Trecensis palatina, notum facio universis tam presentibus quam futuris, quod cum inter abbatem et conventum Beati Petri de Cella ex una parte, et abbatissam et conventum Beate Marie Trecensis ex altera, discordia verteretur coram judicibus a domino Papa delegatis super decima de Sancto Pothamio, et super usuario nemoris de Juvigniaco, et super aliis querelis, tandem bonis viris mediantibus, super omnibus illis querelis utraque pars in me compromisit, firmiter promittens quod quidquid super premissis statuerem, inviolabiliter observaret, et de hoc dederunt plegios abbas et conventus pro se Radulphum de Pontibus et Guillelmum de Curia Beate Marie, milites; abbatissa et conventus pro se dederunt plegios Bartholomeum, decanum Sancti Stephani et Gilonem de Dielon, civem Trecensem. Ego autem, habito consilio et tractatu diligenti, ita protuli dictum meum, videlicet quod dicte moniales in dicta decima de Sancto Pothamio singulis annis de cetero percipient quintam partem; in dicto autem nemore de Juvigniaco habebunt eedem moniales usuarium ad ardendum, scilicet ad unam bigam cum duobus equis per totum annum, que biga exonerabitur ubicunque voluerint moniales, et semel tantum in die ibit ad nemus predictum; usuarium quoque predictum habebunt moniales prefate ad omne genus lignorum preter quercum et fagum stantes, ita etiam quod quercus et fagi residuum jacens, si non sit aptum ad faciendum merrenum, et si non sit de nemore vendito, capere poterunt et asportare. Adjeci etiam quod si cetera ligna aliquando defecerint, quercus et fagi stantis ramos et branchias possint capere et asportare. Preterea dixi in dicto meo quod in nemore memorato capiant moniales singulis annis, si eis opus fuerit, decem bigatas circulorum ad aliam bigam quam ad predic-

tam. De aliis autem querelis statui quod tam monachi quam moniales sint in eo puncto et statu in quo erant antequam mota predicta discordia, de omnibus teneturis et rebus aliis super quibus
querela vertebatur, per redditionem reddituum et consuetudinum
quas inde reddere consueverunt. Per istam autem pacem sicut superius est divisa, renuntiaverunt tam moniales quam monachi omnibus litteris super dictis querelis ad quoscumque judices impetratis,
et expensas hinc inde propter dictas querelas factas, et dampna, et
deperdita ad invicem quitaverunt. Predictam itaque compositionem
volui et laudavi, et ut perpetuum robur firmitatis obtineat, sigilli
mei munimine roboravi. Actum apud Insulas anno incarnati Verbi
millesimo ducentesimo vicesimo, mense aprili, decimo quinto kalendas maii.

Bibl. nation. Latin 11926, fol. 295 r°.

1220. Mai.

Charta de Sanciaco, de pace minute decime.

46. — Ego Henricus, cantor Trecensis, et ego Stephanus, curatus de Sancto Leone, omnibus presentes litteras inspecturis, salutem in Domino. Noverit universitas vestra quod cum causa verteretur inter A. abbatissam et conventum Beate Marie Trecensis
ex una parte et Richardum curatum ecclesie de Sanciaco ex altera,
super medietate minute decime de Sanciaco, quam eedem abbatissa
et conventus ad suam dicebant ecclesiam pertinere; tandem nobis
mediantibus in quos ab utraque parte super dicta querela fuerat
solemniter compromissum, talis super hoc compositio intervenit,
videlicet quod dictus Richardus et successores ejus tenebuntur in
perpetuum reddere annuatim pro medietate minute decime predicte
viginti et quinque solidos Pruvinensium monialibus supradictis,
videlicet infra octabas Omnium Sanctorum decem solidos, et quindecim solidos infra octo dies post mediam Quadragesimam, ac per
hoc dicte abbatissa et conventus, renuntiaverunt juri omni quod
in ecclesia de Sanciaco habebant vel se habere dicebant. Quod ut
posterorum commendetur memorie, ad instantiam predictorum abbatisse et conventus, nec non et Richardi curati de Sanciaco, presentes litteras scribi fecimus, quibus ego Henricus, cantor Trecensis, sigillum apposui; ego vero Stephanus curatus de Sancto Leone,
quia proprium sigillum non habebam, sigillum curie Trecensis eisdem litteris apponere feci. Actum Trecis anno Domini millesimo
ducentesimo vicesimo, mense maio.

Bibl. nation. Latin 11926, fol. 308 v°.

1220. Mai.

Charta de Sanciaco.

47. — Herveus, Dei gratia Trecensis episcopus, omnibus presentes litteras inspecturis, in Domino salutem. Noverit universitas vestra quod cum causa verteretur inter Aeliz abbatissam et conventum Beate Marie Trecensis ex una parte, et Richardum curatum ecclesie de Sanciaco ex altera, super medietate minute decime de Sanciaco, quam eadem abbatissa et conventus ad suam ecclesiam dicebant pertinere, tandem mediantibus bonis viris, scilicet Henrico, cantore Trecensi, et Stephano, presbytero de Sancto Leone, in quos ab utraque parte super dicta querela fuerat solempniter compromissum, talis super hoc compositio intervenerit, quod dictus Richardus et successores ejus tenebuntur in perpetuum reddere annuatim pro medietate minute decime predicte viginti et quinque solidos monialibus supradictis, videlicet infra octabas omnium Sanctorum decem solidos, et decem et quinque solidos infra octo dies post mediam Quadragesimam Pruvinensis monete, ac per hoc dicte abbatissa et conventus renuntiaverunt omni juri quod in ecclesia de Sanciaco habebant, vel se habere dicebant, eidem autem compositioni, sicut superius est expressa, consensum nostrum et auctoritatem prestantes, ut perpetuum robur firmitatis obtineat, ad petitionem utriusque partis, eam appensione sigilli nostri duximus confirmandam. Actum Trecis anno gratie millesimo ducentesimo vicesimo, mense maio.

Bibl. nation. Latin 11926, fol. 300 v°.

1220. Juillet.

Charta de Fulcone de Senonis.

48. — Guiardus, archidiaconus et officialis Trecensis, omnibus presentes litteras inspecturis, in Domino salutem. Noverit universitas vestra quod constitutus coram nobis Fulco de Senonis, civis Trecensis, donavit et quitavit omnino ecclesie Beate Marie Trecensis et monialibus ibidem deo servientibus quinquaginta solidos quos eadem ecclesia ipsi Fulconi et heredibus suis de annuo redditu solvere in perpetuum tenebatur pro quadam compositione quam inerant cum Turpino, cive Trecensi, de quadam tenetura que fuerat defuncti Guiardi de Foro, quam ab ipso Turpino petebant nomine escasure. Et in recompensationem hujus beneficii abbatissa et conventus dicte ecclesie concesserunt, dederunt et quitaverunt in perpetuum dicto Fulconi et heredibus suis, ad faciendam omnimodam ipsorum voluntatem, duodecim solidos censuales sitos super quinque domos que sunt ante ecclesiam Beate Marie Magdalene Trecensis, de quibus idem Fulco debebat novem solidos, et Martinus Chavetarius tres solidos; et quitaverunt easdem domos cum plateis et porprisiis earumdem, et quidquid habebant in eis, sive in censu, sive in justitia, sive in dominio, sive alio quocumque modo. De dictis autem domibus una fuit defuncte Margote, altera Hodeiardis Blande, tertia defuncte Nutrice de Tornaio, quarta defuncti Petri Hucherii, et quinta defuncti Theobaldi Carbonelli quam modo tenet dictus Martinus. Hec autem omnia laudaverunt tam dictus Fulco quam Margareta, uxor ejus et Joanninus et Petrus, filii eorum, et Maria, filia eorum, et Threon, frater ejusdem Fulconis. In cujus rei testimonium, ad ipsorum instantiam et petitionem fecimus presentes litteras sigillo Trecensis Curie communiri. Actum anno gratie millesimo ducentesimo vicesimo, mense julio.

Bibl. nation. Latin 11926, fol. 317 v°.

1220. Décembre.

De decima de Montaublein.

49. — Ego Joannes de Valeri, miles, notum facio omnibus presentes litteras inspecturis quod cum Petrus clericus, et Simon laicus de Capis, frater ejus, quidquid habebant in decima de Montaublein vendidissent karisime amite mee Aeliz abbatisse et conventui Beate Marie Trecensis pro decem libris Pruvinensibus, et cum Galcherus de Corteranges et Godelina, uxor ejus, de qua movebat quidquid habebant in eadem decima de Montaublein predicte abbatisse Aeliz et conventui ecclesie memorate similiter vendidissent pro tredecim libris Pruvinensibus, et hec omnia de feo.lo meo movebant, ego pro remedio anime antecessorum meorum, ad preces ejusdem abbatisse et conventus, hanc venditionem volui et laudavi, et in cujus rei testimonium feci presentes litteras sigilli mei munimine roborari. Actum anno incarnationis Dominice millesimo ducentesimo vicesimo, mense decembri.

Bibl. nation. Latin 11926, fol. 304 v°. — Archiv. Aube. *Origin.*

1221. Juin.

Charta de decima de Montaublein.

50. — Omnibus presentes litteras inspecturis, Herveus. Dei gratia Trecensis episcopus, in Domino salutem. Noverint universi quod Petrus de Cappis clericus, et Simon laicus, fratres, Gaucherus de Corterengiis et Godelina, uxor ejus, quitaverunt in perpetuum partem illam quam tenebant de decima de Montaublein et se de eadem decima devestierunt; et nos eamdem decimam concessimus abbatisse et monialibus Beate Marie Trecensis, et eas investivimus de eadem. Quod ut ratum perpermaneat, presentes litteras sigilli nostri impressione fecimus communiri. Actum anno gratie millesimo ducentesimo vicesimo primo, mense junio.

Bibl. nation. Latin 11926, fol. 301 r°. — Archiv. Aube. *Origin.* scellé.

1222. Septembre.

Charta de pacé tricenalium ecclesie Beate Marie.

51. — Nos Campanensis, canonicus Trecensis, et magister Joannes, presbyter de Sancta Savina, notum facimus omnibus presentes litteras inspecturis, quod cum causa verteretur inter abbatissam et conventum Beate Marie Trecensis, ex parte una, et dominum Ansoldum, presbiterum ejusdem ecclesie, ex alia, super eo quod cum dicte abbatissa et conventus haberent medietatem tricenalium, que faciebat presbyter in dicta ecclesia, et idem presbyter eadem tricenalia ad argentum quandoque finaret, petebant dicte abbatissa et conventus medietatem illius argenti sibi reddi, et dicebant quod per matricularium earum debebat poni et statui fossarius ad fossas mortuorum in cimiterio dicte ecclesie faciendas et quod reservare debent clavem parvi cimiterii quod est retro ecclesiam earumdem; tandem super his omnibus dicte partes in nos compromiserunt sub pena centum solidorum Pruvinensium, a parte illa que ab arbitrio nostro resiliret parti alteri persolvenda. Nos vero facta legitima inquisitione super premissis, testibus et receptis, de prudentum virorum consilio, arbitrium nostrum protulimus in hunc modum, quod presbyter sepedicte ecclesie quotiescunque de tricenalibus finaverit ad argentum, totiens reddet dictis abbatisse et conventui medietatem argenti; arbitrando et dicentes quod poni debet fossarius per matricularios earumdem, et quod

dicte abbatissa et conventus debent clavem de parvo cimiterio custodire et ei tradere cui opus fuerit, ita siquidem quod si quis burgensis vel uxor ejus parochianorum dicti presbyteri, in parvo cimiterio sepulturam elegerit, ibi debebit sepeliri. In cujus rei testimonium fecimus presentes litteras sigillorum nostrorum appensione muniri. Actum anno gratie millesimo ducentesimo vigesimo secundo, mense septembri.

Bibl. nation. Latin 11926, fol. 333 v°.

1223 (v. st.) Janvier.

Charta escasure Hodebnrgis, femine nostre.

52. — Omnibus presentes litteras inspecturis, magister Hugo, officialis Trecensis, salutem in Domino. Noverit universitas vestra quod cum abbatissa et conventus Beate Marie Trecensis peteret coram nobis a Nochero et Jacobo Bleso res immobiles defuncte Hodeburgis, femine dicte abbatisse, pro escasura ipsius usque ad valentiam decem librarum, tandem partes pro bono pacis in nos compromiserunt, et nos diximus quod dicti Nocherus et Jacobus redderent pro dicta escasura predictis abbatisse et conventui quinquaginta solidos Pruvinienses, videlicet medietatem ad instantes Brandones et et aliam medietatem infra pagamentum instantium nundinarum Barri. Jacobus autem predictus fiduciavit in manu nostra quod compositionem istam firmiter observabit, et Stephanus Linez de Montsusain, qui pro dicto Nochero comparuit coram nobis, constituit se debitorem predicte pecunie fide interposita, si forte idem Nocherus a compositione predicta resiliret, ita quod uterque ad hoc tenendum se in solidum obligavit. Datum anno gratie millesimo ducentesimo vigesimo tertio, die mercurii post Circumcisionem Domini.

Bibl. nation. Latin 11926, fol. 328 v°.

1223 (v. st.) Février.

De manu mortua uxoris Jacobi Crassi.

53. — Omnibus presentes litteras inspecturis, magister Hugo, officialis Trecensis, in Domino salutem. Noverint universi quod constituti in jure coram nobis Garnerus Summeval et Theobaldus Lombardus recognoverunt se debere ecclesie Beate Marie Trecensis quinque solidos de censu de masuris in quibus manent, sitis apud Chamay, singulis annis in festo Beati Remigii persolvendos, et pro-

miserunt coram nobis quod de cetero persolvent dictum censum, quilibet partem suam, ecclesie predicte termino superius annotato; de quo censu dictus Garnerus recognovit se debere duos solidos, dictus vero Theobaldus tres solidos; abbatissa vero dicte ecclesie debet de dicto censu eisdem hominibus debitam portare garentiam. In cujus rei testimonium fecimus presentes litteras sigillo Trecensis curie communiri. Actum anno gratie millesimo ducentesimo vigesimo tertio, mense februario.

Bibl. nation. Latin 11926, fol. 329 r°.

1224. Mai.

Charta de censu Galteri medici.

54- — Robertus, Dei gratia Trecensis episcopus, omnibus ad quos presentes littere pervenerint, in Domino salutem. Notum facimus universis quod magister Galterus, medicus Trecensis clericus dedit in eleemosynam ecclesie Beate Marie Trecensis pro anima sua, et pro animabus patris et matris sue et antecessorum suorum, viginti duos solidos censuales quos habebat in domibus Macecrarie Trecensis pro pitancia facienda annuatim sanctimonialibus ejusdem ecclesie Beate Marie in die anniversarii sui. In cujus rei testimonium presentibus litteris sigillum nostrum fecimus apponi. Actum anno gratie millesimo ducentesimo vicesimo quarto, mense maio.

Bibl. nation. Latin 11926, fol. 313 r°. — Archiv. Aube. *Origin.*

1224. Juillet.

Charta de duodecim denariis de consuetudine et duobus censualibus de Cortenou

55. — Ego Hugo, decanus Vendopere, universis ad quos presentes littere pervenerint, salutem in eo qui Salus est eterna. Universitati vestre duxi declarandum quod cum querela ventilaretur in presentia mea inter Ysabellam, priorissam de Vireio, ex una parte, et Robertum Reinbaudi, ex altera, super duodecim denariis de consuetudine et duobus denariis censualibus quos dicta priorissa petiit in jure sibi reddi a memorato Roberto, quia idem Robertus supradictos denarios tam de consuetudine qnam censuales tenebatur eidem priorisse annuatim reddere, occasione cujusdam terre quam ipse Robertus tenebat apud Cortenou, que terra movet de ec-

clesia Beate Marie Trecensis ; tandem receptis attestationibus utriusque partis, et diligenter examinatis et publicatis, rationibus et alle-
gationibus eorumdem plenius auditis et intellectis, dicto Roberto
locuto in testes priorisse memorate que nullius essent momenti,
sepedictus Robertus in vocem prorupit, appellationis causam pro-
ponens in judicis suspectionem ; ego vero super his habito prudentum consilio, juris ordine in omnibus observato, viso quod sententia debet pro ipsa priorissa proferri, eidem priorisse supradictos denarios tam consuetudinarios quam censuales annuatim reddendos
per sententiam diffinitivam adjudicavi, partem adversam nichilominus condempnando in expensis. Ad cujus rei confirmationem presenti pagine sigilli mei impressionem duxi applicandum. Actum
anno incarnationis Dominice millesimo ducentesimo vigesimo
quarto, mense julio.

Bibl. nation. Latin 11926, fol. 323 v°.

1224. Décembre.

Charta des Pichelart.

56. — Ego Aaliz, abbatissa Beate Marie Trecensis, notum facio
omnibus presentes litteras inspecturis, quod cum Johannes clericus,
filius defuncti Radulphi Pichenlard, nobis invadiasset quemdam redditum bladi, quem ipse et fratres ejus habebant hereditarie in
grangia nostra de Seleriis, pro viginti solidis Pruviniensibus, et nos
ad petitionem Garneri Cordubani, primogeniti ejusdem Radulphi,
receptis ab eo viginti solidis predictis, redditum predictum ei benigne quitassemus, ipse et Ludovicus et Galterinus, fratres ejus,
nobis concesserunt et firmiter creantaverunt quod nullus de fratribus suis poterit vendere eumdem redditum nisi attulerit litteras
redemptionis predicte quas ipse Garnerus sub sigillo nostro habet ;
et si eas attulerit vel ipse vel alius ex predictis fratribus, non poterunt eumdem redditum vendere aliis quam nobis, si eum volue-
rimus comparare, ita etiam quod nos eum habere debebimus pro
decem solidis minus quam pro ipso aliquis alius dare vellet. In
cujus rei testimonium fecimus presens chyrographum sigilli nostri
appensione muniri. Actum anno gratie millesimo ducentesimo vicesimo quarto, mense decembri.

Bibl. nation. Latin 11926, fol, 324 r°. — Archiv. Aube. *Origin.*

1224 (v. st.) Mars.

Charta de censu magistri Galteri medici.

57. — Bartholomeus decanus, totumque capitulum Beati Stephani Trecensis, universis presentes litteras inspecturis, salutem in Domino. Noverit universitas vestra quod cum magister Galterus medicus nobis deberet septem solidos annui census in duabus domibus de Macecraria Trecensi, scilicet in domo Renaudi Strabonis, et in domo Jacobi, filii Berteri, carnificum, et ipse in terris dictarum domorum haberet duas partes retro, et nos tertiam partem ante, et cum idem magister Galterus in perpetuam eleemosynam dedisset ecclesie Beate Marie Trecensis viginti duos solidos annui census in eodem vico, videlicet tam in domibus predictis quam in aliis continue adjacentibus a rivo qui est a latere domus defuncti Renaudi Strabonis ex illa parte vici usque ad magnum fossatum, de quibus due partes fundi terre retro movebant de dicto magistro Galtero, et tertia pars ante movebat de ecclesia nostra. Idem magister Galterus per assensum nostrum et abbatisse et conventus Beate Marie Trecensis, nobis assignavit dictos septem solidos in septem domibus, videlicet in domo Filleron, filie defuncti Renaudi Strabonis XIIII denarios ; in domo Jacobi Clerici carnificis XIIII denarios ; in domo Galteri Alasuz XIIII denarios ; in domo Theobaldi Loucordie XIIII denarios ; in dome Petri Feliset XIIII ; in domo Herberti Lemur XIIII denarios ; et in domo Fenie unum denarium ; tali si quidem tenore adjuncto, quod quandocunque laudes vel vente evenerint de domibus vel terminis predictis, nos habebimus medietatem laudum et ventarum, et ecclesia Beate Marie Trecensis habebit aliam medietatem. In cujus rei testimoniam fecimus presentes litteras sigilli nostri munimine roborari, Actum anno Dominice incarnationis millesimo ducentesimo vicesimo quarto, mense marcio.

Bibl. nation. Latin 11926, fol. 310 v°.

1225. Septembre.

Charta de sacramento septuaginta librarum Sancti Johannis.

58. — Omnibus presentes litteras inspecturis, Milo de Capella, decanus, et H. cantor Trecensis, judices a domino Papa delegati, salutem in Domino. Noveritis quod Ferricus, presbyter Sancti Jo-

hannis Trecensis, in nostra presentia constitutus, tactis sacrosanctis evangeliis, juravit pensionem ecclesie sue que est septuaginta librarum, terminis debitis et solitis se bona fide soluturum. Hnic autem sacramento testes fuerunt adhibiti B. decanus Sancti Stephani Trecensis, Remigius monachus Sancti Petri de Cella, Ludo et Joannes de Poantio presbiteri, Agnes thesauraria et Susanna moniales. Actum anno gratie millesimo ducentesimo vicesimo quinto, mense septembri.

Bibl. nation. Latin 11926, fol. 333 r°. — Archiv. Aube. Origin.

<h2 style="text-align:center">1225 (v. st.) Janvier.</h2>

<h3 style="text-align:center">Charta de pace inter dominum Ansoldum et nos.</h3>

59. — Omnibus presentes litteras inspecturis, B. decanus Beati Stephani Trecensis, salutem in Domino. Noverit universitas vestra quod cum inter A. abbatissam Beate Marie Trecensis, ex una parte et dominum Ansoldum, presbyterum ejusdem ecclesie, ex altera, super augmentatione beneficii dicti presbyteri controversia verteretur; tandem mediantibus bonis viris, inter eos talis compositio intervenit quod dicte abbatissa et conventus dicto presbitero per dominum Jacobum, capellanum ejusdem ecclesie, et ejus successores, ter aut quater in hebdomada in missa faciet provideri, ita videlicet quod dictus Jacobus in altari parrochie ter aut quater in hebdomada, sicut predictum est, missam quam dictus Ansoldus voluerit, celebrabit; ita tamem quod secunda collecta misse dicetur de fidelibus, pro comite specialis. Rogabunt etiam dictum Jacobum bona fide quod dicto Ansoldo succurrat cum opus fuerit et commode poterit, in visitationibus, purificationibus, et baptismis, et aliis necessitatibus que ad parochiale officium pertinere noscuntur. In cujus rei testimonium, ad instantiam partium, feci presentes litteras sigilli mei appensione muniri. Actum anno gratie millesimo ducentesimo vigesimo quinto, mense januario, infra octabas Apparitionis Domini.

Bibl. nation. Latin 11926, fol. 334 r°.

<h2 style="text-align:center">1226. Mai.</h2>

<h3 style="text-align:center">Charta de decem solidis de Bolliaco.</h3>

60. — Ego Guillelmus Putemonnoye, illustris comitis Campanie ballivus, notum facio tam presentibus quam futuris quod de decem solidis quos habeo de censu in vinea Gauteri Buci de Bolliaco, que

dicitur vinea defuncti Lovem, dedi et concessi, do et concedo ecclesie Beate Marie Trecensis in eleemosynam perpetuam quinque solidos, ita quod in honore Dei et omnium sanctorum moniales dicte
ecclesie debent facere celebrare singulis annis unam missam de
Sancto Spiritu pro me et Elizabeth, uxore mea, quamdiu vixerimus,
et post decessum nostrum facere anniversarium nostrum singulis
annis in perpetuum; et alios quinque solidos dedi dicte ecclesie in
excambio cujusdam prati quod habent retro domum meam de Acce-
naio. Actum anno gratie millesimo ducentesimo vigesimo sexto,
mense maio.

Bibl. nation. Latin 11926, fol. 332 v°.

1226. 29 Août.

Charta de sacramento LXX librarum sancti Johanis.

61. — Omnibus presentes litteras inspecturis, magister Hugo,
officialis Trecensis, salutem in Domino. Noverit universitas vestra
quod dominus Ferricus, presbyter Sancti Johannis Trecensis, in
presentia venerabilium virorum M. decani, et H. cantoris Trecensium, judicum a domino Papa delegatorum, constitutus, tactis sacrosanctis evangeliis, juravit pensionem ecclesie sue que est septuaginta librarum, terminis debitis et solutis se bona fide soluturum,
sicut per patentes litteras dictorum judicum et per confessiones
partium nobis constitit evidenter, que littere confracte fuerunt
propterea quod quoddam debitum continebatur in eisdem de quo
facta fuerat solutio competenter. Actum anno Domini millesimo
ducentesimo vicesimo sexto, in Decollatione Sancti Johannis Baptiste.

Bibl. nation. Latin 11926, fol. 333 r°.

1226 (v. st.) 15 Janvier.

Charta de presentatione Sancti Johannis in foro.

62. — R. Dei gratia Trecensis episcopus, universis presentes
litteras inspecturis, in Domino salutem. Noveritis quod cum Abbatissa et conventus Beate Marie Trecensis in ecclesia Sancti Johannis de Foro Trecensi jus haberent patronatus, et a presbyteris
ejusdem ecclesie septuaginta libras Pruvinensium annue pensionis percipere consueverint ab antiquo, nos ad presentationem
dictarum Abbatisse et conventus, Iterum presbyterum, quondam

Arceyarum decanum, instituimus in eadem ecclesia tunc vacanti, et ipsum solempniter investivimus de cura ecclesie supradicte, et in ejus possessionem misimus corporalem. Postmodum autem dictus presbyter ad mandatum nostrum spontanea voluntate, tactis sacrosanctis evangeliis, coram nobis super sancta juravit quod terminis statutis et usitatis dictam annuam pensionem septuaginta librarum, quamdiu tenebit ecclesiam, bona fide reddet monialibus memoratis vel mandato ipsarum, nisi de voluntate ipsarum ei fuerit dilatio solutionis indulta. Quod ut notum permaneat, in testimonium hujus rei, fecimus presentes litteras sigilli nostri munimine roborari. Actum anno gratie millesimo ducentesimo vicesimo sexto, octavo decimo kalendas februarii.

Bibl. nation. Latin 11926, fol. 299 r°. — Archiv. Aube. *Origin.*

1226 (v. st.) Janvier.

De eadem presentatione.

63. — Omnibus presentes litteras inspecturis, A. Lingonensis et M. Trecensis decani, et G. archidiaconus, et H. cantor Trecensis, et B. decanus Sancti Stephani Trecensis, salutem in Domino. Notum facimus quod reverendus pater R. Dei gratia Trecensis episcopus, nobis presentibus et videntibus, ad presentationem abbatisse et conventus Beate Marie Trecensis, Iterum presbyterum, quondam Arceiarum decanum, instituit in ecclesia Sancti Johannis de Foro Trecensis vacante, et de cura ejusdem ecclesie solemniter investivit. In cujus rei testimonium fecimus presentes litteras sigillorum nostrorum munimine roborari. Actum anno gratie millesimo ducentesimo vicesimo sexto, mense januario.

Bibl. nation. Latin 11926, fol. 299 r°. — Archiv. Aube. *Origin.*

1228. Mai.

De XX libris de pace mercatorum.

64. — Ego Theobaldus, Campanie et Brie comes palatinus, notum facio universis tam futuris quam presentibus, quod cum contentio esset inter me ex una parte, et A. Abbatissam et conventum Beate Marie Trecensis ex altera, super quodam mercato proximo ante Assumptionem Beate Marie, quod quandoque solet cadere infra pagamentum in nundinis Trecensibus Sancti Johannis, et ego dicebam quod illud mercatum erat meum, et quod ipse non debebant

nisi de communibus mercatis habere : Abbatissa vero et moniales
predicte e contra dicebant quod illud mercatum ante Assumptionem Beate Marie, sive in nundinis, sive extra nundinas caderet,
deberet esse earum. Tandem mediantibus bonis viris, in hanc formam pacis convenimus de assensu meo et earum, quod quando
voluero quod illud mercatum sit meum, illi qui colligent pro me
mercatum, satisfacient Abbatisse et monialibus predictis de XX libris Pruvinensibus infra pagamentum earumdem nundinarum reddendis. Si autem illud mercatum habere noluero, Abbatissa et
moniales predicte facient illud colligi, et totum emolumentum erit
earumdem, et hoc factum est de assensu utriusque partis sine pre-
judicio vel diminutione juris alicujus alterius. Si forte contigerit
aliquas non habeam, et Abbatissa et moniales consuetudines habeant in eisdem, bene volo, salvo jure alterius, quod ipse in eisdem
domibus habeant consuetudines suas. Quod ut notum et firmum
permaneat, litteris adnotatum feci sigilli mei munimine roborari.
Actum Trecis anno gratie millesimo ducentesimo vigesimo octavo,
mense maio.

Bibl. nation. Latin 11926, fol. 293 v°. — Archiv. Aube. Origin.

1228. Octobre.

**Charta de sex solidis quos dedit nobis dominus Stephanus
apud Vireium.**

65. — Ego Hugo decanus Vendopere, notum facio omnibus presentes litteras inspecturis quod dominus Stephanus, canonicus ecclesie Beate Marie Trecensis, dedit et concessit ad laudem et voluntatem Terrici, Galteri et Vallieri, fratrum suorum, predicte ecclesie
in perpetuam eleemosynam sex solidos annui census sitos apud
Vireium, scilicet viginti denarios in masura Johannis de Villeio,
duodecim in masura Bartholomei, quatuordecim in masura Man-
cheti, duodecim in masura Gilberti Stulti, et quatordecim in masura La Raviole, quorum medietas debet recipi in festi Beati Remigii, et altera medietas in vigilia Natalis Domini. Quod ut ratum et
firmum permaneat, ad petitionem predictorum, presentes litteras
sigilli mei munimine roboravi. Actum anno Domini millesimo ducentesimo vigesimo octavo, mense octobri.

Bibl. nation. Latin 11926, fol. 331 v°.

1228. Décembre.

Charta de decima de Montaublin.

66. — Ego Petrus de Corteri, dominus de Castello, notum facio presentibus et futuris quod cum Simon de Wibautuile, armiger, vendiderit Abbatisse et conventui Beati Marie Trecensis decimam quam tenebat de me in feodum apud Montaublein, ego laude et assensu reverendissime uxoris mee Elizabeth de cujus capite dicta decima movebat, intuitu Dei et ob remedium animarum nostrarum, dictam decimam et omnia que ad ipsam pertinent laudavi et approbavi, et dictum feodum in perpetuum eis quitavi : promittens bona fide pro me et heredibus meis quod in dicto feodo nichil unquam de cetero reclamabo, vel faciam de cetero ab aliquo reclamare, sed super eodem feodo garantiam legitimam eis portabo. Testes autem hujus rei fuerunt : dominus Johannes de Valeri, et dominus Hugo, frater ejus; et dominus Angales, et dominus Johannes de Grantpui, milites; et Milo, prepositus meus; et Johannes de Nivernis, civis Trecensis; et Renaudus de Mantaublein, major Abbatisse. Quod ut ratum et firmum permaneat in futurum, ego in hujus rei testimonium feci presentes litteras sigilli mei munimine roborari. Actum anno Domini millesimo ducentesimo vicesimo octavo, mense decembri.

Bibl. nation. Latin 11926, fol. 307 r°.

1229. 26 Mai.

Charta Sancti Stephani Cordubani.

67. — Nos B. decanus et capitulum Beati Stephani Trecensis, notum facimus universis quod inter nos ex una parte, et abbatissam et conventum Beate Marie Trecensis ex altera, controversia vertebatur super thelones Cordubani quod venditur apud Trecas in sabbato quod est ante Assumptionem Beate Virginis, eo videlicet anno quo dictum sabbatum infra nundinas Sancti Johannis contigerit evenire, predictis Abbatissa et conventu dicentibus theloneum omnium rerum que dicto sabbato Trecis venduntur ad se et suam ecclesiam pertinere, nobis e contrario dicentibus theloneum Cordubani ubicunque et quandoqunque Trecis vendatur nostrum esse, ex donatione inclite recordationis comitis Henrici, nostre ecclesie fundatoris; post multas igitur contentiones, tandem mediante re-

gina domina nostra clare memorie Blancha, quondam comitissa
Trecensi palatina, super dicta querela compositum est in hunc modum, videlicet quod ad preces comitisse predicte, memorata abbatissa et conventus dicte querele renuntiantes omnino eam nobis
quitaverunt in perpetuum, bona fide promittentes quod super eadem querela nos vel ecclesiam nostram nullo unquam tempore
molestabunt. Nos autem ad preces similiter Domine nostre, abbatisse et conventui sepedictis unanimiter concessimus quadraginta
solidos Pruvinienses annui redditus in camera nostra, annis singulis in nundinis Sancti Remigii infra rectum pagamentum in perpetuum percipiendos. Quod ut notum permaneat et firmum teneatur, litteris annotatum fecimus sigilli nostri munimine roborari.
Actum anno gratie millesimo ducentesimo vicesimo nono, septimo
kalendas junii.

Bibl. nation. Latin 11926, fol. 316 r°. — Archiv. Aube. Origin.

1230. Octobre.

De blado de Pini.

68. — Ego Galterus, comes Brene, notum facio universis presentes litteras inspecturis quod dilectus et fidelis meus Johannes
de Thil, miles, in mea presentia recognovit se pro remedio anime
defuncte Aupaiz, uxoris sue, et pro aniversario ejusdem Aupaiz
annuatim faciendo, in perpetuam eleemosynam donavisse ecclesie
Beate Marie Trecensis et monialibus ibidem Deo servientibus duos
sextarios bladi, scilicet unum frumenti et alterum avene ad mensuram Trecensem in redditibus bladi terrarum suarum de Pinni
annuatim infra Natale Domini in perpetuum percipiendos; et quia
dicta terra et bladum de feodo meo movet, ego ad preces et instantiam ejusdem Johannis hanc eleemosynam volui et laudavi. Quod
ut notum et firmum permaneat, in hujus rei testimonium feci presentes litteras sigilli mei munimine roborari. Actum anno gratie
millesimo ducentesimo trigesimo, mense octobri.

Bibl. nation. Latin 11926, fol. 304 r°. — Archiv. Aube. Origin. sceau brisé.

1230 (v. st.) Janvier.

Charta de blado de Seleriis.

69. — Omnibus presentes litteras inspecturis, Aaliz, abbatissa
Beate Marie Trecensis, salutem cum devotis orationibus et suffragiis. Noveritis quod nos concessimus conventui nostro bladum quod

emimus a Nicolas de Chamgillart in granchia de Scleriis in qua
colligitur decima vel terragium, nunc et in perpetuum habendum
et possidendum, ita quod de predicto blado procuratrix eleemosyne
ecclesie nostre recipiet duos sextarios avene ad mensuram Trecensem die anniversarii bone memorie E. vicecomitisse Senonensis,
matris mee. Residuum vero predicti bladi percipiet priorissa cum
duabus aliis monialibus eodem die supradicti anniversarii, in ecclesia nostra, sicut mos est pro pitanciis dividendum. In cujus rei
testimonium fecimus presentes litteras sigilli nostri appensione
muniri. Actum anno gratie millesimo ducentesimo tricesimo, mense
januario.

Bibl. nation. Latin 11926, fol. 325 r°. — Archiv. Aube. Origin.

1230 (v. st.) Janvier.

Charta de Mesgrigniaco.

70. — Ego Adelidis, abbatissa Beate Marie Trecensis, notum
facio universis presentes litteras inspecturis, quod nos divine pietatis intuitu et prudentum virorum consilio ob remedium animarum patris nostri, et domine E. vicecomitisse Senonensis, felicis
memorie matris mee, que de bonis suis multotiens nobis contulerat,
conventui nostro concessimus quidquid per emptionem acquisivi-
mus apud Megrigni a domino Petro de Sancto Quintino, (exceptis
tredecim solidis censualibus, quorum octo solidi eque partientur
duobus diaconibus et duobus subdiaconibus ecclesie nostre, et
quinque solidi residui clericis tam canonicis quam aliis qui anniversario nostro intererunt, distribuentur, et exceptis gallinis que ad
usum infirmarie deputabuntur); et que emimus ab Henrico, comite
Barri Ducis, apud Linceon; et quidquid emimus a Simone de Hum-
bauville, milite, apud Montaublein. Ita si quidem quod ex prenomi-
natis proventibus quadraginta solidi in communi pitancia conventus nostri die anniversarii nostri in perpetuum partientur, residuum
vero dictorum proventuum sexaginta monialibus ecclesie nostre,
singulis earum pro necessariis suis faciendis, communiter et equaliter dividentur. Omnia supradicta secundum quod superius sunt
expressa concessimus, voluimus et statuimus conventui nostro post
decessum nostrum possidenda in perpetuum et habenda. Priorissa
vero ecclesie nostre et due alie moniales a conventu ad hoc eligende
dictos proventus percipient et distribuent secundum quod superius
est expressum. Insuper concessimus dicto conventui unum arpen-

tum vinee situm apud Fayel, cujus proventus in cenis monialium perpetuo distribuentur. Ut autem hec omnia nota permaneant et inviolabiliter observentur litteris annotata, sigilli nostri fecimus munimine, roborari. Actum anno gratie millesimo ducentesimo trigesimo, mense januario.

Bibl. nation. Latin 11926, fol. 325 r°.

1233. Septembre.

Charta de decem solidis Helvidis de Jauna.

71. — Universis presentes litteras inspecturis, magister Petrus de Claellis, Trecensis officialis, salutem in Domino. Noveritis quod in nostra presentia constituta nobilis mulier Helvidis de Jauna, relicta defuncti Deaurati quondam militis, assignavit et quitavit in perpetuum abbatisse et conventui Beate Marie Trecensis decem solidos annui redditus quos ipsa domina Helluys habebat, et percipere annuatim solebat in domo domini Guillelmi de Putemonnoye, militis, et in plateis pertinentibus ad eamdem domum, que domus et platee site sunt apud Trecas in vico Beate Marie, inter furnum comitis et domum defuncti Simonis Berruerii. Hanc autem assignationem et quitationem fecit domina Helluys supradicta supradictis abbatisse et conventui pro tribus solidis et quinque denariis et obolo annui census, quod dicta domina debebat ipsis annuatim, pro quadam terra quam vendidit fratribus militie Templi, que terra sita est ad summum Magne Tannarie apud Trecas. Quod ut notum permaneat atque firmum, presentes litteras ad petitionem supradicte domine sigillo Trecensis curie fecimus roborari. Actum anno domini millesimo ducentesimo trigesimo tertio, mense septembri.

Bibl. nation. Latin 11926, fol. 314 r°

1234. Août.

Charta de pace aquarum de Duillet.

72. — Omnibus presentes litteras inspecturis, magister Petrus de Claellis, officialis Trecensis, in Domino salutem. Noverint universi quod in nostra presentia constitutus magister Johannes, presbyter Igniacensis, quitavit abbatisse et conventui Sancte Marie Trecensis omnes expensas quas petebat et petere poterat ab eisdem, occasionis prohibitionis aquarum quas dictus Johannes tenebat

apud Duilletum facte a dictis abbatissa et conventu. Jam diu aquas possederunt et possident, exceptis duabus peciis aquarum, quarum una fluit juxta domum defuncti Johannis de Duilleto, et alia fluit prope hortum Morelli piscatoris, que proprie sunt predicti magistri Johannis, sicut dicte abbatissa et conventus recognoverunt coram nobis; et quas aquas idem magister Johannes retraxit a Saineto et Caneto defuncto fratribus, ut dicitur; quas etiam aquas memorati abbatissa et conventus sepedicto magistro Johanni quitaverunt. In cujus rei testimonium presentibus litteris sigillum Trecensis curie duximus apponendum. Actum anno Domini millesimo ducentesimo tricesimo quarto, mense augusto.

Bibl. nation. Latin 11926, fol. 319 r°.

1234 (v. st.) Mars.

De decem solidis versus Tornore.

73. — Omnibus presentes litteras inspecturis, magister Petrus de Claellis, Trecensis curie officialis, salutem in Domino. Noveritis quod Johannes de Divione, civis Trecensis, coram nobis recognovit se concessisse Thome de Fossatis, filio defuncti Haymonis, quoddam viridarium suum, situm versus Tornore, inter viridarium Garneri de Croncellis et viridarium dicti Thome, jure perpetuo possidendum pro decem solidis Pruviniensibus, videlicet quinque solidis in festo Nativitatis Sancti Johannis Baptiste, et aliis quinque solidis in festo Sancti Remigii annuatim dicto Johanni vel heredibus suis a dicto Thoma vel suis heredibus, qui dictum viridarium tenuerint, persolvendis; tali etiam tenore adjuncto quod dictus Thomas promisit firmiter et concessit quod si ipse vel heredes ejus qui dictum viridarium tenuerint, deficerent in solutione dictorum decem solidorum per terminos memoratos, dictus Johannes vel heredes ejus possent, tam in dicto viridario quam in alio viridario dicti Thome adjacente, licite gagnare, usquedum de decem dictis solidis annuis ipsis fuisset plenius satisfactum. In cujus rei testimonium, ad preces dictorum Johannis et Thome, fecimus presentes litteras sigillo Trecensis curie communiri, Actum anno gratie millesimo ducentesimo trigesimo quarto, mense martio.

Bibl. nation. Latin 11926, fol. 329 r°.

1235. Mai.

Charta de ouchia et borda de Sommeval.

74. — Omnibus presentes litteras inspecturis, magister Stephanus, officialis Trecensis, salutem in Domino. Noverint universi quod cum venerabilis domina A. abbatissa Beate Marie Trecensis peteret in jure coram nobis a Johanne Ganche quamdam Ouchiam et quamdam bordam sitam apud Sommeval, quas dictus Joannes in prejudicium suum possidebat cum ad ipsam devenire debebant, ut dicebat, ex escasura defuncte Houdebergis, relicte defuncti Robini; tandem dictus Johannes coram nobis comparens, sponte quitavit in perpetuum dicte abbatisse Beate Marie Trecensis dictam ouchiam et bordam, promittens quod contra hujusmodi quitationem nullo tempore veniet. In cujus rei testimonium presentibus litteris sigillum curie Trecensis duximus apponendum. Actum anno Domini millesimo ducentesimo tricesimo quinto, mense maio.

Bibl. nation. Latin 11926, fol. 344 v°.

1235. Août.

Charta escasure Galteri de Virduno.

75. — Omnibus presentes litteras inspecturis, magister Stephanus, officialis Trecensis, salutem in Domino. Noveritis quod cum causa verteretur coram nobis inter venerabiles Dominas A. abbatissam et conventum Sancte Marie Trecensis ex una parte, et Guillelmum Carnot, civem Trecensem, ex altera, super quadam domo quam dictus Guillelmus possidebat, que fuerat Galteri, patris dicti Guillelmi, quam abbatissa et conventus dicebant ad ipsas pertinere jure escasure que dicitur manusmortua quam habent in hominibus suis Trecensibus, cum dicta domus moveret de capite dicti Galteri hominis ipsarum; tandem partibus in hoc consentientibus, abbatissa et conventus dicto Guillelmo jus ipsarum, sicut superius est expressum, recognoscenti dictam domum et heredibus suis in perpetuum concesserunt possidendam et habendam pro decem libris Pruviniensibus, eisdem in instanti festo sancte Marie Magdalene persolvendis; et ita omnes cause usque ad confectionem presentium litterarum inter abbatissam et conventum predictas ex una parte, et ipsum Guillelmum ex altera orte sopirentur. In cu-

jus rei testimonium, ad instantiam partium, fecimus presentes litteras sigillo Trecensis curie communiri. Actum anno gratie millesimo ducentesimo tricesimo quinto, mense junio.

Bibl. nation. Latin 11926, fol. 316 v°.

1235. Août.

De fortericia Meriaci.

76. — Nos Theobaldus, Dei gratia rex Navarre, Campanie et Brie comes palatinus, notum facimus universis presentibus et futuris, quod nos concessimus abbatisse et conventui Beate Marie Trecensis quod homines et femine quos habent apud Megriniacum nichil ponere tenebuntur ad fortericiam Meriaci reparandam seu faciendam; quam concessionem volumus in perpetuum duraturam. Quod ut firmum teneatur et stabile, presentes litteras sigilli nostri fecimus munimine roborari. Actum apud Vaucharci anno Domini millesimo ducentesimo tricesimo quinto, mense augusto.

Bibl. nation. Latin 11926, fol. 294 r°. — Archiv. Aube. *Origin*.

1235. Octobre.

De domo et virgulto Gaysie.

77. — Omnibus presentes litteras inspecturis, magister Stephanus, officialis Trecensis in Domino salutem. Noveritis quod Lambertus Fouassarius, et Ysabellis, uxor sua, in nostra presentia constituti recognoverunt se vendidisse A. Abbatisse et conventui Sancte Marie Trecensis quamdam mediam domum quam habebant juxta liciam de Gaysia, et quoddam virgultum quod habebant ad pontem de Gaysia. Que predicta dicte abbatissa et conventus concesserunt dicto Lamberto et Ysabelli et heredibus suis possidenda et habenda in perpetuum pro quatuordecim solidis et tribus denariis annui redditus ipsis, vel certo mandato suo, in festo Omnium Sanctorum reddendis. Si vero contigerit dictum virgultum ab heredibus in annum redimi, domus sua sita juxta aliam domum pro dicta pensione et pro alia dicta media domo remaneret obligata. Actum anno gratie millesimo ducentesimo tricesimo quinto, mense octobri.

Bibl. nation. Latin 11926, fol. 318 v°.

1236. Juin.

Charta de censu domus Ysabellis Saipain.

78. — Omnibus presentes litteras inspecturis, magister Stephanus, officialis Trecensis, salutem in Domino. Noveritis quod in nostra presentia constitutus dominus Theobaldus de Roseriis, miles, recognovit se excambiavisse decem et octo denarios annui census quos percipiebat singulis annis in domo defuncti Ysabellis Saipain, que domus sita est in vico Beate Marie Trecensis, ante Parvam Taneriam, ut dicebat idem miles, ad alios decem et octo denarios annui census quos abbatissa et conventus Beate Marie Trecensis reclamabant et percipiebant singulis annis, sicut dicebat abbatissa, in vinea que fuit Soneti judei, que sita est juxta cimeterium Judeorum apud Trecas, ita quod dicte abbatissa et conventus percipient singulis annis decem et octo denarios in dicta domo in perpetuum, et dictus miles similiter in perpetuum decem et octo denarios in dicta vinea. In cujus rei testimonium presentibus litteris sigillum curie Trecensis duximus apponendum. Datum anno Domini millesimo ducentesimo trigesimo sexto, mense junii.

Bibl. nation. Latin 11926, fol. 832 v°.

1236. Juillet.

Charta de viginti solidis Girardi Meletarii.

79. — Omnibus presentes litteras inspecturis, magister Stephanus, officialis Trecensis, salutem in Domino. Noverit universitas vestra quod Girardus Meletarius, civis Trecensis, in presentia nostra constitutus, recognovit se legasse et concessisse in perpetuum eleemosynam ecclesie Beate Marie Trecensis viginti solidos annui redditus, de quibus decem solidi reddendi sunt in festo Sancte Marie de Rammeruco, et decem in festo Sancti Andree, super plateam quamdam que est in Roeria juxta quamdam domum Sancti Abrahe, que partitur ad pueros defuncti Bonelli de Castro Landonis, ita quod quicumque dictam plateam tenebit, dictos sex solidos annuatim in dictis festis sine difficultate persolvere tenebitur ecclesie memorate. Et quia dictus Girardus dictam plateam concessit Rurico rotario et heredibus suis usque ad decem et novem annis, abbatissa dicte ecclesie dictam concessionem laudavit et ratam habuit; qui-

bus decem et novem annis completis medietas dicte platee que dictum Girardum contingebat ad ecclesiam dictam memoratam revertetur, dicto Rurico, vel ejus herede, de super edificio voluntatem suam faciente. Abbatissa vero ecclesie memorate et conventus,
de communi assensu, concesserunt dicto Girardo anniversarium
suum et matris sue et uxoris sue Catharine faciendum et singulis
annis in ecclesia sua celebrandum. Quod ut ratum permaneat, ad
petitionem dicti Girardi presentem paginam sigillo curie Trecensis
fecimus roborari. Actum anno Domini millesimo ducentesimo trigesimo sexto, mense julio.

Bibl nation. Latin 11926, fol. 314 r°.

1236. 1 Août.

Charta de Villamoiron.

80. — N. divina miseratione Trecensis ecclesie minister humilis, universis presentes litteras inspecturis, salutem. Noverit universitas vestra quod constitutus in presentia nostra nobilis vir dominus Johannes miles de Villamoiron recognovit se nullum jus
habere in decima de Villamoiron, que spectat, ut dicitur, ad ecclesiam monialium Beate Marie Trecensis de triennio in triennium,
ratione equorum suorum, vel hospitum suorum, vel alia qualibet
re, et si jus aliquod habebat in eadem decima, ad preces consan-
guinei sui reverendissimi domini Iteri de Malo Nido, Laudunensis
decani, quitavit in perpetuum ecclesie supradicte. Fidem autem
dederunt dictus Johannes miles, et Joia uxor ejus, quod per se nec
per alium contra hoc aliquid reclamabunt; et Nos, ad petitionem
predictorum Johannis et Joie uxoris ejus, presentes litteras fecimus
sigilli nostri munimine roborari. Actum anno domini millesimo
ducentesimo trigesimo sexto. Datum in festo Beati Petri ad Vincula.

Bibl. nation. Latin 11926, fol. 301 v°. — Archiv. Aube. *Origin.*

1236. Septembre.

Charta des Pichelart.

81. — Omnibus presentes litteras inspecturis, magister Stephanus,
officialis Trecensis, salutem in Domino. Noverit universitas vestra
quod Petrus, filius Radulphi defuncti Pichelart, et Ludovicus,
frater dicti Petri, in presentia nostra constituti, recognoverunt se

vendidisse abbatisse et conventui Sancte Marie Trecensis quidquid
habebant nomine decime in granchia decimaria de Selieres, pro
octo libris Pruviniensibus, de quibus se habent dicti fratres pro pagatis, ita quod dicti fratres de dicta venditione debent dictis abbatisse et conventui erga omnes portare garentiam, et facere
eamdem laudari ab omnibus qui in dicta venditione possunt aliquid
reclamare. Actum anno Domini millesimo ducentesimo tricesimo
sexto, mense septembri.

Bibl. nation. Latin 11926, fol. 324 v°.

1236. Décembre

Charta de sexaginta solidos de Chanloto.

82. — Universis presentes litteras inspecturis, Petronilla, domina Julleii et Chanlou, salutem in Domino. Noverit universitas
vestra quod cum fratres Sancti Pauli Trecensis de ordine Predicatorum deberent abbatisse et conventui Beate Marie Trecensis sexaginta solidos annue pensionis in domo dictorum fratrum annuatim
percipiendos, secundum quod convenerat inter ipsos, ne dicte moniales incurrerent aliquod incommodum, eo quod dicti fratres infra
limites parochie Beate Marie cujus patrone sunt, et in qua suas
recipiunt portiones, certam haberent mansionem et ecclesiam
construxissent; tandem dicte abbatissa et conventus precibus meis
inclinate dictos sexaginta solidos quitaverunt; pro quorum recompensatione ego dedi et concessi dictis abbatisse et conventui Beate
Marie sexaginta solidos, singulis annis percipiendos in festo Sancti
Remigii, in censibus meis de Chanloto, apud Chanlotum ; et si forte
ob dictorum censuum diminutionem, vel alio casu, contingeret
quod dicti sexaginta solidi non possent in dictis censibus percipi,
de eminentioribus et promptioribus dicte ville redditibus, dicta die
Sancti Remigii, sine aliqua difficultate persolverentur. Quod si ultra
dictum festum propter solutionis dilationem, nuncium dictarum
abbatisse et conventus apud Chanlotum moram facere oporteret,
dominus ejusdem ville quicumque sit, providere sibi tenebitur in
expensis quamdiu ibidem moram fecerit dictos sexaginta solidos
expectando. Actum anno Domini millesimo ducentesimo tricesimo
sexto, mense decembri.

Bibl. nation. Latin 11926, fol. 307 v°,

1236 (v. st.) Janvier.

Charta de sexaginta solidis de Chanloto.

83. — Ego Odo Ragoz, dominus Froelii et Chanloti, et Aaliz, uxor mea universis presentes litteras inspecturis duximus declarandum quod bone memorie Petronilla domina Julliaci et Chanloti, socrus mea, adhuc sana et bene sui compos, dedit et concessit abbatisse et conventui Beate Marie Trecensis sexaginta solidos Pruvinienses annui redditus in censibus suis de Chanloto in festo Sancti Remigii apud Chanlotum annuatim percipiendos, pro domo Sancti Pauli Trecensis de ordine Predicatorum, qui dictis abbatisse et conventui tenebantur in sexaginta solidorum annua pensione. Quam utique donationem pie ac juste concessam, ego et dicta Aaliz, uxor mea, pari consensu volumus, laudamus, concedimus, approbamus, et in perpetuum firmiter ac garantire promittimus. Et ad majoris robur firmitatis presens scriptum sigilli nostri munimine confirmamus. Actum anno Domini millesimo ducentesimo tricesimo sexto, mense januario.

Bibliot. nation. Latin 11926, fol. 308 r°.

1236 (v. st.) Février.

Charta de dono Felisete.

84. — Omnibus presentes litteras inspecturis, magister Stephanus, officialis Trecensis, salutem in Domino. Noveritis quod Feliseta, filia quondam defuncti Lamberti Lelorgne de Burgo Episcopi, in presentia nostra constituta, de consensu et voluntate Florie, amite sue, sub cujus protestate et adoptione erat, investivit abbatissam Sancte Marie Trecensis pro ipsa et conventu suo de omnibus rebus quas ipsa Feliseta possidebat et habebat, tam mobilibus quam immobilibus et escasuris que ad ipsam devenirent si in seculo remaneret, omni alieno jure salvo in omnibus et per omnia. In cujus rei testimonium presentibus litteris sigillum curie Trecensis duximus apponendum. Actum anno Domini millesimo ducentesimo trigesimo septimo, mense februario, die sabbati post festum Sancti Matthie apostoli.

Bibl. nation. Latin 11926, fol. 327 v°.

1238. Avril.

Charta de Logia Guidonis Fromondi.

85. — Omnibus presentes litteras inspecturis, magister Stephanus, officialis Trecensis, salutem in Domino. Noverit universitas vestra quod Maria, relicta defuncti Guidonis Fromondi, et Androeta, neptis dicti Guidonis, et Evrardus de Dielon, et Elizabeth, uxor ejus, legaverunt abbatisse et conventui ecclesie Beate Marie Trecensis, in perpetuam eleemosynam, pro remedio animarum dicti Guidonis et parentum suorum quindecim solidos Pruvinienses annui redditus termino sancti Andree precipiendos in quadam logia que sedet ad ostium lateris Sancti Johannis in Foro Trecensi, versus forum ab opposito ruelle defuncti Harduini. Dicta vero Maria, et Androeta, et Evrardus, et uxor sua, ad quos escasura dicti Guidonis debet venire, fide corporali ter prestita in manu nostra firmiter promiserunt, quod si aliqui heredes contra hoc venirent, ipsi dicte ecclesie et dicto legato firmam erga omnes garantiam portarent. Quod ut ratum et firmum permaneat, ad ipsorum instantiam, presentes litteras sigillo Trecensis curie duximus roborandas. Actum anno Domini millesimo ducentesimo trigesimo octavo, mense aprili.

Bibl. nation. Latin, 11926, fol. 327, v°.

1238. Mai.

Charta de censu Joannis l'Espicier.

86. — Omnibus presentes litteras inspecturis, magister Stephanus, officialis Trecensis, salutem in Domino. Noverint universi quod Petrus Doret in nostra presentia constitutus quitavit in perpetuum Johanni Garnier et heredibus suis triginta denarios censuales quos habebat annuatim super duas cameras dicti Johannis sitas en Trichepot ante terraciam Jacobi Grasti. In cujus rei testimonium presentibus litteris, ad petitionem dicti Petri, sigillum curie Trecensis duximus apponendum. Datum anno Domini millesimo ducentesimo tricesimo octavo, mense maii.

Bibl. nation. Latin 11926, fol. 326 v°.

1238. Juin.

Charta de vinea quam dedit nobis Felisons in Argentela.

87. — Omnibus presentes litteras inspecturis, magister Stephanus, officialis Trecensis, salutem in Domino. Noverit universitas vestra quod in nostra presentia constituti Johannes, armiger, filius domini Guillelmi de Pigni, militis, et Johannes, armiger, filius quondam defuncti Droini de Argentela, laudaverunt et approbaverunt in perpetuum donationem quam Felisons, filia quondam defuncti Lamberti Lelorgne fecit ecclesie Beate Marie Trecensis de dimidio arpento vinee sito in Argentela in duobus locis subscriptis, videlicet uno quarterio sito juxta vineam Thomassini le Natier. In cujus rei testimonium presentibus litteris sigillum curie Trecensis duximus apponendum. Actum anno Domini millesimo ducentesimo trigesimo octavo, mense junio.

Bibl. nation. Latin 11926, fol. 327 v°.

1238. Juillet.

**Charta de pace de laudibus et vantis de Vireio
et de Cortenou.**

88. — Ge Bardiers de Meri, baillif de Troiees, fais a savoir a tox ceux qui sont et qui a venir seront, que coette querelle et contantion fut antre la beesse et lou couvent de Nostre-Dame de Troiees, d'une part, et mon seigneor Huedon Ragoz, d'autre part, sor los et sor vantes que la beesse et li couvent demandoient a Virei et Cortenou, et messire Huedes les demandoit et les vouloit avoir ausine : mise an fu faite sor moy par lacordement et par lasantement des deux partiees por anquerre la droiture a laquelle que soit des deux partiees, et que la droiture fut delivrée a celuy cui ele devoit estre. Apres ce, ge anquis au prodomes et aux anciences gens del païs de ces los et de ces vantes que li uns et li autres requeroient sus ces censives, quand inquisitions fu faite, il fut atorné et acordé par les deux partiees qu'ilz autreoroient ce que je en diroiee et atorneroiee. Mes diz fut di an tel meniere por bien et por pais que la beesse et li couvent de Nostre Dame aureoient et recevroient ces los et ces vantes sus ces censives en boenne pais, et que messire Huedes Ragoz, ne ses comandements, ne si oir, ne lor

an iront au devant, ne ne devront des lou jor que ces presentes
lettres furent faites, et que la beesse et li couvent auront ces vantes
et recevront tosjors mais en bon et pais par droit; et por ce que ce
fut plus ferme chose et plus estable, ge seelay ces presentes lettres
de mon seel par lacordement et par lasentement des deux partiees.
A ceste pais faire et a cest dict dire furent messire Leoines de
Sezanne, chevaliers, et messire Guy li Bègue, et messire Estienes
de Chanlot, et Guillaume de Poons, li prévot de Troiees. Ce fu fait
en l'an de grace Nostre Seignor mil deu cent trente huit, el mois
de juignet.

Bibl. nation. Latin 11926, fol. 326 r°·

1238. Octobre.

Charta de Galtero Pichelart.

. **89.** — Omnibus presentes litteras inspecturis, magister Petrus
Gervasii, officialis Trecensis, salutem in Domino. Noverit universitas vestra quod cum Galterus Pichelart peteret in judicio coram
nobis ab abbatissa et conventu Sancte Marie Trecensis duos sextarios bladi ad mensuram Trecensem in decima de Seleriis, quos
dicebat se debere percipere singulis annis jure hereditaris in dicta
decima; tandem dictus Galterus quitavit predictis sanctimonialibus
in perpetuum possidendum quidquid reclamabat, seu habebat, vel
habere poterat in predicta decima. In cujus rei testimonium ad petitionem partium, presentes litteras sigillo Trecensis curie fecimus
sigillari. Actum anno Domini millesimo ducentesimo trigesimo oc-
tavo, mense octobri.

Bibl. nation. Latin 11926, fol. 330 v°.

1238 (v. st.) Janvier.

Charta de logia Guidonis Fromondi.

90. — Omnibus presentes litteras inspecturis, magister Petrus
Gervasii, officialis Trecensis, in Domino salutem. Noverint universi, quod in nostra presentia constituti Evrardus, filius defuncti
Gilonis de Dielon, et Ysabellis, uxor sua, recognoverunt coram
nobis se vendidisse abbatisse et conventui Beate Marie Trecensis,
pro duodecim libris Pruviniensibus, de quibus se tenent ad ple-
nüm pro pagatis, quamdam logiam contiguam ecclesie Sancti

Johannis in Foro Treccnsi, versus introitum dicte ecclesie, que logia
fuit quondam defuncti Guidonis Fromondi, super quam logiam
dictus defunctus Guido Fromundus legaverat, ut dicitur, dictis abbatisse et conventui Sancte Marie in perpetuam eleemosynam quindecim solidos pro anniversario suo annis singulis celebrando; promittentes dicti Evrardus et uxor sua fide sua coram nobis corporaliter prestita quod contra hujusmodi venditionem vel per se vel
per aluim nullo tempore venient, et quod dictis abbatisse et conventui super dicta venditione legitimam portabunt garentiam, re-
cognoscentes insuper dicti Evrardus et uxor ejus quod dicta logia
nulli alii erat aliquatenus obligata. In cujus rei testimonium presentes litteras sigillo curie Trecensis, ad requisitionem dictorum
Evrardi et ejus uxoris, apposito, fecimus roborari. Actum anno
Domini millesimo ducentesimo trigesimo octavo, die mercurii post
Conversionem Sancti Pauli.

Bibl. nation. Latin 11926, fol. 297 r°.

1239. Mai.

Charta escasure defuncte Agnetis de Virtuto.

91. — Omnibus presentes litteras inspecturis, magister Petrus
Gervasii, officialis Trecensis, salutem in Domino. Noverit universitas vestra quod cum causa verteretur coram nobis inter dominam
Aales, abbatissam et conventum Beate Marie Trecensis ex una
parte, et Henricum Godin, civem Trecensem, ex altera, super omnibus bonis tam mobilibus quam immobilibus defuncte Agnetis de
Virtuto, que bona dicta abbatissa et conventus dicebant ad ipsas
pertinere, jure escasure et manusmortue quod habent in hominibus suis Trecensibus, dictus Henricus Godin coram nobis comparens dixit quod predicta bona nec habebat, nec ad ipsum pertine-
bant, sed ad Jacobum, filium dicti Henrici, clericum, qui Jacobus,
pro dicta causa coram nobis comparens, et in presentia nostra extra avoeriam patris sui positus, jus ipsarum in omnibus bonis supradictis tam mobilibus quam immobilibus recognovit. Tandem
bonis viris mediantibus, predicta abbatissa et conventus omnia
bona supradicta dicto Jacobo vendiderunt et concesserunt habenda
in perpetuum et possidenda pro duodecim libris Pruviniensibus et
novem solidis annui redditus percipiendis in duabus domibus sitis
in Gaisia ; tenentur autem dicta abbatissa et conventus dicto Jacobo portare garentiam super dicta escasura contra omnes et in

omnibus, exceptis debitis et legatis. In cujus rei testimonium ad
petitionem partium, presentibus litteris sigillum curie Trecensis
duximus apponendum. Actum anno Domini millesimo ducentesimo
trigesimo nono, mense maio.

Bibl. nation. Latin 11926, fol. 327 r°.

1239. Juin.

De excambio domini Yteri de Brocia.

92. — Nos Theobaldus, Dei gratia rex Navarre, Campanie et
Brie comes palatinus, notum facimus omnibus presentes litteras
inspecturis, quod in presentia nostra constituta abbatissa Beate
Marie Trecensis recognovit se dedisse in excambium fideli et dilecto nostro Ytero de Brocia quinque sextarios bladi, videlicet
unum sextarium frumenti, unum sextarium siliginis, unum sextarium hordei, et duos sextarios avene, et unum prandium, que
omnia percipienda sunt annuatim apud Montfeau. Dictus vero Yterus recognovit coram nobis se dedisse dicte abbatisse pro recompensatione excambii dicti sex sextarios bladi, videlicet unum sextarium frumenti, unum sextarium siliginis, unum sextarium hordei, et tres sextarios avene percipiendos annuatim in decima de
valle de Riceyo, in Monte. Cum vero ea que excambiavit dicta
abbatissa essent de custodia nostra, et ea que dictus Yterus excambiavit sicut superius est expressum, essent de feodo nostro, nos
dictum excambium volumus, laudamus et approbamus, ita tamen
quod ea que possidet dicta abbatissa ratione dicti excambii sint de
custodia nostra, et ea que possidet dictus Yterus pro eodem excambio sint de feodo nostro. In cujus rei testimonium presentes litteras
sigilli nostri fecimus munimine roborari. Actum anno domini millesimo ducentesimo trigesimo nono, mense junio.

Bibl. nation. Latin 11926, fol. 296 v°.

1239. Juin.

De eodem excambio.

93. — Robertus, Dei gratia Lingonensis episcopus, omnibus
presentes litteras inspecturis salutem in Domino. Noverit univesi-
tas vestra quod in nostra presentia constituti A. abbatissa Beate
Marie Trecensis et nobilis vir Yterus de Brocia recognoverunt co-

ram nobis quod tale excambium fecerant inter se : quod idem Yterus eidem abbatisse et ecclesie concesserat in perpetuum et assignabat sex sextarios bladi ad mensuram Barri super Secanam, videlicet unum sextarium frumenti, unum sextarium sigali, unum sextarium hordei, et tres sextarios avene annuatim in decima sua de Riceio quo dicitur decima de Monte, percipiendos, pro quinque sextariis bladi, et uno cibario, que dicta ecclesia habebat annuatim apud Montfeau, que dicta abbatissa eidem nobili concessit in perpetuum in excambium predictorum. Voluit etiam et concessit dictus nobilis quod ille qui dictam decimam tenebit, quicunque fuerit, dictos sex sextarios bladi eidem abbatisse et ecclesie sue reddere teneatur. In cujus rei testimonium presentibus litteris, ad petitionem partis utriusque, sigillum nostrum duximus apponendum. Datum anno Domini millesimo ducentesimo trigesimo nono, mense junio.

Bibl. nation. Latin 11926, fol. 297 r°.

1239. Juillet.

Charta de Censu Johannis l'Espicier.

94. — Omnibus presentes litteras inspecturis, magister Petrus Gervasii, officialis Trecensis salutem in Domino. Noverint universi quod in nostra presentia constitutus Joibertus li Recuvreres recognovit coram nobis se tenere in perpetuum a Johanne l'Espicier, cive Trecensi, cameras de Trichepot, que fuerunt defuncti Galteri textoris de Bouilliaco, que site sunt ante granerium Jacobi lou Gras, quas cameras idem Joibertus primo tenebat a Johanne Garnier; ita quod idem Joibertus et heredes sui tenebuntur reddere annuatim dicto Johanni l'Espicier octo solidos et dimidium, videlicet in festo Sancti Johannis sex solidos et in festo Sancti Remigii triginta denarios. In cujus rei testimonium presentibus litteris sigillum curie Trecensis duximus apponendum. Datum anno Domini millesimo ducentesimo trigesimo nono, mense julio.

Bibl. nation. Latin 11926, fol. 326 v°.

1239. Août.

Charta camerarum Johannis Lespicier.

95. — Omnibus presentes litteras inspecturis, magister Petrus Gervasius, canonicus et officialis Trecensis, salutem in Domino. Noverint universi quod in nostra presentia constitutus....., filius

5

Anselmi..., recognovit se tenere in perpetuum a Joanne Lespicier, cive Trecensi, tres cameras sitas in nova rua Sancti Nicolai, in capite rue de Borberaut, quas Johannes Garnier, civis Trecensis tenere solebat, pro duodecim denariis ab ipso... et heredibus suis dicto Johanni vel ejus heredibus annuatim persolvendis. In cujus rei testimonium presentes litteras, ad petitionem dicti..., sigillo Trecensis curie duximus roborandas. Actum anno Domini millesimo ducentesimo trigesimo nono, mense augusto.

Bibl. nation. Latin 11926, fol. 328 r°.

1239. Août.

Charta domini Yteri de Brocia.

96. — Ego Yterus, dominus de Brocia, miles, notum facio universis presentes litteras inspecturis, quod pro quinque sextariis bladi et uno cibario, quos A. abbatissa et moniales Beate Marie Trecensis mihi concesserunt in excambium, quos ipse habebant annuatim apud Montfuel, ego concessi eis sex sextarios bladi, videlicet unum sextarium frumenti, unum sextarium siliginis, unum sextarium hordei, et tres sextarios avene in decima mea de Riceyo que dicitur decima de Monte, pro excambio predicto ab eisdem monialibus in perpetuum percipiendos, et ab illo qui dictam decimam tenuerit persolvendos ad eandem mensuram ad quam ego et heredes mei annuatim habebimus et percipiemus apud Montfuel. Hoc autem excambium et hanc concessionem laudaverunt Agnes, reverendissima uxor mea, et Andreas, et Yterus, et filii mei. In cujus rei testimonium et confirmationem feci presentes litteras sigilli mei munimine roborari. Actum anno Domini millesimo ducentesimo trigesimo nono, mense augusto.

Bibl. nation. Latin 11926, fol. 297 v°.

1239. 23 août.

Charta des Pichelart.

97. — Omnibus presentes litteras inspecturis, magister Petrus Gervasii officialis Trecensis, salutem in Domino. Noverit universitas vestra quod in nostra presentia constitutus Garnerus Pichelart recognovit se dedisse et in perpetuam eleemosynam concessisse abbatisse et conventui Sancte Marie Trecensis quidquid juris habebat et habere poterat nomine decime in grangia decimaria de

Selieres, promittens quod de predictis dono et concessione super
dicta eleemosyna predicte decime ipsas nullatenus molestabit, nec
in eisdem aliquid in posterum reclamabit. In cujus rei memoriam,
presentibus litteris ad instantiam dicti Garneri, sigillum Trecensis
curie duximus apponendum. Actum anno Domini millesimo ducentesimo tricesimo nono, die martis, in vigilia Beati Bartholomei
apostoli.

Bibl. nation. Latin 11926, fol. 329 v°.

1239.

Charta de pace terre Gileberti de Fayel.

98. — Omnibus ad quos presentes littere pervenerint, G. major
de Barbona, salutem in Domino. Notum sit presentibus et futuris
quod cum inter abbatissam Beate Marie Trecensis, et Gilebertum,
filium defuncti Fromondi, contentio verteretur super terram de
Campo-Pineus et terram, prope domum abbatisse, de Fayello; ad
ultimum prior de Cella et Hato de Charneio inter eos concordiam
de dicta querela posuerunt. Dictus autem Gilebertus terram supradictam quitavit et ejusdem liberi; hoc addito quod dicta abbatissa
viginti solidos sepedicto Gileberto tenetur reddere. Quod ut ratum
et firmum permaneat, presentes litteras annotari fecimus, et sigilli
nostri munimine roborari. Anno domini millesimo ducentesimo
tricesimo nono.

Bibl. nation. Latin 11926, fol. 317 r°.

1240. Septembre.

Charta de triginta et quinque solidis in domo Jacobi Torpin nobis assignatis.

99. — Omnibus presentes litteras inspecturis, magister Robertus
de Noa, officialis Trecensis, salutem in Domino. Noverint universi
quod cum abbatissa et conventus Beate Marie Trecensis reciperent
ab antiquo viginti solidos annui redditus in domo que fuit Jacobi
Torpin, sitam in magno vico inter domum Milonis Lorbateoris et
domum Girardi Concerci, prout Margareta, et Comitissa, ejusdem
Jacobi filie, coram nobis confesse sunt; qui redditus ab antecesso-
ribus matris earum, ex parte cujus dicta domus movere dicitur,
predicte ecclesie fuerat assignatus in eleemosynam; idem Jacobus
in extrema voluntate constitutus, qui ejusdem domus partem

emerat duodecimam, ecclesie predicte in eadem domo quindecim solidos assignavit annuatim super dictam domum percipiendos, prout dicte Margareta et Comitissa coram nobis recognoverunt ; ita quod abbatissa et conventus ecclesie predicte in dicta domo debent percipere viginti solidos Pruvinenses in festo Assumptionis Beate Marie, et quindecim solidos in festo Sancti Remigii annuatim ; quod voluerunt et concesserunt coram nobis Margareta et Comitissa, filie predicti Jacobi, fiduciantes in manum nostram quod contra predicta vel per se vel per alium non venient in futurum, sed eidem ecclesie legitimam portabunt garentiam super predictis. In cujus rei testimonium , presentibus litteris sigillum curie Trecensis duximus apponendum. Datum anno Domini millesimo ducentesimo quadragesimo, mense septembri.

Bibl. nation. Latin 11926, fol. 319 v°.

1240. Décembre.

Charta de percursu de Cortenou et de Vireio.

100. — Ego Lambertus de Tertia Leuca, ballivus Trecensis, notum facio universis presentes litteras inspecturis, quod cum discordia esset inter abbatissam Sancte Marie Trecensis, ex una parte, et dominum Odonem Ragot, ex altera, super percursu hominum de Cortenou et de Vireio, de bonorum virorum consilio dicte partes super dicta discordia compromiserunt in dominum Petrum La Rague, militem, et Galterum Buci, civem Trecensem, qui arbitri in presentia mea constituti arbitrium suum protulerunt in hunc modum, scilicet quod per ea que inquisierunt percursus debet esse apud Cortenou tam hominum quam feminarum, et de feminabus de Vireio tantummodo determinaverunt. In cujus rei testimonium presentes litteras sigillo meo roboravi. Actum anno Domini millesimo ducentesimo quadragesimo, mense decembri.

Bibl. nation. Latin 11926, fol. 325 v°. — Arch. Aube. *Origin.*

1240. Décembre.

Charta de anniversario cantoris Trecensis.

101. — Alaidis, Dei miseratione Beate Marie Trecensis abbatissa, omnibus presentes litteras inspecturis, salutem in vero Salutari. Universitati vestre notum facimus quod nos pratum quoddam situm in praeria Sancti Fydoli, quod fuit Johannis de Chamay,

hominis ecclesie nostre, et ad nos per escasuram devenit, vendidimus viro venerabili Henrico, cantori Trecensi, pro decem libris
Pruviniensibus quas ab ipso recepimus. Idem vero cantor assignavit
super dictum pratum viginti solidos Pruvinienses annui redditus ad
faciendam pitanciam, singulis annis, monialibus ecclesie nostre in
crastino octabarum Pentecostes, in quo missa de Sancto Spiritu pro
ipso, singulis annis, in ecclesia nostra solempniter cantabitur,
quamdiu vixerit, et cum humanitus ei acciderit, anniversarium
ejus in ecclesia nostra solempniter faciemus, nec poterimus vel nos
vel abbatisse que nobis succedent, pro ulla necessitate ecclesie
nostre, prefatos viginti solidos aliis usibus applicare, nec tantummodo ad pitanciam monialium ; immo tenebimus tam nos quam abbatisse que nobis succedent, si quid de viginti solidis predictis defuerit, de nostro supplere, et ad hoc faciendum nos et substituendas
nobis abbatissas, de unanimi et concordi consensu capituli nostri,
obligamus. Et sciendum quod prefatus cantor ita statuit quod
sacerdos qui missam de Sancto Spiritu, vel pro defunctis in die anniversarii sui, celebrabit, sex denarios de viginti solidis predictis
percipiet; diaconus vero quatuor et subdiaconus tres, qui eidem
sacerdoti in missa assistent. In cujus rei memoriam tam nos quam
conventus noster presentibus litteris sigilla nostra fecimus apponi.
Actum Trecis, anno Domini millesimo ducentesimo quadragesimo,
mense Decembri.

Bibl. nation. Latin 11926, fol. 322 v°.

1240. Décembre.

De eodem anniversario.

102. — Henricus, cantor Trecensis, omnibus presentes litteras
inspecturis, salutem in Domino. Noverit universitas vestra quod
nos emimus a domina Alaydi, venerabili abbatissa Sancte Marie
Trecensis, quoddam pratum situm in praeria Sancti Fydoli, quod
fuit Johannis de Chamay, hominis ejusdem abbatisse, quod ad
eamdem abbatissam per escasuram devenerat; et pro eodem prato
dedimus dicte abbatisse decem libras Pruvinienses, super quod pratum assignavimus viginti solidos Pruvinienses annui redditus ad
faciendam pitanciam singulis annis monialibus ecclesie Beate Marie
in crastino octabarum Pentecostes, in quo crastino missa de Sancto
Spiritu pro nobis singulis annis in predicta ecclesia solempniter
cantabitur, quamdiu vixerimus; cum vero humanitus nobis acciderit, anniversarium nostrum in prefata ecclesia in perpetuum so-

lempniter fiet a monialibus dicte ecclesie; nec poterunt abbatisse
que pro tempore in eadem ecclesia fuerint, aliqua de causa vel pro
aliqua necessitate, prefatos viginti solidos aliis usibus applicare, nec
tantummodo ad pitanciam monialium; immo si quid de predictis
viginti solidis defuerit, tenebuntur abbatisse que pro tempore in
eadem ecclesia fuerint, de suo supplere, ad quod faciendum prefata
abbatissa se et successuras sibi pro tempore abbatissas, de unanimi
et concordi assensu capituli ejusdem ecclesie, in perpetuum obligavit. Sciendum insuper quod sacerdos qui missam de Sancto
Spiritu, vel pro defunctis in die anniversarii nostri, celebrabit, sex
denarios de predictis viginti solidis percipiet; diaconus vero quatuor
et subdiaconus tres, qui eidem sacerdoti in missa assistent. In cujus
rei memoriam presentes litteras sigilli nostri munimine fecimus
roborari. Actum Trecis anno Domini millesimo ducentesimo quadragesimo, mense decembri.

Bibl. nation. Latin 11926, fol. 323 r°.

1241. Avril.

Charta de domino Guillelmo de Brioncort, milite, de quinta parte decime de Selieres.

103. — N. miseratione divina Trecensis ecclesie minister humilis, omnibus presentes litteras inspecturis, salutem in Domino.
Noverint universi quod cum controversia esset inter abbatissam et
conventum Sancte Marie Trecensis, ex parte una, et Guillelmum de
Brioncort, militem, ex altera, super quinta parte decime de Sceleriis,
que movet de feodo ipsius militis, ratione uxoris sue, de qua etiam
quinta parte idem Guillelmus homo noster erat, in qua quinta parte
dicte moniales acquisierant quinque partes; tandem dicte partes
super dicta controversia in nos compromiserunt, promittentes quod
servarent firmiter et tenerent quidquid ordinaremus super discordia supradicta; nos vero pro bono pacis inter partes super dicta
discordia taliter duximus ordinandum, videlicet quod dictus miles
dictum feodum dicte quinte partis quitaret in perpetuum, pro se et
uxore sua, monialibus supradictis, et quitari faceret ab uxore sua
supradicta; et abbatissa et conventus eidem militi darent duodecim
libras Pruvinienses in recompensationem predictorum; quam ordinationem dicte partes ratam habuerunt et gratanter receperunt. Promisit insuper dictus miles quod dictis monialibus dictum feodum ga-
rentiret contra omnes qui aliquid in dicta quinta parte, ratione feodi
reclamarent; et etiam eisdem monialibus quitavit idem miles sponte

sua sextam partem quam acquirere possent libere et sine contradi-
tione aliqua, et acquisitam possidere. Voluit etiam et concessit dictus
miles quod nos ipsum excommunicemus et excommunicare possimus, si contra dictas conventiones et predictam compositionem
venire presumpserit, vel defecerit in aliquo de predictis. Dicte vero
moniales promiserunt eidem militi quod anniversarium ejus et
uxoris sue predicte post decessum eorum annuatim in ecclesia sua
solempniter celebrabunt. Pro omnibus autem conventionibus supradictis dictus miles jurisdictioni nostre se submisit, ut ipsum ad
eas tenendas et servandas compellere possimus per censuram ecclesiasticam, prout superius est notatum. In cujus rei testimonium
presentibus litteris sigillum nostrum duximus apponendum. Datum
anno Domini millesimo ducentesimo quadragesimo primo, mense
aprili.

Bibl. nation. Latin 11926, fol. 335 r°.

1241. Avril.

Charta decima de Selieres.

104. — Omnibus presentes litteras inspecturis, T. de Bormont,
archidiaconus Barrensis, Lingonensis diocesis, salutem in Domino.
Noverit universitas vestra quod in nostra presentia constituta
Agnes, uxor domini Guillelmi, militis de Briorocort, recognovit et
confessa est coram nobis se ratam habere et gratam compositionem
factam per dictum Guillelmum maritum suum cum abbatissa et
conventu Beate Marie Trecensis super quinta parte decime de Se-
ieres, que quinta pars movebat de feodo ipsius Agnetis, et quitavit
quidquid juris habebat in dicto feodo et habere poterat omnibus
modis et commodis abbatisse et conventui supradictis, promittens per
fidem suam in manu nostra corporaliter prestitam quod contra
compositionem et quitationem hujusmodi per se vel per alium non
veniet in futurum, sed ipsam compositionem, prout in litteris domini
episcopi Trecensis dicitur contineri, in perpetuum firmiter et inviolabiliter observabit. In cujus rei memoriam et testimonium presentibus litteris, ad petitionem dicte Agnetis, sigillum nostrum duximus apponendum. Datum anno Domini millesimo ducentesimo
quadragesimo primo, mense aprili.

Bibl. nation. Latin 11926, fol. 320 v°. — Archive. Aube. *Origin. scellé.*

1241. Novembre.

Charta Sancti Pauli Trecensis.

105. — Omnibus presentes litteras inspecturis frater Hugo, prior provincialis Fratrum Predicatorum in Francia, salutem in Domino. Noverit universitas vestra quod cum controversia verteretur inter nos ex una parte, et abbatissam et conventum Beate Marie Trecensis ex altera, super eo quod eedem moniales dicebant nos sibi injuriosos existere in eo quod res sive possessiones que movebantur de censiva dictarum monialium, sive de justitia earumdem acquirebamus per eleemosynam. vel per donationem, seu per emptionem, vel alio quoquo modo, et earumdem possessionem intrabamus, eisdem monialibus irrequisitis ; tandem mediantibus bonis viris pax inter nos et ipsas intervenit in hunc modum : res moventes de justitia vel censiva seu dominio ipsarum nullo modo habere poterimus. sine speciali assensu ipsarum a nobis requisito et obtento. Quod si fecerimus, prefate moniales res a nobis sic occupatas tanquam suas saisirent, et ad ipsas repetendas, si eas repeteremus, omni actioni et juri reali et personali renuntiamus et earumdem dominium ad ipsas moniales transiret nec ullo modo res easdem possemus repetere coram aliquo judice, nec ad ipsas rehabendas aliquo privilegio Sedis Apostolice jam impetrato vel in posterum ab ordine nostro impetrando ullatenus contra eas uteremur, nullo nobis Sedis Apostolice privilegio ullo unquam tempore contra hanc conventionem valituro. Rogamus etiam et concedimus quod dominus episcopus, et dominus comes Campanie, qui pro tempore fuerint, ipsas moniales in saisina et dominio rerum sic ab eisdem saisitarum ipsas defendant, et manui teneant, nec permittant easdem a nobis, vel a successoribus nostris, super rebus sic ab ipsis monialibus occupatis aliquatenus molestari. Rogamus etiam et concedimus quod dominus episcopus qui modo est, nec non et illustris rex Navarre, Campanie et Brie comes palatinus, ad majorem securitatem et firmitatem conventionum predictorum, litteras suas speciales eisdem monialibus tradant, ad plenam firmitatem pacis supradicte. Si vero aliquis, ob remedium anime sue, fratribus nostris aliquid in dicta censiva sive dominio predictarum monialium situm in eleemosynam conferre voluerit. dicti fratres eandem eleemosynam recipere poterunt, sed infra annum et diem extra manum mortuam ponere tenebuntur, nec in illis eleemosynis ultra dictum terminum poterunt dicti fratres sine voluntate earum

reclamare. Si vero alique littere confecte super aliquibus conventionibus habitis inter nos et dictas moniales ante confectionem presentium litterarum invente fuerint et exhibite, volumus post confectionem presentium non valere. Nos etiam Hugo, prior provincialis ordinis Predicatorum in Francia, de cujus speciali assensu pax suprascripta facta est inter nos et predictas moniales, ad robur firmitatis perpetue litteris presentibus, de assensu fratrum nostrorum, sigillum nostrum duximus apponendum. Datum anno Domini millesimo ducentesimo quadragesimo primo, mense novembri.

Bibl. nation. Latin 11926, fol. 306 r°.— Archive. Aube. Origin.

1241. Décembre.

Charta Sancti Pauli Trecensis.

106. — N. Dei gratia Trecensis episcopus universis presentes litteras inspecturis, salutem in Domino. Noverint universi quod nos litteras inferius annotatas de compositione facta inter abbatissam et conventum Beate Marie, et Fratres Predicatores Beati Pauli Trecensis, non abolitas, non cancellatas, non in aliqua sui parte vitiatas diligenter inspeximus in hec verba :

Omnibus presentes litteras inspecturis, frater Hugo, prior Provincialis Fratrum Predicatorum in Francia, salutem in Domino... (*ut supra*).

Nos autem hujusmodi compositionem ratam habemus et sigilli nostri munimine ad petitionem partium confirmamus, promittentes ipsis monialibus, ad petitionem sepedictorum fratrum, quod hec omnia, prout supra scripta sunt, fideliter manu tenebimus et firmiter defendemus. In cujus rei memoriam et testimonium presentes litteras sigilli nostri munimine duximus roborandas. Actu·n anno Domini millesimo ducentesimo quadragesimo primo, mense decembri.

Bibl. nation. Latin 11926, fol. 305 r°. — Archiv. Aube,
vidimus de l'official. in vigil. S. Joh. Bapt. 1307.

1241 (v. st.) Janvier.

Charta de domo Johannis de Dyvione, in vico Sancti Pauli.

107. — Omnibus presentes litteras inspecturis, magister Th. de Pomoriis, officialis Trecensis, salutem in Domino. Noveritis quod in nostra presentia constituti Johannes, filius Johannis de Dyvione,

et Agnes, uxor predicti Johannis, recognoverunt se vendidisse religiosis monialibus abbatisso et conventui Beate Marie Trecensis, jure
hereditario possidendam, domum suam quam habebant in vico defuncti Andree cementarii, cum appendiciis, sitam, ut dicitur, inter
domum Lamberti cementarii, et inter domum domini Stephani,
presbyteri de Vireio, que movet, ut dicitur, de censiva predictarum abbatisse et conventus, pro viginti libris de quibus dicti
Johannes et uxor ejus se habent pro pagatis, sicut recognoverunt
coram nobis. Fiduciaverunt etiam coram nobis dicti Johannes et
Agnes, uxor ejus, quod contra venditionem predictam non venient
in futurum, et quod nec per se nec per alios procurabunt quod ista
venditio revocetur, sed dictis monialibus secundum consuetudinem
terre super ipsa venditione legitimam portabunt garentiam. Actum
ad petitionem partium anno Domini millesimo ducentesimo quadragesimo primo, mense januario.

Bibl. nation. Latin 11926, fol. 318 v°.

1241 (v. st.) Mars.

Charta de domo Lamberti, cementarii, in vico Sancti Pauli.

108. — Omnibus presentes litteras inspecturis, magister Th. de
Pomoriis, officialis Trecensis, salutem in Domino. Noverint universi quod in nostra presentia constitutus Lambertus, filius quondam defuncti magistri Andree cementarii, recognovit et confessus
est coram nobis se vendidisse et in perpetuum quitasse pro novem
libris Pruviniensibus, eidem jam solutis, abbatisse et conventui
ecclesie Beate Marie Trecensis domum quam habebat cum appendiciis, que sita est in vico qui extenditur versus ecclesiam Sancti
Pauli, inter domum que fuit Johannis defuncti de Champigniaco et
domum Petri de Spissa. Promisit etiam dictus Lambertus firmiter
et creantavit coram nobis quod ipse dictis abbatisse et conventui
super dicta quitatione et venditione dicto domus et appendiciarum
ejusdem legitimam portabit garentiam erga omnes, ad usus et
consuetudines civitatis Trecensis. In cujus rei testimonium presentibus litteris sigillum curie Trecensis ad requisitionem dicti Lamberti duximus apponendum. Actum anno Domini millesimo ducentesimo quadragesimo primo, mense martio.

Bibl. nation. Latin 11926, fol. 320 r°.

1242 (v. st.) Février.

Charta de domo Petri de Spissa.

109. — Omnibus presentes litteras inspecturis, magister Nicolaus, officialis Trecensis, in Domino salutem, Noverint universi quod in nostra presentia constituti Juliana dicta Petita, relicta defuncti Petri de Spissa, et Johannes, clericus, filius ejus, animarum suarum saluti intendentes providere, dederunt et concesserunt ex deliberatione animi sui, in puram et perpetuam eleemosynam, ob remedium animarum suarum et antecessorum suorum abbatisse et conventui ad Moniales Trecensi, domum quam habebant sitam Trecis juxta portam Sancti Pauli cum appendiciis et toto proprisio dicte domus sicut se comportat undique; que domus movebat, ut dicunt, a capite Juliane predicte; et transtulerunt dicti Juliana et Johannes, ejus filius, totum dominium quod habebant et poterant habere in dicta domo in dictas abbatissam et conventum, et quitaverunt in perpetuum eisdem abbatisse et conventui quidquid juris habebant quocunque modo in rebus predictis; et promiserunt dicti Juliana et Johannes, filius ejus, fide sua in manu nostra corporaliter prestita, quod contra donationem et quitationem predictas per se vel per alium non venient in futurum, nec aliquid de cetero in rebus predictis reclamabunt, concedentes quod nos excommunicemus eosdem si contra predicta venerint in futurum. Dicte vero abbatissa et conventus, considerata devotione quam dicti Juliana et Johannes, ejus filius, erga ipsas hactenus noscuntur habuisse, concesserunt dicte Juliane, quandiu vixerit, prebendam unius monialis sicut percipitur in cellario suo, videlicet unam micham, quatuor ova, et pittencias communes sicut evenerint; et singulis annis promiserunt dare eidem Juliane, quandiu vixerit, viginti solidos Pruvinienses pro veste sua emenda. In cujus rei testimonium presentibus litteris sigillum curie Trecensis, ad requisitionem dictorum Juliane et Johannis, clerici, filii sui, duximus apponendum. Actum anno Domini millesimo ducentesimo quadragesimo secundo, mense februario.

Bibl. nation. Latin 11926, fol. 320 v°.

1243. Juin.

Charta de numero Monialium.

110. — Omnibus presentes litteras inspecturis, N. divina miseratione Trecensis ecclesie minister humilis, salutem in Domino. Nove-

rint universi quod nos statutum factum ab abbatissa et conventui Beate Marie Trecensis de certo numero sexaginta monialium tantum, in ecclesia sua instituendo, juramento earum firmatum, approbamus, et quantum in nobis est tenore presentium confirmamus. Actum anno Domini millesimo ducentesimo quadragesimo tertio, mense junio.

Bibl. nation. Latin 11926, fol. 302 v°.

1243.

De pace minute decime de Megrigniaco.

111. — N. Dei gratia Trecensis ecclesie minister humilis, universis presentes litteras inspecturis, salutem in Domino. Noverint universi quod cum Johannes presbyter de Chastris traxisset in causam coram officiali nostro abbatissam et conventum Beate Marie Trecensis super tertia parte minute decime de Megrigniaco, et super minuta decima granchie ipsarum de Buriaco, que sita est infra fines parrochie de Chastris, quas decimas dicebat idem presbyter ad ipsum de jure communi pertinere; tandem bonis viris mediantibus inter eundem presbyterum et predictas abbatissam et conventum, compositum est in hunc modum, quod licet dicta abbatissa et conventus non solum petitas decimas minutas videlicet, immo grossas, usque ad tempus legitime atque longissime prescriptionis pacifice possedissent, nichilominus eidem presbytero et successoribus ejus pro bono pacis tertiam partem minute de Megrigniaco quitaverunt, ita quod propter hoc ipse et ejus successores prefatis abbatisse et conventui quinque solidos annue pensionis infra octavam Resurrectionis Dominice annis singulis reddere tenebuntur; ipse autem presbyter et ejus successores tam super grossa decima de Megrigniaco a prefatis abbatissa et conventu, ut dictum est, legitime jam prescripta, quam super grossa decima et minuta prefate granchie de Buriaco, sive eamdem granchiam dicte moniales vel aliquis earum conversus possideant, sive alii cuicumque persone seculari vel ecclesiastice, per admodiationem dimittant, nichil poterunt in posterum reclamare, sed eas sepe dicte abbatissa et conventus quiete et pacifice in perpetuum possidebunt. Nos vero hujusmodi compositionem et pacem ratam habemus, et sigilli nostri munimine confirmamus. Actum anno Domini millesimo ducentesimo quadragesimo tertio.

Bibl. nation. Latin 11926, fol. 302 r°.

1244. Avril.

Charta de terra de Horeto.

112. — Omnibus presentes litteras inspecturis, magister Nicolaus, officialis Trecensis, salutem in Domino. Noveritis quod in nostra presentia constitutus Garnerus de Capellis Sancti Petri presbyter recognovit quod duo jugera terre, que idem presbyter possidet in finagio de Horeto, movent de terragio abbatisse et conventus Beate Marie Trecensis, et quod terragium dictorum duorum jugerum terre ad dictas abbatissam et conventum pertinet. In cujus rei testimonium presentibus litteris sigillum curie Trecensis duximus apponendum. Actum anno Domini millesimo ducentesimo quadragesimo quarto, mense aprili.

Bibl. nation. Latin 11926, fol. 331 r°.

1244 (v. st.). Mars.

Charta de quatuordecim denariis quos dederunt nobis Simon Claudus et ejus uxor.

113. — Omnibus presentes litteras inspecturis, magister Nicolaus, officialis Trecensis, salutem in Domino. Noverint universi quod in nostra presentia constitutus Guillelmus dictus de Cimeterio, et Ysabellis, uxor ejus, recognoverunt et confessi sunt coram nobis se vendidisse et in perpetuum quitavisse pro quatuordecim solidis de quibus se tenent ad plenum pro pagatis, Simoni Claudo, civi Trecensi, quatordecim denarios censuales annui et perpetui census, sitos, ut dicitur, scilicet sex denarios super vineam ipsius Simonis sitam inter aquas super Sequanam mortuam, juxta vineam Johannis, qui dicitur filius Guillelmi Restot, et octo denarios super vineam quamdam sitam juxta vineam ipsius Simonis predicti, ipsi Simoni ac ejus heredibus in perpetuum quiete et pacifice percipiendos. Promiserunt per fides suas corporales dictus Guillelmus et ejus uxor quod contra hujusmodi venditionem et quitationem per se vel per alium non venient in futurum, et quod super his rectam garentiam dicto Simoni et ejus heredibus, ad usus et consuetudines civitatis Trecensis, portabunt erga omnes. Pro qua garantia securius portanda constituerunt per fides suas se fidejussores, quisque in solidum, erga dictum Simonem et ejus heredes, magister Robertus cementarius et Diderus cementarius co-

ram nobis. Voluerunt insuper dictus Guillelmus et ejus uxor quod
ipsos excommunicemus, si deficerent in dicta garantia, ut dictum
est, portanda; qui per fides suas jam prestitas confessi sunt coram
nobis quod dictus census non erat alicui obligatus. In cujus rei
testimonium presentibus litteris sigillum Trecensis curie duximus
apponendum. Actum anno Domini millesimo ducentesimo quadragesimo quarto, mense martio.

Bibl. nation. Latin 11926, fol. 329 v°.

1245. Juin.

Littera prioris Grandimontis de eadem pace.

114. — Universis presentes litteras inspecturis, frater Guillelmus, humilis prior Ordinis Grandimontensis, eternam in Domino
salutem. Ad universitatis vestre notitiam volumus pervenire, quod
cum controversia verteretur inter nos ex una parte, et abbatissam
et conventum Beate Marie Trecensis ex altera, super eo quod cum
nos haberemus et perciperemus quartam partem totius decime singulis annis in finagiis de Megrigniaco, haberemus etiam tractum
totius decime predicte in anno quarto, et nos peteremus a predictis
abbatissa et conventu quartam partem decime omnium terrarum
sitarum in finagio predicto pertinentium ad quamdam granchiam
predictarum abbatisse et conventus sitam in finagio predicto, que
granchia dicitur Buri, tandem inter nos et predictas abbatissam et
conventum, mediantibus bonis viris, amicabiliter compositio intervenit in hunc modum quod nos predictis abbatisse et conventui
quitavimus in perpetuum et quitamus quicquid juris habebamus
in predicta quarta parte decime singulis annis, et in tractu predicto quem habebamus in quarto anno in decima predicta et
etiam quicquid juris habebamus, si quod habere poteramus, in
quarta parte decime omnium terrarum predictarum pertinentium
ad predictam granchiam de Buri, quam partem quartam a predictis abbatissa et conventu petebamus, ita tamen quod predicte abbatissa et conventus pro predicta quitatione et in recompensatione
predictorum promiserunt et tenentur reddere nobis singulis annis
infra festum Beati Martini hyemalis tres modios bladi ad mensuram de Meriaco, videlicet tres sextarios frumenti, octo sextarios
siliginis, septem sextarios hordei, et decem et octo sextarios avene
in valore minagii percipiendos a nobis in granchia in qua dicta
decima de Megrigniaco tracta fuerit, vel in predicta granchia ipsa-

rum de Buri, si forsitan predicta decima ibi vel alibi extra dictum finagium traheretur. In cujus rei memoriam predictis abbatisse et conventui presentes litteras dedimus sigilli nostri munimine roboratas. Datum anno Domini millesimo ducentesimo quadragesimo quinto, mense junio.

Bibl. nation. Latin 11926, fol. 303 r°. — Archiv. Aube. *Origin.*

1245. Juin.

De pace prioris de Machereto de decima de Megrigniaco.

115. — N. miseratione divina Trecensis ecclesie minister humilis, universis presentes litteras inspecturis, in Domino salutem. Noverint universi quod cum controversia verteretur inter abbatissam et conventum Beate Marie Trecensis ex une parte, et priorem Grandimontis, et magistrum et fratres de Machereto ejusdem ordinis, ex altera, super eo quod cum predicti magister et fratres de Machereto haberent et perciperent quartam partem totius decime singulis annis in finagio de Megrigniaco, que quarta pars movet de feodo nostro, haberent etiam dicti magister et fratres tractum totius decime predicte in anno quarto, et predicti magister et fratres peterent a dictis abbatissa et conventu quartam partem decime omnium terrarum sitarum in finagio predicto pertinentium ad quandam granchiam dictarum abbatisse et conventus, que granchia dicitur Buri, que etiam granchia sita est in finagio dicte ville, tandem mediantibus bonis viris, inter partes predictas amicabilis compositio intervenit in hunc modum, videlicet quod predicti prior, magister et fratres quitaverunt in perpetuum dictis abbatisse et conventui quicquid juris habebant in predicta quarta parte decime predicte singulis annis, et in tractu predicto quem habebant in quarto anno, et etiam quicquid juris habebant, si quod habebant, in quarta parte decime omnium terrarum predictarum pertinentium ad Granchiam predictam, quam quartam petebant à dictis abbatissa et conventu dicti prior, magister et fratres. Dicte vero abbatissa et conventus pro quitatione predicta, et in recompensatione predictorum promiserunt et tenentur reddere singulis annis infra festum Beati Martini hyemalis dictis magistro et fratribus de Machereto tres modios bladi ad mensuram de Meriaco, videlicet tres sextarios frumenti, octo sextarios sigali, septem sextarios hordei, et decem et octo sextarios avene ad valorem minagii percipiendos a dictis magistro et fratribus in granchia illa in qua dicta decima de Megrigniaco tracta fuit, vel in predicta granchia de Buri, si forsitan predicta decima ibi, videlicet in ipsa granchia, vel alibi extra dictum finagium traheretur. Nos autem compositionem predictam, prout superius est expressa, laudamus et approbamus, et eam episcopali auctoritate confirmamus, salva tamen et retenta nobis jurisdictione feodali. Quod ut ratum et firmum permaneat in futurum, presentes litteras sigilli nostri munimine fecimus roborari. Actum anno Domini millesimo ducentesimo quadragesimo quinto, mense junio.

Bibl. nation. Latin 11926, fol. 302 v°. — Archiv. Aube. Origin.

1245. Juillet.

**Charta de centum solidis camere quos rex Navarre
debet nobis annuatim**

116. — Nos Theobaldus, Dei gratia rex Navarre, Campanie et Brie comes palatinus, notum facimus universis presentes litteras inspecturis, quod cum abbatissa et conventus Beate Marie Trecensis nobis concessissent in perpetuum et quitassent quamdam cameram contiguam domui nostre, que fuit Petri Goin et Lamberti Bochuti, nos et heredes nostri in recompensationem et excambium ipsius camere sive domus tenemur in perpetuum singulis annis in festo Sancti Remigii reddere abbatisse et conventui predictis vel earum mandato centum solidos Pruvinienses percipiendos in proventibus camere sive domus predicte, et etiam illius domus que fuit Petri Goin et Lamberti Bochuti predictorum. Et si forte gentes nostri deficerent in solutione dictorum centum solidorum, ut dictum est, abbatissa et conventus predicte, vel mandatum earum, gagiare sive meffacere poterunt in illa parte camere sive domus quam nobis quitaverunt quousque de dictis centum solidis eis fuerit satisfactum. In hujus rei testimonium presentes litteras fecimus sigilli nostri munimine roborari. Datum apud Trecas, die sabbati ante festum B. Petri ad Vincula, anno Domini millesimo ducentesimo quadragesimo quinto.

Bibl. nation. Latin 11926, fol. 294 r°.

1245 (v. st.) Mars.

Charta de escambio Bernardi de Monte Cuco.

117. — Ego Ogerus de Valle, ballivus Trecensis, omnibus presentes litteras inspecturis, notum facio quod in nostra presentia constituti religiose mulieres Aalays abbatissa ecclesie Beate Marie

Trecensis ad Moniales, totusqne ejusdem ecclesie conventus, ex una parte, et Bernardus de Monte Cuco et Margareta, uxor ejus, cives trecenses, ex altera, recognoverunt coram me, in pleno capitulo dicte ecclesie, se tale escambium fecisse inter ipsos, videlicet quod dicta abbatissa et dictus conventus de communi laude et assensu atque voluntate ipsarum et totius capituli sui, et per laudem et consilium proborum virorum, et pro utilitate dicte ecclesie dederunt, et concesserunt, atque quitaverunt dictis Bernardo et Margarete, eorumque heredibus in perpetuum, pro dono et escambio quod dictis abbatisse et conventui et dicte ecclesie fecerunt dicti Bernardus et Margareta, prout in litteris istis inferius continetur, viginti et tres solidos et septem denarios annui census quem habebant in quatuor domibus sitis in vico Sancte Marie, scilicet sex denarios in domo que fuit defuncti Evrardi militis, sicut de vico in vicum se comportat; et triginta septem denarios in duabus domibus que fuerunt defuncti Guillelmi de. . . . militis; et viginti solidos in domo que fuit defuncti Dominici Serperii sita juxta easdem domos predictas, sicut omnes dicte domus undique se comportant a vico Sancte Marie usque ad vicum medium; et promiserunt dictos viginti tres solidos et septem denarios annui census dictis Bernardo et Margarete eorumque heredibus in perpetuum erga omnes garantire, et in aliquo vel per se vel per alium non venire nec facere contra predicta; neque predictum donum sive escambium aliquatemus revocare. Et hec omnia pro seipsis et successoribus suis tenere promiserunt perpetuo dicta abbatissa et dictus conventus, in fide religionis earum et ordinis sibi prestiti. Et est notandum quod pro isto dono, et pro ista quitatione et concessione, quod et quas dictis Bernardo et Margarete eorumque heredibus fecerunt dicta abbatissa et dictus conventus de predictis censibus, sicut predictum est, dederunt in excambium et concesserunt dicti Bernardus et Margareta dictis abbatisse et conventui et dicte ecclesie in perpetuum triginta solidos annui et recti census in festo Sancti Remigii persolvendos dictis abbatisse et conventui et successoribus ipsarum in perpetuum quos eis assederunt dicti Bernardus et Margareta hoc modo scilicet viginti solidos supra domum in qua manet Henricus de Colonia, tabernarius, que sita est in foro ante stalla in quibus venditur panis, juxta domum que dicitur Aulin; et octo solidos supra domum novam ipsorum Bernardi et Margarite, sitam in Loremia Trecensi supra ruellam qua itur a vico magno ad vicum medium in qua manet Radulphus...; et duos solidos annui census quos dicti Bernardus et Margareta habebant in domo Hugonis de Longavilla, sita in vico Sancte Marie Trecensis; et hos triginta solidos annui

census et recti, quos dictis abbatisse et conventui et dicte ecclesie
assederunt dicti Bernardus et Margareta, sicut predictum est, tenentur ipsi Bernardus et Margareta et promiserunt pro se et suis
heredibus dictis abbatisse et conventui et dicte ecclesie perpetuo garantire erga omnes, et non contravenire per se vel per alium, neque
aliquatenus revocare, per fides suas super hoc prestitas corporales.
Hoc autem escambium factum fuit per laudem et assensum Stephani
de Campo Guidonis, patris dicte Margarete. In quorum testimonium presentibus litteris, ad preces et petitionem utriusque partis,
sigillum meum apposui. Actum anno Domini millesimo ducentesimo quadragesimo quinto, mense martio.

Bibl. nation. Latin 11926, fol. 336 v_o.

1245 (v. st.) Mars.

Charta de eodem escambio.

118. — Ego Ogerus de Valle, ballivus Trecensis, notum facio
omnibus presentes litteras inspecturis, quod de dono et concessione
et assisione, quod et quas fecerunt Bernardus de Monte Cuco et
Margareta, uxor ejus, Aalaydi abbatisse et conventui ecclesie Beate
Marie Trecensis, pro escambio quod ipsis fecerunt Bernardus et
Margareta, prout in litteris exinde confectis sub sigillis dictorum abbatisse et conventus et sub sigillo nostro plenius continetur, tenentur dicti Bernardus et Margareta tradere vel tradi facere dictis
abbatisse et conventui, infra Nativitatem Beati Johannis Baptiste
proximo venturam, litteras testimoniales sub sigillis domini Regis
Navarre vel domini Trecensis episcopi. In cujus rei testimonium
presentibus litteris sigillum meum apposui. Actum anno Domini
millesimo ducentesimo quadragesimo quinto, mense martio.

Bibl. nation. Latin 11926, fol. 338 r°.

1246. Octobre.

**Charta de novem denariis quos assignavit nobis
Morellus de Champigniaco.**

119. — Omnibus presentes litteras inspecturis, magister Johannes, officialis Trecensis, salutem in Domino. Noverint universi quod
in nostra presentia constitutus Morellus de Champigni coram nobis
assedit et assignavit abbatisse et conventui Beate Marie Trecensis
novem denarios annui census portantes laudes et ventas ab eisdem

abbatissa et conventu annis singulis percipiendos in festo Sancti
Remigii in locis infra scriptis, videlicet quatuor denarios super
duos seillonnos sitos, ut dicit, in loco qui dicitur Paitix, et quinque
denarios super quamdam peciam terre site, ut dicit, ad Latraver-
saine, juxta terram filie Chardaignel, que pecia continet duo jugera,
ut dicit, in recompensationem novem denariorum censualium in
quibus dictus Morellus tenebatur abbatisse et conventui annuatim,
ut dicit, super quatuor jugeribus terre site ad Fosse Trannain, que
quatuor jugera terre dictus Morellus vendidit, ut dicit, fratribus de
Rippatorio. Promisit et idem Morellus fide sua quod contra dictam
assidatationem et assignationem dictorum novem denariorum census predicti per se vel per alium non veniet in futurum, et voluit
et concessit idem Morellus quod quando dicti novem denarii census
non fuerint redditi, dicte abbatissa et conventus, vel mandatum
ipsarum, possit assignare ad dictos duos seillonnos et petiam terre
predicte, et in eisdem gageare, quousque de censu non reddito
cum emendis fuerit eisdem plenarie satisfactum. In cujus rei testimonium presentibus litteris sigillum curie Trecensis duximus apponendum. Actum anno Domini millesimo ducentesimo quadragesimo sexto, mense octobri.

Bibl. nation. Latin 11926, fol. 321 v°.

1246. Décembre.

Charta de decem solidis quos dedit nobis dominus Laurentius prosbyter.

120. — Omnibus presentes litteras inspecturis, magister Joannes,
officialis Trecensis, salutem in Domino. Noverint universi quod in
nostra presentia constitutus dominus Laurentius presbyter, filius
quondam defuncti Fulcheri correarii recognovit et confessus est
coram nobis quod ipse Laurentius et defuncta Agnes, mater sua,
ob remedium animarum suarum, dederant anno elapso in puram
et perpetuam eleemosynam abbatisse et conventui Beate Marie Trecensis decem solidos Pruvinienses annui et perpetui redditus percipiendos annis singulis in perpetuum in crastino Epiphanie Domini
super quadam domo ipsius presbyteri sita, ut dicitur, in Magna
Taneria Trecensi inter domum Guillelmi Garneri, militis, ex una
parte, et ex alia parte inter domum Johannis de Champagni. Promisit etiam idem Laurentius in verba sacerdotis quod contra dictam donationem per se vel per alium non veniet in futurum. In

cujus rei testimonium presentibus litteris sigillum curie Trecensis duximus apponendum. Actum anno Domini millesimo ducentesimo quadragesimo sexto, mense decembri.

Bibl. nation. Latin 11926, fol. 321 r°.

1246 (v. st.) 7 Mars.

Charta domus de Roeria.

121. — Omnibus presentes litteras inspecturis, magister Johannes, officialis Trecensis, salutem in Domino. Noverint universi quod in nostra presentia constituta Ysabellis, filia quondam defuncti Bonelli de Castro Nantonis, relicta Michaelis de Marsilia, recognovit coram nobis se in perpetuum vendidisse et quitasse abbatisse et conventui Beate Marie ad Moniales Trecensi medietatem cujusdam domus site in Roeria Trecensi inter domum que est domus Sancti Abrae, ut dicit, a parte una, et domum defuncti Johannis de Hancemaigne, a parte altera, et in qua domo dicta abbatissa habet medietatem cum conventu predicto, pro decem libris et quinque solidis Pruviniensibus de quibus dicta Ysabellis se tenet ad plenum pro pagata ; promittens dicta Ysabellis fide sua, in manu nostra corporaliter prestita, quod contra dictam venditionem per se vel per alium non veniet in futurum, nec aliquid in dicta domo de cetero reclamabit, et quod dictis abbatisse et conventui super dicta venditione legitimam portabit garentiam erga omnes, ad usus civitatis Trecensis, concedens dicta Ysabellis quod nos excommunicemus eandem, si contra predicta venerit in futurum, seu defecerit in dicta garantia portanda. In cujus rei testimonium presentibus litteris sigillum curie Trecensis duximus apponendum. Actum anno Domini millesimo ducentesimo quadragesimo sexto, mense martio die jovis post dominicam qua cantatur : Oculi mei.

Bibl. nation. Latin 11926, fol. 336 r°.

1247. Avril.

**Charta de viginti duobus denariis censualibus
apud Subligniacum.**

122. — Omnibus presentes litteras inspecturis, magister Johannes, officialis Trecensis, salutem in Domino. Noverint universi quod in nostra presentia constituti Fromantinus, Constantius Burgundus, et Robertus Godez de Subligniaco recognoverunt et confessi sunt coram nobis se debere abbatisse et conventui Beate Marie Trecensis viginti duos denarios censuales de terris eorum sitis in finagio de Subligniaco, et domibus, in festo Sancti Remigii in capite octobris, annis singulis in perpetuum mandato dicte abbatisse, apud Subligniacum reddendos, videlicet Fromantinus duodecim denarios pro domo sua et oschia retro sitis, ut dicebat, apud Sublignacum ante ostium Johannis de Subligniaco ; Constantius quatuor denarios, videlicet pro dimidio arpento terre sito, ut dicebat, au Cuoion, duos denarios, et pro dimidio arpento sito, ut dicebat, ad pratum Torpaut, duos denarios; et Robertus Godez sex denarios, videlicet pro quarterio et dimidio sito, ut dicebat, in loco qui dicitur Sorel, duos denarios; pro tribus quarteriis terre et plus sitis, ut dicebat, ad Pirum Torpaut, in duabus locis, quatuor denarios. Quem omnem censum quisque pro se, prout superius est expressum, promisit et tenetur per fidem suam corporalem reddere et solvere sub modo prefato, et domum ac terras predictas ex nunc de dictis abbatissa et conventu tenere sub censu predicto, et quod contra recognitionem et factum hujusmodi per se vel per alium non veniet in futurum. In cujus rei testimonium presentibus litteris, ad petitionem dictorum trium, sigillum curie Trecensis duximus apponendum. Actum anno Domini millesimo ducentesimo quadragesimo septimo, mense aprili.

Bibl. nation. Latin 11926, fol. 336 r°.

1270. 14 Avril.

Charta de stagno inter |grangiam de Burei et rippariam Sequane.

123. — Nos Theobaldus, Dei gratia rex Navarre, Campanie et Brie comes palatinus, notum facimus omnibus presentes litteras inspecturis, quod nos, ob nostre et carissime uxoris nostre Ysabellis, et inclyte recordationis Theobaldi, patris nostri, et Margarete, matris nostre, et omnium antecessorum nostrorum, animarum remedium et salutem, damus et concedimus religiosis mulieribus abbatisse et conventui monasterii Beate Marie ad Moniales Trecensis, et ipsi monasterio, stagnum nostrum quod estimamus valere quolibet anno viginti libratas terre, situm inter grangiam dictarum monialium dictam de Burei, et inter rippariam Sequane prope dictam grangiam, et quidquid juris in dicto stagno, sicut se comportat, habemus et habere possumus, nobis custodiam in dicto stagno sicut in aliis bonis dicti monasterii retinentes. Concedimus etiam ut quid-

quid dicte moniales, nomine ipsius monasterii in feodis nostris, re-
trofeodis, censivis, justitiis, alodiis, et rebus aliis quibuscunque
acquisierunt hactenus, in manu mortua detineant, habeant et possideant pacifice de cetero et quiete. Volumus etiam, et hanc legem
predictis donationibus imponimus, ut quandiu nos et predictam
uxorem nostram vivere contigerit, pro nobis duobus in dicto monasterio due misse de Sancto Spiritu quolibet anno et in diversis
temporibus celebrentur; et illa die qua pro nobis dicta missa celebrabitur, volumus quod conventus dicti monasterii habeat centum solidos Turonenses pro pitancia de proventibus dicti stagni; et illa die
qua alia missa pro predicta uxore nostra fuerit in dicto monasterio
celebrata, idem conventus habeat de proventibus dicti stagni sexaginta solidos Turonenses pro pitancia similiter facienda. Volumus
etiam quod predicte moniales ex nunc quolibet anno, pro animabus
predictorum patris et matris nostrorum, in diebus eorum obitus,
anniversarium faciant solempniter, prout decet; et in illis diebus
quibus pro ipsis anniversarium in dicto monasterio celebrabitur,
volumus quod predictus conventus habeat, de proventibus dicti
stagni, sexaginta solidos Turonenses pro pitancia conventus sepedicti. Post vero nostrum et uxoris nostre predicte decessum, similiter quolibet anno, nostrum anniversarium in diebus nostri obitus,
dicte moniales in dicto monasterio facere tenebuntur; et predictam
pitanciam quam idem conventus habebat et habere debebat in illis
diebus quibus prefate misse de Sancto Spiritu pro nobis viventibus
in dicto monasterio celebrebantur, in illis diebus quibus fiet nostrum anniversarium de proventibus dicti stagni percipiet et habebit. Volumus nihilominus quod residuum dictarum viginti libra-
tarum terre, quas in dicto stagno esse estimamus in pitancia pro
dicto conventu, quolibet anno, tempore quadragesime convertatur.
In cujus rei testimonium et munimen, presentes litteras sigilli
nostri munimine fecimus roborari. Datum per nos apud Clareval-
lem, anno Domini millesimo ducentesimo sexagesimo decimo, in
crastino resurrectionis dominice.

Bibl. nation. Latin 11926, fol. 338 v°. — Archiv. Aube. Origin. scellé.

Sans date.

Charta de tractu decime de Poivre.

124. — Notum sit tam presentibus quam futuris quod cum querela diu versaretur inter abbatissam et sanctimoniales ecclesie
Beate Marie de Troies, et abbatem et fratres de Moncellis super trac-

tum decime de villa illa que Piper dicitur, tandem consilio pacis habito, mediantibus viris prudentibus, in hoc consenserunt quod subscriptum est : abbatissa et sanctimoniales jam nominate singulis annis quibus ad eas et ad abbatem et fratres de Moncellis predicta spectat decima, infra quintum decimum diem post Pentecosten abbati et fratribus jam dictis nunciabunt ut cum eis ad diem connominatum et certum in villa que Piper dicitur conveniant, ad admodiendum decimam, ibique decima admodiabitur assensu communi, utrisque pro sua parte cautionem recipientibus; sciendum autem quod parti illi que decimam pluris poterit admodiare, pars altera tenebitur assentire; quod si aliquo casu contingat decimam non posse admodiari, abbate et abbatissa, vel suis officialibus, secundo vel tertio ad hoc venientibus, concordi et communi assensu providebuntur tractores qui decimam trahant, et utrisque ante data cautione quod suum est reddant.

Bibl. nation. Latin 11926, fol. 315 r°.

1315. Avril.

Charta Ludovici, regis Francie et Navarre, de quadraginta doliis vini, quod abbatissa et conventus monasterii Beate Marie ad Moniales possunt adducere per . . . vel aliqua solutione.

125. — Ludovicus, Dei gratia Francorum et Navarre rex, notum facimus universis tam presentibus quam futuris, quod ob. . . abbatisse et conventui monasterii Beate Marie Trecensis, ex certa scientia et de speciali gratia, concedimus per presentes quod abbatissa et conventus dicti monasterii pro tempore existentes ad opus et ob causam monasterii sui predicti, annis singulis in perpetuum, quadraginta dolia vini ad mensuram. . . . in monasterio suo predicto undecunque adducere et adduci facere, ad suum et gentium ibidem confluentium usum, sine fraude possint, absque portagii alicujus exactione, prestatione vel solutione, nostro in aliis et. . . . in omnibus jure salvo. Quod ut firmum permaneat in futurum, sigillum nostrum, quo vivente domino genitore nostro utebamur, presentibus litteris est appensum. Actum. . . . mense aprili, anno Domini millesimo trecentesimo quinto decimo.

Bibl. nation. Latin 11926, fol. 338 r°.

§ II. — Extraits des Archives de l'Aube.

1152-1167.

Accord au sujet de la chapelle construite sur la paroisse de Venisy (Yonne).

126. — Ego Alanus, Autisidorensis episcopus, notum fieri volo presentibus et futuris querelam, que inter priorem de Venesiaco et abbatissam Trecensem agitabatur, quam dominus Papa michi delegaverat terminandam, taliter esse compositam : videlicet ut capella quam sanctimoniales edificaverant in parrochia ecclesie de Venisiaco, de qua controversia erat, sicut dictum est, edificata permaneat ad celebranda divina sanctimonialibus, salvo tamen jure parrochiali, ut quicquid beneficiorum in eadem capella provenit, sive a parrochianis sive ab extraneis, totum cedat juri prioris de Venesiaco sicut fit de rebus que offeruntur sive conferuntur in ipsa parrochiali ecclesia. Et hoc sigillo meo et sigillo abbatisse confirmatum est.

Archiv. Aube. Notice XIIe s.

1189.

Règlement imposé au curé de Saint-Jean de Troyes.

. 127. — In nomine Sancte et Individue Trinitatis. Ego Manasses, Dei gratia Trecensis episcopus, omnibus ad quos iste littere pervenerint, vel in presenti vel in futuro, imperpetuum. Quoniam patres.. *(Cette charte reproduit la charte n° 5 avec les modifications suivantes :)* servientibus, in ecclesia Sancti Johannis de Foro et in appenditiis ejus, scilicet in capella Sancti Panthaleonis et Sancti Nicholai per eleemosinam contulerunt, ad preces venerabilis abbatisse G. sororumque suarum pro amore Dei et pro requie anime matris mee, que in prefata ecclesia sepulta est, laudavimus... De confessionibus Quadragesime et Adventus Sancta Maria habebit medietatem, et sacerdos aliam medietatem. Sciendum vero quod socerdos Sancti Johannis confessiones debet recipere et audire ab omnibus parrochianis que pertinent ad parrochiam Beate Marie, solis servientibus exceptis qui vivunt de pane sanctimonialium. Hoc totum quo ratum maneat et inconcussum neve vetustate temporis

obliteretur, ad dirimendas lites... Testes sunt : Johannes abbas
Belli loci, Odo abbas Sancti Martini Trecensis, magister Stephanus,
Garnerus sacerdos Sancti Mickaelis, Hingerius sacerdos, Gunterius
sacerdos, Hugo de Lina, Galterus de Spina, Garnerus Gener.

Actum publice anno M° C° LXXX° nono.

(Scellé d'un séel auquel est empraincte la figure d'un évesque.)

Archiv. Aube. Copie.

1200. Avril.

Prébende fondée pour la messe de *requiem* du comte Henri II.

128. — Ego Gertrudis, Beate Marie Trecensis abbatissa, totusque
ecclesie nostre conventus, notum facimus omnibus presentes litteras
inspecturis, quod nos communi assensu in presentia domini Garneri
Trecensis episcopi et Milonis archidiaconi, dedimus et concessimus
Haymoni sacerdoti integram prebendam in victu et vestitu sicuti
monialis in ecclesia nostra habere tenetur, pro missa defunctorum
quam ipse pro remedie anime pie memorie comitis Henrici, in
transmarinis partibus defuncti, cotidie celebrabit, qui decem libras
annui redditus ecclesie nostre assignavit. In cujus rei testimonium
presentem cartam fieri voluimus sigilli nostri munimine roboratam.

Actum anno Domini M° CC°, mense aprili.

Archiv. Aube. Origin.

1204.

129. — « Hagano miles de Erviaco » donne en aumone perpe-
tuelle à N.-D.-aux-Nonnains « ıı sextaria avene, unum panem,
unam gallinam et dimidium sextarium vini in festo Sancti Remigii
singulis annis apud Chamoi percipienda, pro remedio anime Luce
matertere sue. » Après la mort de Luquette, le jour de son anniversaire, cette aumône « erit sanctimonialibus pro pitancia. » Après
la mort d'Aganon ou Hagres, les deux anniversaires se feront ensemble le même jour et avec la même pitance.

Archiv. Aube. Origin.

1205. Novembre.

130. — « Gertrudis Beate Marie Trecensis abbatissa » notifie
qu'un homme de corps de l'abbaye de N.-D.-aux-Nonnains « duxit
in uxorem quamdam de feminabus domini Anselli de Corcellis ad

laudem Beatricis uxoris ejus, que dictam feminam nobis quitavit omnino, laudante etiam domino Guidone la Grive, avunculo prefati Anselli, qui huic facto interfuit. » Plus tard l'abbaye donnera une de ses femmes en mariage, *laudantibus hinc inde parentibus,* à un homme d'Anseau de Courcelles.

Actum anno Domini Mᵒ CCᵒ quinto, mense novembri.

Archiv. Aube. Origin.

1207. Mars.

Geoffroi de Villehardouin donne à N.-D.-aux-Nonnains moitié des dîmes de Brantigny et du Doyer.

131. — Ego Galfridus de Villa Harduini, Romanie et Campanie marescallus, notum facio tam presentibus quam futuris, quod dedi et concessi medietatem decime nostre de Brantigneio et Doyero ecclesie Beate Marie de Fulci et alteram medietatem hujus decime ecclesie Beate Marie Trecensis inperpetuum possidendam ; tali tamen habita conditione, quod filia nostra Aaliz et soror nostra Emmelina quandiu vixerint medietatem hujus decime annuatim si voluerint percipiant ; alteram vero medietatem filia nostra Dameros et soror mea Haie quandiu vixerint teneant et possideant et post decessum suum ad ecclesias prenominatas redeat hec totalis decima in perpetuum possidenda. Quod ut ratum et inconcussum permaneat presens scriptum sigilli mei munimine dignum duxi roborandum.

Actum anno Domini Mᵒ CCᵒ VIIᵒ, mense martio.

Archiv. Aube. Origin. scellé.

1213.

Bail à vie de la maison de Virey-sous-Bar.

132. — « W. Lingonensis episcopus » notifie que « A. abbatissa B. M. Trecensis et conventus » accordent à Jacques, chapelain de l'évêque « domum suam de Vireio tenendam per totam vitam, quam domum antea tenebat H. decanus Vendopere. »

Archiv. Aube. Origin.

1215. Juillet.

L'abbaye achète à Ascelin de Merrey moitié d'une maison sise à la Draperie de Troyes.

133. — Ego, Erardus dominus de Villiaco, notum facio omnibus presentes litteras inspecturis, quod vir nobilis Ascelinus miles

de Merreio et karissima soror mea Maria, uxor ejus, dederunt in
perpetuam eleemosinam ecclesie Beate Marie Trecensis dimidiam
domum quam habebant in Draperia Trecensi, liberis eorum videlicet Gaufrido et Mabilia laudantibus istam donationem. Abbatissa
vero ejusdem ecclesie dedit eisdem Ascelino et Marie centum et
decem libras quas mater ejusdem abbatisse eidem eidem ecclesie in
remedium anime sue contulerat pro redditibus comparandis. Et
quia dicta dimidia domus de feodo meo movebat, ego hanc donationem volui pariter et laudavi, et in hujus rei testimonium pre-
'sentes litteras sigilli mei munimine roboravi.

Actum anno Domini M° CC° X° quinto, mense julio.

Archiv. Aube. Origin.

1216. Octobre.

134. — « Adelidis Beate Marie Trecensis abbatissa » notifie que
« vir venerabilis W. abbas Sancti Petri de Cella Trecensi dedit et
concessit » à N.-D.-anx-Nonnains « in excambium, Amietam filiam
Galterini Butechien de Ruvenini hominis Sancti Petri de Cella,
quam Constans de Champeinni homo noster duxit in uxorem. » Plus
tard, N.-D.-aux-Nonnains donnera en mariage à un homme de
Montier-la-Celle une femme valant Amiète.

Archiv. Aube. Origin.

1216. Octobre.

135. — « Adelidis abbatissa B. M. Trecensis et conventus »
échangent avec « W. abbate Cellensi et conventu » un homme de
corps pour un mariage.

Archiv. Aube. Origin.

1216.

136. — Bulle du pape Honorius III « decano, archidiacono et
magistro a Cornuto canonico ecclesie Senonensis.. Abbatissa et
moniales Trecenses jus habent patronatus in ecclesia Sancti
Johannis in Foro, episcopus vult eam dividere in duas ecclesias... ut
hoc impediatis etiam per censuras. » Le Pape rappelle que les religieuses perçoivent sur la cure de Saint-Jean « LXX libras a
LXX retro annis. »

Bibliot. Troyes, m°. Sémillard, t. I, p. 19.

1217. 7 Décembre.

137. — Bulle du pape Honorius III « dilecte abbatisse Beate Marie ad Moniales Trecenses... Cum olim ad sustentationem monialium, sororum numerus ad LX fuisset redactus; et soror una a monasterio fugiens cuidam Albigiensi matrimonialiter se conjunxisset » il permet à l'abbesse « alteram novam sororem in monasterio accipere. » Latran an II.

Bibl. nation. m^s. Moreau 1178, p. 80.

1218. Juin.

Erard de Villehardouin confirme la donation de la moitié des dîmes de Brantigny et du Doyer.

138. — Ego Erardus, dominus de Villahardoini, notum facio omnibus tam presentibus quam futuris, quod cum bone memorie carissimus pater meus, Gaufridus de Villahardoini, Campanie marescallus, dedisset et concessisset ecclesie Beate Marie Trecensis medietatem decime sue de Brantigneio et Doyero, que scilicet medietas erat quarta pars totius grosse decime ejusdem ville in perpetuam eleemosinam possidendam, tali conditione adjecta, quod Aales filia sua, soror mea, dicte ecclesie monialis, eamdem decimam in vita sua pacifice possideat in usus suos privatos sicut voluerit convertendam, et post ejus decessum ad supradictam ecclesiam reversuram. Ego, intuitu Dei et dicte sororis mee precibus inclinatus, predictam eleemosinam de memorata decima factam laudavi, volui et concessi; ita videlicet quod in ecclesia sepe dicta anniversarium patris mei et matris mee singulis annis de cetero fiet, et similiter anniversarium meum et Mabilie uxoris mee post obitum nostrum. Post decessum autem supradicte sororis mee, proventus ejusdem decime in diebus anniversariorum nostrorum conventui ejusdem ecclesie pro pitantia distribuetur omnino. Quod ut ratum et firmum permaneat in futurum, in hujus rei testimonium presentem cartam feci fieri et sigilli mei munimine roborari.

Datum anno Domini M° CC° octavodecimo, mense junio.

Archiv. Aube. *Origin. scellé.*

1219. Juin.

Echange d'une femme de corps donnée en mariage.

139. — Ego Lietherius, abbas Beati Petri de Cella Trecensis, notum facio omnibus presentes litteras inspecturis, quod Adelidis abbatissa Beate Marie Trecensis dimisit et concessit nobis Adelinam feminam suam, filiam defuncti Theobaldi Flavart de Fay, in excambium alterius que sit femina ecclesie nostre, ejusdem valoris, vel xx solidorum, plus vel minus, ad opus Joscelini filii defuncti Erici de Cresantines, hominis nostri, qui eam duxit in uxorem, tali tenore adjuncto, quod abbatissa et ecclesia predicta habebunt de eis medietatem in tallia et liberis eorum, donec pro simili causa rehabuerint excambium femine ecclesie nostre, secundum quod superius est divisum. In cujus rei memoriam fecimus presens cyrographum sigilli nostri appensione muniri.

Actum anno Domini M° CC° nonodecimo, mense junio.

Archiv. Aube. Origin. scellé.

1221. Août.

**Fondation de l'anniversaire de la vicomtesse de Sens,
mère d'Alix de Vendeuvre, abbesse.**

140. — Aaliz de Vendopera, Beate Marie Trecensis humilis ministra, omnibus presentes litteras inspecturis, salutem in vero salutari. Ad omnium noticiam volumus pervenire quod nos divine pietatis intuitu et prudentum virorum consilio et maxime ob remedium anime matris nostre, nobilis mulieris, viceccomitisse Senonensis, felicis memorie, quatuor presbiteris canonicis ecclesie nostre, videlicet magistro Herveo, Guillermo, Miloni, Hurrico et eorum successoribus medietatem domus in Draparia Trecensi site et quamdam partem decime bladi apud Montablain site, cum xxx denariis censualibus, que omnia in manu nostra tenebamus, de propriis rebus dicte matris nostre, non aliunde assumptis, per emptionem adquisitis, ad instituendam unam missam pro fidelibus in ecclesia nostra, prout eadem mater nostra, pecunia ad hoc faciendum nobis commissa, ordinavit in extrema voluntate sua et fidei nostre hoc exequendum permisit. Dimidiam itaque partem predicte domus cum proventibus suis et dictam decimam cum suprascriptis denariis percipient supradicti quatuor canonici et ipsorum successores absque

contradictione et alterius participatione libere et quiete in perpetuum possidebunt. Prenominati vero canonici, tanti beneficii non im-
memores, sacramento interposito, bona fide promiserunt unam
missam *pro fidelibus* pro animabus sepedicte matris nostre et patris
nostri et anime nostre, nec non et animabus parentum nostrorum
et omnium fidelium, per se vel per vicarium in perpetuum cele-
braturos, in loco qui in ecclesia nostra dicitur Charnerium, vel alibi
in ecclesia, si melius viderint expedire. Huic sacro interfuerunt :
Bartholomeus, decanus B. Stephani Trecensis; magister Herbertus,
procurator domus Dei B. Stephani Trecensis. In cujus rei testimonium, sigilla ipsorum presentibus litteris fecimus apponi, sigillo
nostro prius apposito.

Actum anno Verbi Incarnati Mo CCo XXIo, mense augusto.

Archiv. Aube. Origin.

1222. 14 Décembre.

141. — « P. prior Fratrum Predicatorum in Francia » approuve et ratifie un compromis fait par les Dominicains de Troyes
« in reverendum patrem R. episcopum Trecensem super estima-
tione dampnorum » qu'ils ont pu causer à N.-D.-aux-Nonnains, en
s'établissant sur la même paroisse. « Datum Parisius crastina die
S. Lucie. »

Archiv. Aube. Origin. scellé.

1223. 8 Juin.

Bulle du pape Honorius III contre les envahisseurs des biens de l'abbaye.

142. — Honorius episcopus servus servorum Dei dilectis filiis
Petro Popart, Petro Caneim et Guidoni de Fai canonicis Jotren-
sibus, Meldensis diocesis, salutem et Apostolicam benedictionem.
Conqueste sunt nobis abbatissa et conventus Beate Marie Trecensis quod abbas et conventus Beati Petri de Cella Trecensi,
Andreas de Sancto Fidolo et fratres ejus ac quidam alii Trecensis,
Meldensis et Senonensis dioceseon super terris, decimis, nemoribus,
pascuis, possessionibus et rebus aliis injuriantur eisdem. Ideoque
discretioni vestre per Apostolica scripta mandamus quatinus, partibus convocatis, causam, appelatione remota, fine debito termi-
netis, facientes quod decreveritis per censuram ecclesiasticam firmiter observari. Testes autem qui fuerint nominati si se gratia,

odio vel timore subtraxerint, per censuram eamdem, appellatione
cessante, cogatis veritati testimonium perhibere. Quod si non
omnes hiis exequendis potueritis interesse, duo vestrum nichilominus exequantur.

Datum Signie VI idus junii, pontificatus nostri anno septimo.

Archiv. Aube. *Origin. scellé.*

1225. 20 Mars.

Confirmation Apostolique de la rente de 70 l. sur la cure de Saint-Jean.

143. — Honorius episcopus servus servorum Dei dilectis in
Christo filiabus abbatisse ac conventui Beate Marie Trecensis salutem et Apostolicam benedictionem.

Justis petentium desideriis dignum est nos facilem prebere consensum et vota que a rationis tramite non discordant, effectu prose-
quente, complere. Eapropter, dilecte in Christo filie, vestris justis
postulationibus grato concurrentes assensu, redditum LXX librarum
quem a septuaginta annis retro, in ecclesia Sancti Johannis de Foro
Trecensis, cujus jus patronatus ad vestrum monasterium pertinet,
proponitis vos habere, sicut illum juste, canonice ac pacifice obti-
netis, vobis et monasterio ipsi per vos, auctoritate Apostolica confirmamus et presentis scripti patrocinio communimus. Nulli ergo
omnino hominum liceat hanc paginam nostre confirmationis infrin-
gere vel ausu temerario contraire. Si quis autem hoc attemptare
presumpserit indignationem Omnipotentis Dei et Beatorum Petri et
Pauli Apostolorum ejus se noverit incursurum. Datum Laterani XIII
kalendis aprilis, pontificatus nostri anno nono.

Archiv. Aube. *Origin.*

1225. Septembre.

Jugement concernant les 70 l. dues par le curé de Saint-Jean.

144. — B. decanus Beati Stephani Trecensis omnibus presentes
litteras inspecturis, salutem in Domino. Noveritis quod cum causa
verteretur, auctoritate Apostolica, coram viris venerabilibus M. decano et H. cantore Trecensibus, judicibus a domino Papa delegatis
inter abbatissam et conventum Beate Marie Trecensis ex una parte,
et Ferricum presbiterum Sancti Johannis in Foro Trecensis, ex

altera, super quadam parte annue pensionis lxx librarum pro dicta
ecclesia Sancti Johannis sibi debite, in cujus videlicet partis solutione ipsum se defecisse dicebant. Tandem partes coram judicibus
pro tribunali sedentibus, de consilio bonorum virorum et predictorum judicum, super dicta querela composuerunt amicabiliter in
hunc modum, quod jam dictus presbiter de xxx libris nove monete, et vii libris de veteri, sine contradictione debitis et recognitis,
talem solutionem et talibus terminis, se facturum, super sancta juravit : videlicet quartam partem predictorum librarum solvet in
proximis nundinis Trecensibus Sancti Remigii; quartam partem in
primis nundinis Langniaci; quartam partem in sequentibus nundinis Barri; et quartam partem in sequentibus nundinis Trecensibus Sancti Johannis; septem libris de veteri moneta predictis ei
quitatis. Preterea pensionem predictam lxx librarum, debito modo
et terminis solitis, se deinceps soluturum, similiter super sancta juravit, ecclesia predicta Sancti Johannis in suo statu videlicet sine
divisione manente; alioquin si divisa fuerit, pro portione apud
ipsum remanente solvet portionem pensionis predicte. Pro mense
autem presenti, scilicet septembri, et pro sequenti, scilicet octobri,
infra octavas Omnium Sanctorum, solvet xii libras monialibus.
Pro mense vero martio preterito, vel solutionem factam legitime
probabit, vel pro dicto mense solutionem faciet terminis preno-
tatis. Quia presens interfui dicte compositioni et juramento prestito,
in hujus rei memoriam presentes litteras ad petitionem dictarum
abbatisse et conventus scribi feci sigillo meo signatas.

Actum anno M° CC° XX° quinto, mense septembri.

Archiv. Aube. Copie.

1226 (v. st.) 15 Janvier.

**Le curé de Saint-Jean jure de paier à l'abbaye
le cens annuel de 70 l.**

145. — Anno M° CC° XXVI octavo decimo kalendas februarii,
fecit Iterus presbiter Sancti Johannis in Foro Trecensis sacramentum in capitulo Beate Marie Trecensis quod censam dicte ecclesie
Sancti Johannis solveret bona fide, terminis consuetis et usitatis,
monialibus ecclesie Beate Marie; hi vero subscripti testes interfuerunt : magister Hugo Popeie tunc officialis Trecensis, magister
Guillelmus Piperarius cognomine de Senonis, magister Henricus
procurator domus Dei Beati Nicholai, dominus Ansoldus presbiter
Beate Marie Trecensis; dominus Haymo capellanus, Orricus,

Stephanus canonici ecclesie Beate Marie; Jacobus capellanus, Petrus presbiter de Pipero, Gaufridus filius magistri Andree Cementarii canonicus Beati Stephani Trecensis, Henricus Cain, Guillemus, clerici.

Archiv. Aube. *Notice,* XIIIe s.

1227. Novembre.

Echange d'une femme de chef et de corps pour un mariage.

146. — Milo decanus totumque capitulum Trecense omnibus... Noverit universitas vestra quod nos dedimus, concessimus et quitavimus abbatisse et monialibus Beate Marie Trecensis Adelinam filiam Bonini de Maisnillo que femina nostra erat de capite et de corpore in excambium pro Felisia, filia defuncti Martini de Maisnillo, que erat femina de capite et de corpore predictorum abbatisse et monialium, quam videlicet Felisiam Hugo filius Bonini homo noster duxit in uxorem. Quod ut ratum...

Actum anno Domini M° CC° XX° septimo, mense novembri.

Archiv. Aube. *Origin. sceau brisé.*

1228. Octobre.

147. — « Adelidis abbatissa Beate Marie Trecensis » notifie que l'abbaye a accordé à « Stephano fabro » homme de l'abbaye et à « Florie uxori sue » femme de l'abbaye « plateam que est juxta plateam defuncti Giraudi fabri, juxta atrium ecclesie B. M. quamdiu vixerint tenendam. »

Archiv. Aube. *Cyrographe origin.*

1229. Septembre.

148. — « H. Trecensis curie officialis » notifie que « Nicholaus de Campo Gillardi civis Trecensis » a donné à N.-D.-aux-Nonnains pour son anniversaire « totam partem decime quam ipse emerat a Margareta, sorore Girardi de Torciaco, et quam recipere solebat in grangia dictarum abbatisse et conventus apud Selerias » Nicolas reçoit de l'abbaye en récompense « decem libras Pruvinensis monete. »

Archiv. Aube. *Origin.*

7

1230 (v. st.). Février.

Pension de retraite faite à Alix de Vendeuvre, abbesse démissionnaire.

149. — Omnibus presentes litteras inspecturis, Adelina priorissa totusque conventus Beate Marie Trecensis, salutem cum devotis orationibus et suffragiis. Noveritis quod nos de communi assensu et unanimiter concessimus venerabili domine A. quondam abbatisse nostre, quicquid ipsa emerat, acquisierat et etiam possidebat dum adhuc abbatisse fungebatur officio, toto vite sue curiculo possidendum pacifice et habendum, videlicet : illud totum quod emit a defuncto Petro milite de Sancto Quintino; quod emit ab Henrico comite Barri Ducis apud Linceon ; quicquid emit a domino Symone de Humbauvile apud Montaublein ; quicquid emit a Petro clerico de Capis et Symone et Galchero laicis, fratribus ejus, et Godelina uxore ejusdem Galcheri, de decima de Montaublein. Omnia vero supradicta post decessum jam dicte abbatisse ad ecclesiam nostram libere revertentur. Quadraginta solidi communiter et equaliter conventui nostro in die anniversarii ejusdem abbatisse in perpetuum dividentur a priorissa et a duobus aliis monialibus ad hoc statuendis, que recipient redditus memoratos, salvis tamen distributionibus et particionibus de rebus supradictis, sicut in cartulis exinde confectis plenius continetur. Concessimus itaque eidem abbatisse, ad vinum suum reponendum, parvulum cellarium juxta portam abbatie nostre et pratellum juxta torcular...

Actum anno gratie M° CC° XXX°, mense februario.

Archiv. Aube. Origin.

1231. 9 Mai.

Bulle de Grégoire IX, 8 avril 1231. — Affaire de l'élection de l'abbesse, 9 mai.

150. — R. Abbas Sancti Johannis in Vineis et R. archidiaconus Suessionis viris venerabilibus et discretis J. archipresbitero et magistro H. presbytero Sancti Remigii Trecensis, salutem in Domino. Noveritis nos mandatum Apostolicum recepisse in his verbis :

Gregorius, episcopus, servus servorum Dei, dilectis filiis abbati Sancti Johannis in Vineis et R. archidiacono Suessionis, salutem et Apostolicam benedictionem. Exparte in Christo filie A. cantricis ecclesie Sancte Marie Trecensis fuit propositum coram nobis quod cum nuper in abbatissam ejusdem ecclesie a majori et saniori parte conventus ipsius canonice fuisset electa et ad ad Sedem Apostolicam appellaret ne contra electionem hujusmodi posset aliquid attemptari a priorissa ejusdem ecclesie, ad cujus nominationem fuit postmodum temere a minori parte processum, confirmationi electionis illius contra justiciam se opponente. Quare petebat a Nobis ut, nominatione hujusmodi non obstante, electionem ipsius auctoritate faceremus Apostolica confirmari. Procurator vero Adeline priorisse, ac partis ejusdem, proposuit ex adverso quod cum idem monasterium esset abbatisse solatio destitutum, conventus ipsius, assignato die, ad electionem faciendam in capitulo convenisset, et tandem cum non possent in unum universas concordare, tres moniales ex se ipsis fide dignas, secundum formam Lateranensis concilii, unanimiter et concorditer elegerunt, recepto ab eis corporaliter juramento, ut singularum votis examinatis, et diligenter inquisitis, eadem publicarent, quibus postmodum examinatis et redactis in scriptis, ac tandem publicatis, evidenter apparuit quod major et sanior pars tocius conventus ipsius in ipsam priorissam direxerat vota sua. Verum cum cantrix et quedam alie moniales monasterii sepe fati, que sibi quodam modo adherere videbantur, essent ab ipsis humiliter requisite ut in eamdem priorissam, in quam major pars et sanior dicti conventus sua vota direxerat, consentirent, eamque in suam eligerent abbatıssam, eis id facere recusantibus, thesauraria, que prima est post eandem cantricem, habens pre oculis solum Deum, sepefatam priorissam vice omnium que ipsam in scrutinio nominaverant, in abbatissam elegit ac etiam nominavit, Sedem Apostolicam appellando ne quid in prejudicium electionis hujusmodi posset ab aliquibus attemptari. Unus dictus procurator nobis humiliter supplicavit ut electionem eamdem a majori et saniori parte conventus canonice celebratam confirmari misericorditer faceremus. Quia vero Nobis non constitit de premissis, discretioni vestre, de utriusque partis procuratorum assensu, per Apostolica scripta mandamus quatinus vocatis qui fuerint vocandi et auditis hinc inde propositis, quod canonicum fuerit, appellatione postposita, statuatis, facientes quod statueritis per censuram ecclesiasticam firmiter observari... Datum Laterani vi idus aprilis pontificatus nostri anno quinto.

Hujus igitur auctoritate mandati vobis mandamus quatinus ad sepe fatam priorissam et complices suas moniales personaliter accedentes citetis easdem ex parte nostra ut coram nobis Suessionibus, die sabbati post quindenam Pentechostes, compareant, si contra electionem de cantrice, factam canonice, sicut ipsa asserit, aliquid voluerint attemptare.

Datum anno Domini M° CC° XXX° primo, feria sexta ante Pentechosten. Reddere litteras et quid inde feceritis nobis rescribatis.

Archiv. Aube. *Origin.*

1232 (v. st.). Février.

Concession d'un terrain pour construire une maison, rue des Bains.

· 151. — A. Beate Marie Trecensis humilis abbatissa totusque conventus, omnibus... innotescat quod nos, ad preces amicorum nostrorum qui nos super hoc attencius rogaverunt, pensata que utilitate ecclesie nostre, donavimus dilecte nostre Emeline de Monasterio in Insula prope Barrum super Albam plateam nostram sitam in vico Balneorum, juxta grangiam Guidonis Concergii, ut ipsa Emelina ibidem ad utilitatem suam construere domum possit. Quam quidem domum, eadem E. possidebit quandiu vixerit et habebit; ita tamen quod dicta E. decem solidos Pruviniensium, annis singulis, ad festum Sancti Remigii, nobis reddet. Sciendum etiam quod de medietate edificii, quod prefata E. posuerit in dicta platea nostra poterit licite, in extrema voluntate sua vel quandoque sibi placuerit, suam facere penitus voluntatem; et alia medietas cum dicta platea nostra nostre ecclesie libere remanebit. Nos autem promissimus eidem E. quod dictam plateam ab omni censu et coustuma liberam garantirabimus bona fide...

Actum anno Domini M° CC° XXX° secundo, mense februario.

Archiv. Aube. *Origin.*

1235. Mai.

Acquisition des biens que l'abbaye de Mores possédait à Montaulin.

152. — Frater N. dictus abbas de Moris et ejusdem loci conventus, Cisterciensis ordinis, universis presentes litteras inspecturis, in Domino salutem. Noveritis quod nos, pro magna necessitate ecclesie nostre de Moris, vendidimus A. abbatisse et conventui ecclesie Beate Marie Trecensis, pro viginti sex libris Pruviniensibus, quicquid possidebamus apud Montem Ablain in terris, pratis, gistiis, costumis, redditibus et omnibus aliis modis et commodis, et

hec omnia dicte ecclesie et monialibus ejusdem loci perpetuo jure tenenda quitavimus, quitamus, et de eis nos obligamus ad portandam legitimam garantiam eisdem erga omnes. Et si quid invenire poterunt ad jus nostrum pertinens, de quo non essemus in possessione die venditionis istius, concedimus et volumus quod illud revocare possint et perpetuo possidere ; sed de hoc eis nullam garantiam portaremus. In cujus rei testimonium...

Actum anno gratie M° CC° XXX° quinto, mense maio.

Archiv. Aube. Origin. scellé.

1234. Août.

153. — « Petrus de Claellis » official de Troyes notifie que « Petrus de Moncellis miles » a engagé à l'abbaye de N.-D.-aux-Nonnains un muid de grain (4 set. de froment et 8 set. d'orge) sur la moitié des dimes « de Acenaio » pour 40 livres de Provins.

Archiv. Aube. Origin.

1235. Juin.

154. — « Stephanus officialis Trecensis » notifie l'accord entre « A. abbatissam et conventum B. M. Trecensis ex una parte, et Guillermum Carnotensem, civem Trecensem, ex altera » au sujet de la maison de Gauthier, père de Guillaume. Les religieuses prétendaient que cette maison leur appartenait « jure escasure que dicitur manus mortua, quam habent in hominibus suis Trecensibus, cum dicta domus moveret de capite dicti Galteri hominis sui. » Enfin les religieuses accordent à Gauthier et à ses héritiers cette maison « in perpetuum possidendam et habendam pro decem libris Pruviniensibus. »

Arch. Aube. Origin.

1235 (v. st.). Mars.

**Droits de l'abbesse maintenus sur une osche et une borde
à Sommeval.**

155. — Omnibus presentes litteras inspecturis, magister Stephanus officialis, salutem in Domino. Noverint universi quod cum venerabilis domina A. abbatissa B. M. Trecensis peteret in jure coram nobis a Johanne Ganche quamdam ouchiam et quamdam

bordam sitam apud Someval, quas dictus Johannes in prejudicium suum possidebat, cum ad eam devenire debebant, ut dicebat, ex excasura defuncte Houdeborgis relicte defuncti Robini. Tandem dictus Johannes coram nobis comparens sponte quitavit in perpetuum dicte abbatisse B. M. Trecensis dictas ouchiam et bordam. In cujus rei testimonium presentibus litteris sigillum curie Trecensis duximus apponendum.

Actum anno Domini M° CC° XXX° V°, mense martio.

Archiv. Aube. *Origin.*

1236. (v. st.). Janvier.

Echange d'une serve par mariage.

156. — Omnibus presentes litteras inspecturis, A. Beate Marie Trecensis abbatissa, salutem in Domino. Noveritis quod Theobaldus cognomine Judeus, de Fay, homo ecclesie nostre, duxit in uxorem Emeniardem, filiam defuncti Burdini de Montgeor, feminam Galcheri de Merri, nepotis nostri karissimi, tali videlicet conditione, quod idem Galcherus habebit servitium de dicta Emeniarde sicuti nos de homine nostro predicto, usquedum ipse in exambium ejusdem Emeniardis, unam de feminis nostris habuerit pro aliquo hominum suorum...

Actum anno Domini M° CC° XXX° sexto, mense januario.

Archiv. Aube. *Origin.*

1236. (v. st.). Février.

157. — « A. Beate Marie Trecensis abbatissa » notifie la donation faite à N.-D.-aux-Nonnains par « vir nobilis dominus Johannes de Villa Meiron » (cfr n. 80). En recompense dit l'abbesse « Johannem, et Joiam, uxorem ejus, recepimus in omnibus beneficiis que in ecclesia nostra fient, tam in capite quam in membris, et concedimus eisdem quod post ipsorum decessum anniversarium eorum in conventu nostro solempniter faciemus sicuti de nobismetipsis. »

Archiv. Aube. *Origin.*

1238. Mai.

158. — « Stephanus officialis Trecensis » notifie que « Herbertus Carpentarius et Borgesia uxor sua » reconnaissent devoir à

N.-D.-aux-Nonnains trois sous de rente donnés à l'abbaye par feue Petronille d'Arras. Pour ces trois sous, ils assignent à l'abbaye, « in Macecraria, super domum Jacobi de Clervaus ii solidos; super domum Domanchii de Verreriis vi denarios ; super domum Pignonis mercerii vi denarios. »

Archiv. Aube. *Origin.*

1239. 26 Avril.

159. — « Gie Bernard de Montcuc, maires de la commune de Troies, faz savoir... que Jehanz de Champgilarz et Hermeniarz sa fame... ont vendu a mon seignor Bertremiau, chanoine de Nostre-Dame-Sainte-Marie de Troies, xL s. de Provenisiens a prandre chascun an en la foire Saint Jehan sor la maison qui sied en lentree de la Corderie, à Troies, en la quele maison li drapier Dypre vendent aus foires de Troies... ces xL s. seront paiez en la foire Saint Jehan dedenz droit paement. » Jean de Champgillart vend encore « XX s. X d. et obole de cens avec les xL s. devant diz, por xL livres xv s. de bonnes Provenisiens forz et leauls. Le mardi en lendemain de feste Saint Marc Evangelistre. »

Archiv. Aube. *Origin.*

1240 (v. st.) « ou mois de marz. »

160. — « Gie Pierres de Bordes, maires de la commune de Troies, faz savoir... que Jehanz de Champgillart et Herminiarz sa fame » reconnaissent avoir vendu « en l'an M° CC° et XXXIX ou mois d'avril le mardi en landemain de feste Saint Marc Evangelistre a monseignor Bertholomiau, chanoine de Nostre-Dame-Sainte-Marie de Troyes, a toz jors a tenir les choses de soz nommees et expresses et devisees aus letres Bernart de Montcuc mon devancier. »

Archiv. Aube. *Origin. scellé.*

1241 (v. st.). Janvier.

Mariage et échange d'une serve à Montaulin.

161. — J., abbé de Montiéramey, notifie que A., abbesse de N.-D.-aux-Nonnains, a cédé en échange à l'abbaye de Montiéramey, Emeline, fille Gombaud « le Put, de Montaublein » pour être mariée à Thibaut, fils de Pierre Legrand de Montaulin.

Archiv. Aube. *O·igin.*

1241. Août.

162. — « Petrus Putemonoie miles » notifie qu'il a donné à
N.-D.-aux-Nonnains « xii denarios censuales in platea juxta furnum domini regis Navarre in vico B. M. Trecensis. »

Archiv, Aube. Origin.

1242 (v. st.). 26 Mars.

163. — « Nicholaus officialis Trecensis » notifie que « Emeniardis relicta Nicholai de Campogilardi » donne « canonicis B. M.
ad Moniales pro anniversario dicti Nicholai, quondam mariti sui,
singulis annis in crastino Exaltationis Sancte Crucis... x solidos
annui et perpetui census » sur une maison « sita apud Trecas retro
Cambia. — Die mercurii post dominicam qua cantatur *oculi mei.* »

Archiv. Aube. Origin.

1243 (v. st.). Janvier.

164. — « Nicholaus officialis Trecensis » notifie que « Johannes
de Divione senior, et Alaidis uxor ejus » ont vendu aux religieuses de N.-D.-aux-Nonnains « pro novem libris Pruviniensibus »
dont elles se tiennent pour payées : 1° « decem solidos annui et
perpetui census » sur quatre arpens de terre sis « desuper Villam
Dei » ; 2° « decem denarios annui et perpetui census in virgulto
sito Trecis. »

Archiv. Aube. Origin.

1246. 18 Mai.

**Bulle d'Innocent IV accordant aux fidèles droit général
de sépulture dans l'abbaye de N.-D.-aux-Nonnains.**

165. — Innocentius... dilectis in Christo filiabus, abbatisse et
conventui monasterii Sancte Marie Trecensis, ordinis Sancti Benedicti, salutem et Apostolicam benedictionem. Vestris justis postulationibus annuentes vobis auctoritate presentium indulgemus ut
liceat vobis ad sepulturam admittere qui apud vos in ultima voluntate elegerunt sepeliri, nisi fuerint excommunicati, vel interdicti, aut usurarii manifesti, salva tamen ecclesiis illis canonica

portione, a quibus sumuntur corpora mortuorum. Nulli ergo omnino hominum...

Datum Lugduni XV kalendis junii, pontificatus nostri anno tertio.

Archiv. Aube. *Origin scellé.*

1246. 18 Mai.

Bulle d'Innocent IV accordant des priviléges à N.-D.-aux-Nonnains pour le temps d'interdit général.

166. — Innocentius... dilectis in Christo filiabus, abbatisse et conventui monasterii Sante Marie Trecensis...

Vestris devotis precibus inclinati auctoritate vobis presentium indulgemus ut cum tota terra, vel Trecensis civitas, ecclesiastico fuerint supposite interdicto, liceat vobis in monasterio vestro, excommunicatis et interdictis exclusis, et non pulsatis campanis, submissa voce, quamdiu interdictum illud duraverit, audire divina, dummodo causam non dederitis interdicto, nec id vobis contingat specialiter interdici. Nulli ergo omnino hominum...

Datum Lugduni XV kalendis junii, pontificatus nostri anno tertio.

Origin. scellé.

1246. 9 Juillet.

Bulle d'Innocent IV plaçant l'abbaye de N.-D.-aux-Nonnains et ses biens sous la protection du Saint-Siége.

167. — Innocentius... dilectis in Christo filiabus, abbatisse et conventui monasterii Sancte Marie Trecensis...

Cum a Nobis petitur quod justum est et honestum, tam vigor equitatis quam ordo exigit rationis ut id per sollicitudinem officii nostri ad debitum perducatur effectum. Ea propter, dilecte in Christo filie, vestris justis postulationibus grato concurrentes assensu, personas vestras et monasterium in quo Domino estis mancipate, cum omnibus bonis que in presentiarum rationabiliter possidet, aut in futurum justis modis, prestante Domino, poteritis adipisci, sub Beati Petri et nostra protectione suscepimus; specialiter autem terras, possessiones, domos, vineas et alia bona vestra, sicut ea omnias juste et pacifice possidetis, vobis et per vos monasterio vestro auctoritate Apostolica confirmamus et presentis scripti patrocinio communimus. Nulli ergo omnino hominum...

Datum Lugduni VII idus julii, pontificatus nostri anno quarto.

Archiv. Aube. Origin. scellé.

1246 (v. st.). 15 Mars.

168. — « Johannes officialis » notifie que « Isabellis filia quondam defuncti Bonelli de Castro Nantonis, relicta Michaelis de Marsilia » vend à N.-D.-aux-Nonnains « medietatem cujusdam domus in Roeria... pro decem libris et quinque solidis Pruviniensibus. — Die jovis post dominicam qua cantatur *oculi mei.* »

Archiv. Aube. Origin.

1246. 11 Juillet.

Bulle d'Innocent IV fixant à soixante le nombre des religieuses de N.-D.-aux-Nonnains.

169. — Innocentius... dilectis in Christo filiabus, abbatisse et conventui monasterii Sancte Marie Trecensis, ordinis Sancti Benedicti, salutem et Apostolicam benedictionem. Ecclesiarum utilitati et tranquillitati consulitur cum numerus personarum Domino famulantibus in eisdem ipsarum facultatibus provide coaptatur. Cum igitur, sicut Nobis significare curastis, venerabilis frater noster Trecensis episcopus, pensatis monasterii facultatibus, sexaginta monialium numerum statuit (cfr n. 110) in eodem, Nos, vestris precibus benignum impertientes assensum, statutum hujusmodi, sicut provide factum est, auctoritate Apostolica confirmamus et presentis scripti patrocinio communimus, nisi forsan in tantum ipsius monasterii excreverint facultates quod idem numerus sit merito ampliandus, auctoritate Sedis Apostolice semper salva. Nulli ergo omnino hominum...

Datum Lugduni V idus julii, pontificatus nostri anno quarto.

Archiv. Aube. Origin.

1248. 7 Juillet.

Bulle d'Innocent IV défendant d'excommunier en général les religieuses de N.-D.-aux-Nonnains.

170. — Innocentius... dilectis in Christo filiabus, abbatisse et conventui monasterii Sancte Marie Trecensis, ordinis Sancti Bene-

dicti, salutem et Apostolicam benedictionem. Cum alias prohibue-
rimus ne in universitatem, vel collegium, excommunicationis sententia proferatur, volentes animarum vitare periculum quod exinde
sequi posset, cum nonnunquam contingeret innoxios etiam hujusmodi sententia irretiri, sed in illos duntaxat in universitate, vel
collegio, quos culpabiles esse constiterit, promulgetur. Nos supplicationibus vestris inclinati prohibitionem hujusmodi circa universitatem vestram specialiter decernimus observandam. Nulli ergo
omnino hominum...

Datum Lugduni nonas julii, pontificatus nostri anno sexto.

Archiv. Aube. Origin.

1249. 16 Avril.

**Bulle d'Innocent IV contre ceux qui lèsent les intérêts
temporels de N.-D.-aux-Nonnains.**

171. — Innocentius... dilecto filio archidiacono Stampensi, salutem et Apostolicam benedictionem. Dilecte in Christo filie abbatissa et conventus monasterii Sancte Marie Trecensis Nobis con-
querendo monstrarunt quod decanus christianitatis de Barro super
Secanam, Theobaldus de Roseriis miles, Bernardus de Montecuco,
Petrus dictus Formage, Johannes dictus Christianus et quidam alii
clerici et laici Lingonensis, Trecensis, et Senonensis civitatum, qui
ipsas indebitis exactionibus aggravantes super decimis, possessionibus, debitis et rebus aliis, injuriantur eisdem. Ideoque discretioni
tue per Apostolica scripta mandamus, quatinus partibus convocatis, audias causam et, appellatione remota, debito fine decidas...

Datum Lugduni XVI kalendis maii, pontificatus nostri anno
sexto.

Archiv. Aube. Origin.

1249. 14 Mai.

**Bulle d'Innocent IV. — Ordre d'informer sur l'opposition de
N.-D.-aux-Nonnains à l'établissement des Frères-Mineurs.**

172. — Innocentius .... venerabili fratri episcopo et dilecto
filio officiali Trecensibus, salutem et Apostolicam benedictionem. Religiosorum molestiis occurrere regiminis commissi Nobis tenemur officio et eorum opportune quieti sollicite providere.
Sane ad nostram audientiam noveritis pervenisse, quod cum locus

dilectorum filiorum, Fratrum Minorum Trecensium, extra civitatem Trecensem positus, religioni sue propter loci a civitate distantiam, aeris corruptionem, necnon et alias quamplures causas, adeo sit incommodus et suspectus eisdem quod ibidem nequeunt, ut ordini expedit, Domino famulari, ecclesiam sibi et domos necessarias edificare de novo proposuere, in fundo quem infra civitatem habere dicuntur eandem, sed ipsi super hoc resistentia impediti rectoris ecclesie Sancti Johannis in Foro et abbatisse ac conventus B. Marie Trecensis proponentium contra eos quod grande ipsis et ecclesiarum suarum juri prejudicium fieret si processum haberet edificium ad cujus constructionem intendunt, intentionis sue in hac parte hactenus sunt frustrati effectu in ipsorum prejudicium et gravamen. Nos igitur Fratres ipsos, ac religionem eorum, sic Apostolicis fovere presidiis intendentes, quod per hoc alterius justitie minime derogemus, discretionem vestram rogandam duximus quatinus abbatissam et conventum et rectorem predictos efficaciter inducatis ut, si sine scandalo ipsorum fieri poterit, ipsos Fratres in dicto fundo libere morari permittant et ibidem edificare...

Datum Lugduni II idus maii, pontificatus nostri anno sexto.

Vidimus scellé, donné par W. Sabiniensis episcopus. Lugduni X Kal. junii, **pont**ificat. Innocentii pape quarti an. sexto. — Archiv. Aube.

1249. 11 juin, samedi après Saint-Barnabé.

173. — Nicolas, évêque de Troyes, et Jean son official, en vertu de la bulle d'Innocent IV (n. 172) essaient d'accorder l'abbaye de N.-D.-aux-Nonnains et le curé de Saint-Jean, d'un côté, avec Nicolas, gardien des Frères-Mineurs et son couvent, de l'autre côté. Les parties comparurent le mercredi après la Trinité, puis le vendredi suivant, enfin le samedi après la fête de Saint-Barnabé; mais sans pouvoir s'entendre; l'abbaye de N.-D. et le curé de Saint-Jean prétendant que l'établissement des Frères-Mineurs ou Cordeliers au lieu en question, ne pouvait se faire sans leur causer préjudice.

Archiv. Aube. *Origin.*

1249. 1ᵉʳ Septembre.

Bulle d'Innocent IV. — Défense d'élever, sans permission, des oratoires sur les paroisses dépendant de N.-D.-aux-Nonnains.

174. — Innocentius, episcopus, servus servorum Dei, dilectis in Christo filiabus, abbatisse et conventui monasterii Beate Marie Tre-

censis, ordinis Sancti Benedicti, salutem et Apostolicam benedictionem. Devotionis vestre meretur honestas ut precibus vestris,
quantum cum Deo possumus, favorabiliter annuamus, hinc est
quod Nos vestre devotionis supplicationibus inclinati, ut nullus infra
metas ecclesiarum parrochialium in quibus jus patronatus habetis,
absque vestra et rectorum ecclesiarum vestrarum licentia et assensu, oratoria, capellas, ecclesias, seu monasteria de novo edificare valeat, vobis auctoritate presentium indulgemus. Nulli ergo
omnino hominum...

Datum Lugduni kalendis septembris, pontificatus nostri anno
septimo.

Archiv. Aube. *Origin.*

1250. 23 Juillet.

Bulle d'Innocent IV. — Ordre de faire rentrer les biens de N.-D.-aux-Nonnains illicitement aliénés.

175. — Innocentius... dilecto filio archidiacono Laticensi in ecclesia Lingonensi, salutem et Apostolicam benedictionem.

Ex parte dilectarum in Christo filiarum, abbatissa et conventus
monasterii Beate Marie Trecensis, ordinis Sancti Benedicti, fuit propositum quod quedam que precesserunt easdem, quasdam decimas,
pensiones, possessiones ac alia bona ipsius monasterii nonnullis clericis et laicis, quibusdam perpetuo, aliquibus vero ad vitam eorum,
et aliis ad non modicum tempus, confectis super hec litteris, penis
adjectis, et interpositis juramentis, ad firmam, vel sub censu annuo
concesserunt in enormen ipsius monasterii lesionem, quorum aliqui
super hiis confirmationis litteras in forma communi a Sede Apostolica impetrarunt. Quare predicte abbatissa et conventus Nobis humiliter supplicarunt ut providere ipsis et dicto monasterio super hoc
de benignitate solita curaremus. Quocirca discretioni tue per Apostolica scripta mandamus, quatinus ea que de bonis ejusdem monasterii per hujusmodi concessiones alienata inveneris illicite, vel
distracta, litteris, penis, juramentis et confirmationibus predictis
nequaquam obstantibus, ad jus et proprietatem dicti monasterii legitime revocare procures, contradictores per censuram ecclesiasticam, appelatione postposita, compescendo. Testes autem qui fuerint
nominati si se gratia, odio, vel timore subtraxerint, per censuram
eandem, appellatione cessante, compellas veritati testimonium
perhibere.

Datum Lugduni X kalendis augusti, pontificatus nostri anno
octavo.

Archiv. Aube. *Origin. scellé.*

1252. 30 Avril.

Bulle d'Innocent IV contre les ravisseurs des biens de N.-D.-aux-Nonnains.

176. — Innocentius... dilecto filio decano ecclesie Sancti Quiriaci de Pruvino, Senonensis diocesis, salutem et Apostolicam benedictionem. Obviare maliciis perversorum et quieti religiosorum consulere pastorali sollicitudine commonemur, ut illorum peccandi refrenemur audaciam, et illi devotius Domino valeant famulari. Cum itaque, sicut dilecte in Christo filie, abbatissa et conventus Beate Marie Trecensis, ordinis Sancti Benedicti, sua Nobis petitione monstrarunt, a nonnullis qui nomen Domini recipere in vacuum non formidant, super bonis suis molestias multiplices patiantur, Nos volentes eisdem contra insolentiam et conatus malignantium providere, discretioni tue per Apostolica scripta mandamus, quatinus prefatis abbatisse et conventui contra predonum, raptorum et invasorum audaciam efficaciter presidio defensionis assistens, non permittas ipsas contra indulta privilegiorum Apostolice Sedis ab aliquibus indebite molestari, molestatores hujusmodi per censuram ecclesiasticam, appellatione postposita compescendo. Presentibus post triennium minime valituris.

Datum Perusii II kalendis maii, pontificatus nostri anno nono.

Archiv. Aube. Copie xve *S.*

1253. Décembre.

177. — Pardevant l'official de Troyes, « dominus Gualterus presbiter, magister domus Dei Sancti Abrahe Trecensis » reconnaît que feu « Guerricus Bucis civis Trecensis » a légué à la collégiale de Saint-Etienne, ainsi qu'à l'abbaye de N.-D.-aux-Nonnains, pour son anniversaire, 20 sous de Provins à prendre sur un pré sis à Preize, « in Praeria. » Gauthier et la maison de Saint-Abraham jouiront de ce pré et paieront 20 sous tous les ans à chacune des deux communautés, pour l'anniversaire de Guerry.

Archiv. Aube. Origin.

1254. 8 Juillet.

178. — R., doyen de l'église de Troyes; A , archidiacre de Margerie; Garsias, archidiacre d'Arcis, en l'église de Troyes; Jean, official d'Orléans ; Dreux de Pougy, chanoine d'Orléans, attestent qu'en leur présence, N., évêque de Troyes, a donné, sur la présentation de l'abbesse de N.-D.-aux-Nonnains, l'institution canonique de la cure de Saint-Jean-au-Marché de Troyes à Jean de *Villa Tierrici* et l'a fait installer par M° Etienne, official de Troyes. Mercredi après l'octave des Saints Apôtres Pierre et Paul.

Archiv. Aube. *Origin. scellé*

1254 (v. st.). 19 Mars.

179. — « Guido de Bassanvilla » notifie et ratifie l'accord entre les Templiers de Troyes d'une part et N.-D.-aux-Nonnains et les habitants de Fays, d'autre part. Les Templiers demandaient 1447 livres de Provinois forts en dommages-intérêts, parce que les habitants de Fays avaient ravagé les bois du Perchois et incendié la grange des Templiers. Enfin « consilio Campanie mediante curie » l'abbaye et la commune de Fays renoncent à tous leurs droits sur le bois en question, réservant seulement pour leurs animaux « edis et capris exceptis » le droit de pâture dans le bois, « post sextum folium ; » l'abbaye pourra prendre du bois « ad reparandum herbagium juxta villam de Fay et domos in eodem herbagio. » Vendredi avant l'Annonciation.

Archiv. Aube. *Origin.*

1256. 11 Décembre.

Bulle d'Alexandre IV. — Ordre de faire rentrer les biens de N.-D.-aux-Nonnains illicitement aliénés.

180. — Alexander... dilecto filio decano Sancti Johannis in Burgo Laudunensis, salutem et Apostolicam benedictionem. Dilecte in christo filie abbatissa et conventus monasterii Beate Marie ad Moniales Trecenses nobis significare curarunt, quod tam ipse quam que precesserunt easdem, grangias, domos, maneria, redditus possessiones et quedam alia bona ejusdem monasterii et membrorum ejus, datis super hoc litteris, factis renunciationibus, adjectis penis, et interpositis juramentis, in enormen lesionem ipsius, nonnullis clericis et laicis... (*cfr. n.* 175).

Datum Laterani III idus decembris, pontificatus nostri anno secundo.

Archiv. Aube. *Origin.*

1257. Juin.

181. — L'official de Troyes notifie que « dominus Ourricus curatus de Sancto Fidolo » a donné « inter vivos » à N.-D.-aux-Nonnains « domum suam sitam apud Chamai, que debet tres obolos nobili viro domino de Sancto Fidolo et religiosis mulieribus abbatisse et conventui de Pietate juxta Ramerucum. » Ulric reconnaît aussi que « non erat alius dominus censualis nisi dominus de Sancto Fidolo et religiose predicte, in domo predicta. »

Archiv. Aube. Origin.

1258 (v. st.). Janvier.

182. — « Gillebertus abbas de Ripatorio, totusque conventus » reconnaissent devoir à N.-D.-aux-Nonnains 18 deniers de cens annuel et 2 setiers de grain (moitié froment, moitié avoine) à cause des acquisitions faites par eux dans les censives et terrages de N.-D.-aux-Nonnains sur les finages « de Abresello et de Champivilla; » sans préjudice de 5 s. de cens dus à N.-D. « apud Germont ».

1260 (v. st.). Février.

183. — L'official de Troyes notifie que « Guiotus dictus Ithaces de Montigniaco, armiger » donne à N.-D.-aux-Nonnains « Margaretam de Chamaio que femina erat de corpore dicti Guioti. »

Archiv. Aube. Origin.

1262. 14 Mars.

Bulle d'Urbain IV. — Concession d'indulgences à N.-D.-aux-Nonnains.

184. — Urbanus, episcopus, servus servorum Dei, dilectis in Christo filiabus abbatisse et conventui monasterii Sancte Marie ad Moniales Trecenses, ordinis sancti Benedicti, salutem et Apostolicam benedictionem. Quoniam Deus venie largitor et humane salutis amator eos qui de hoc seculo transierunt intercessione viventium a penis solutos ad consortium beatitudinis pervenire concedit, prout sacrarum scripturarum testimoniis informavit; pium est et salubre devotis orationibus apud illum intercedere pro eisdem. Hoc uno pietatis impendio eternam promerendo gratiam et illis propitia-

tionem et veniam impetrando. Nos igitur de salute omnium fidelium defunctorum, et nostrorum precipue propinquorum, sollicite
cogitantes et ad permissum pietatis opus fideles invitare populos intendentes, omnibus Christi fidelibus vere penitentibus et confessis
qui in anniversario die obitus bone memorie H. patris nostri,
cujus corpus in ecclesia vestra traditum esse dignoscitur ecclesiastice sepulture, cum devotione ac reverentia ipsam ecclesiam visi-
tabunt et ibidem pro anima ipsius H. et aliorum fidelium defunctorum Patri misericordiarum suppliciter orationes effundent, de
omnipotente Dei misericordia et B. B. Petri et Pauli Apostolorum
ejus auctoritate confisi unum annum et xl. dies de injuncta sibi penitentia misericorditer relaxamus.

Datum Viterbii, II idus martii, pontificatus nostri anno primo.

Archiv. Aube. *Origin. scellé.*

1262. 15 Mars.

Bulle d'Urbain IV contre les ravisseurs des biens de N.-D.-aux-Nonnains.

185. — Urbanus... dilecto filio abbati Sancti Johannis Senonensis, salutem et Apostolicam benedictionem. Cum dilecte in
christo filie abbatissa et conventus monasterii Sancte Marie ad
Moniales Trecenses sicut asserunt a nonnullis qui nomen Domini in
vacuum... *(cfr n. 176).*

Datum Viterbii idus martii, pontificatus nostri anno primo.

Archiv. Aube. *Origin. scellé.*

1262. 20 Mai.

Urbain IV rachète aux religieuses de N.-D.-aux-Nonnains la maison de son père pour construire l'église Saint-Urbain.

186. — Urbanus, episcopus, servus servorum Dei, dilectis in
Christo filiabus abbatisse, et conventui monasterii B. Marie ad
Moniales Trecenses, ordinis S. Benedicti, salutem et Apostolicam
benedictionem.

Redemptor et Salvator humani generis Dominus noster Jesus-
Christus, B. Petrum Apostolorum principem in ipsa prima ejus as-
sumtione, sicut in evangelio legitur, mutato Simonis nomine,
Cephas, quod interpretatur Petrus, voluit appellari, unde et

Romani Pontifices ipsius principis successores, cum assumuntur ad regimen generalis Ecclesie, novi nominis titulum sortiuntur; Jacob etiam pater Israelitici populi, videns Dominum facie ad faciem, ab eo suscipere meruit nomen novum, eodem Domino sibi dicente, *Nequaquam Jacob, sed Israel appellabitur nomen tuum.* Egregius quoque ille doctor gentium et vas electionis ad ministerium apostolatus assumtus, Pauli nomen obtinuit, qui Saulus antea dicebatur. Nos igitur quos idem Dominus sua virtute, qua sibi est facile honestare subito pauperem ex omni carne, et ab omni vivente ad offerendum ei sacrificium et judicandum gentem suam in justitia, et ut essemus caput fidelium prelegit, et qui nomen beati Urbani pape ac martyris, in die quo summi sacerdotii conscendimus cathedram ex celesti fuimus nominatione seu vocatione sortiti, cupientes ut hujusmodi memoria nominis etiam post nostri dissolutionem corporis perpetua remaneat in civitate Trecensi, cui pro eo quod nos ex ipsa originem traximus, non immerito dici posset, *Et tu Trecensis civitas nequaquam minima es inter famosas Galilee civitates : ex te enim exivit dux qui christianum regit populum et gubernat,* disposuimus, illo auctore, qui sicut in Ecclesiastico legitur, *Exaltavit super terram habitationem nostram,* ad hoc ut locus nostre originis ex dono superiori vobis clementer indulto fiat celebris, et reddatur insignis in domo nostra paterna, que nobis et nostre nativitatis die, quo peregrinationis seculi hujus iter assumsimus, preparavit hospitium : creatori nostro domum orationis erigere, illamque in honorem predicti martyris cultui divini nominis deputare, ut in ea pro tanto beneficio Deo reddantur actiones perpetue gratiarum, et fiat domus hec super quam ejusque habitatores effundere dignetur dominus *Spiritum gratie atque precum, domus Dei, et porta celi,* per quam digne valeant in conspectu Altissimi vota et orationes fidelium introduci, ita quod et nos etiam ei quem celum et celi celorum capere non possunt humiliter cum David dicere valeamus, *Quis ego sum, Domine, et que domus mea,* quia me huc usque adducere voluisti? possimus etiam ad ipsum cum eodem propheta orare dicentes : *Benedic, Domine, domum servi tui, ut sit in sempiternum coram te, Domine, stabilita.* Et cum Salomone devote supplicemus eidem, *ut sint oculi ejus aperti super domum hanc die ac nocte, ac exaudiat in ea deprecationes servorum tuorum et populi sui Israel : et quicumque oraverit in loco isto habitaculi sui, exaudiatur in celis, et cum exauditus fuerit, celestis propitiationis premia consequatur.* Porro, dilecte in domino filie, ad edificandum hujusmodi domum nomini Domini Dei Israël, non solum ferventis devotionis affectus, quo noster continue accenditur animus, ad obsequia predicti martyris, cui tam in nomine quam in Apostolica dignitate successimus, verum etiam et nonnullorum patrum exempla sanctorum, qui sub diversitate temporum Ecclesie Romane, cui nos licet immeriti presumus, regimini prefuerunt, quadam delectabilis odoris fragrantia nos suaviter attrahunt, cum et sanctissime memorie B. Gregorius papa in propriis laribus, qui sibi ex hereditatia parentum successione provenerant, in urbe Romana, de qua ex illustri prosapia ortus extitit, nobilem ecclesiam edificaret Altissimo, que vocabulo sui nominis insignita ejusdem sancti memoriam Christi fidelibus celebrem et solemnem : et felicis recordationis Gregorius papa IX, predecessor noster, in patrimoniali solo quod habebat in Anagniensis territorio civitatis, venerabile monasterium Florensis ordinis, et infra septa.ipsius monasterii ecclesiam in honorem B. Marie Virginis fundaverit et dotaverit affluenter, statuens in eodem monasterio conventum honorabilem monachorum querentium Dominum et requirentium faciem Dei nostri, qui pro salute fidelis populi, et remedio anime predecessoris ejusdem mactant jugiter in conspectu Regis eterni *vitulum labiorum*. Verum quia tam diu est quod predictam domum nostram paternam monasterio vestro pro remedio animarum parentum nostrorum donationis titulo duximus concedendam : nos volentes retrahere illam pro hujusmodi tam pio tamque devoto opere, quod edificare cogitavimus Deo salutari nostro, de cujus manu recognoscimus quidquid vivimus, *dominamur, et sumus*, universitatem vestram cum magna fiducia rogandam duximus attentius et hortandam, per Apostolica scripta vobis mandantes, quatenus predictam domum cum omnibus juribus et pertinentiis suis, et si quas alias domos seu plateas juxta illam habeatis, dilectis filiis magistro Joanni Garsie capellano nostro, et Theobaldo de Acenai civi Trecensi, quos nostros ad hoc procuratores duximus statuendos, aut eorum alteri nostro nomine vendere pro competenti pretio, in alias possessiones ad opus dicti monasterii convertendo, sublata qualibet alia difficultate, curetis : nos enim ad hoc ut hujusmodi preces et mandatum nostrum efficacius exequi valeatis, vendendi tam predictam domum nostram paternam, quam etiam alias domos et plateas, si quas habetis adjacentes eidem, et convertendi earum pretium in possessiones ad opus ipsius monasterii, prout superius est expressum, non obstantibus quibuslibet contrariis, consuetudinibus et statutis, juramento vel quacumque firmitate alia roboratis, nec non et juramento, si quod, tu filia abbatissa, de non alienandis bonis ipsius monasterii prestitisti, plenam et liberam vobis concedimus auctoritate presentium facultatem.

Datum Viterbii, decimo tertio kalendas junii, Pontificatus nostri anno primo.

Archiv. Aube. *Origin.*

1262. 29 et 30 Mai.

Élection de l'abbesse Ermengarde du Châtel.

187. — Mathilde, abbesse de N.-D.-aux-Nonnains étant morte, la prieure A. et tout le couvent s'assemblèrent le lundi après l'Ascension 1262 pour l'élection d'une nouvelle abbesse, Marguerite « de Agrivilla, » seule, fut représentée par procuration. « Post altercationes varias et qactatus multos » on résolut de faire l'élection par compromis et six religieuses furent choisies pour élire l'abbesse; mais elles ne purent s'entendre. Le lendemain on s'assembla de nouveau et il fut décidé qu'on procéderait à l'élection par voie de scrutin, le bureau fut tenu par trois religieuses, Odette de Pougy, Isabelle de Saint-Phal et Alix de la Vacherie, avec deux secrétaires, Jean, prieur de Sainte-Maure, et Manassès, curé de Saint-Jaquesaux-Nonnains; les trois religieuses promirent par serment de recueillir exactement, un par un, et sous le sceau du secret, le vote de toutes les sœurs, de les faire écrire par les secrétaires et de les faire lire fidèlement devant la communauté. En comptant la procuration de Marguerite « de Agrivilla » cinquante-huit religieuses votèrent : trente donnèrent leur voix à sœur Ermengarde « de Castello » trésorière de l'abbaye, et vingt-sept à sœur Isabelle, infirmière. Incontinent Marguerite de Pleurre, à la prière et au nom de Reine de Drosnay, sous-prieure, et de toutes les religieuses qui avaient nommé Ermengarde, la proclama élue abbesse du monastère. Voici les noms des trente religieuses qui élurent la trésorière :

Ego Regina de Dronayo subpriorissa interfui et consensi.
Ego Amelina de Vinoy celleraria interfui et consensi.
Ego Maria de Vinoy eleemosinaria interfui et consensi.
Ego Aalesis de Marcilleyo interfui et consensi.
Ego Aalidis de Vauchans interfui et consensi.
Ego Isabella de Castello granetaria interfui et consensi.
Ego Isabella de Fonteneyo interfui et consensi.
Ego Aalidis de Vacheria interfui et consensi.
Ego Margareta de Plaiostro interfui et consensi.
Ego Contessa de Villanova interfui et consensi.
Ego Dameta de Masseyo interfui et consensi.

Ego Maltildis de Maignicourt interfui et consensi.

Ego Maria de Virtuto interfui et consensi.

Ego Emeniardis de Correyo interfui et consensi.

Ego Margareta de Lueriis interfui et consensi.

Ego Aalidis de Longavilla interfui et consensi.

Ego Margareta de la Hante interfui et consensi.

Ego Johanetta de Campo Floridi interfui et consensi.

Ego Poinceta de Remis interfui et consensi.

Ego Margareta de Biaufou interfui et consensi.

Ego Agnes de Remis interfui et consensi.

Ego Gileta de Montlherii interfui et consensi.

Ego Margareta de Fontenay interfui et consensi.

Ego Hermina de Vaudieres interfui et consensi.

Ego Johanna de Roches interfui et consensi.

Ego Clementia de Trecis interfui et consensi.

Ego Maria de Chevriaco interfui et consensi.

Ego Agnes de Roncencyo interfui et consensi.

Ego Helois de Droto interfui et consensi.

Ego Gileta de Pruvino interfui et consensi.

Sub sigillis virorum : venerabilis abbatis monasterii **Arrema-rensis**; G. de Ligimmaco, Pissiacensis, in ecclesia Carnotensi, Arnulphi, Sancte Margarete, in ecclessie Trecensi, archidiaco-norum; magistri Odonis de Claro Monte cellerarii Senonensis; de-cani ecclesie Sancti Stephani Trecensis; Petri de Monte Angulari canonici Lingonensis, ibidem presentium, anno Mo CCo LXo se-cundo, die martis predicti.

Archiv. Aube. Origin.

1262. 30 Décembre.

188. — Arnoul, archidiacre de Margerie en l'église de Troyes; Boniface, prieur des dominicains de Saint-Paul de Troyes; Gilles, sous-chantre de Saint-Etienne de Troyes; Henri de Courpalais, chanoine de la même église; Manassès, curé de Saint-Jacques-aux-Nonnains; Beaudoin, prêtre bénéficier de la même église, notifient que Simon de la Fère a été institué curé de Saint-Jean de Troyes par l'autorité du Saint-Siège, et qu'il a prêté serment dans l'église de N.-D.-aux-Nonnains, entre les mains de Henri de Courpalais, subdélégué par A., chantre de Saint-Etienne et en présence des té-moins susnommés. — Samedi après Noël.

Archiv. Aube. Origin.

1263. 23 Mars.

189. — Urbanus, episcopus, servus servorum Dei, dilecte in Christo Ysabelle abbatisse Sancte Marie Trecensis.

Le Pape tranche la difficulté de l'élection et institue Isabelle « genere nobilem, abbatissam monasterii B. M. ad Moniales quod speciali prosequi favoris prerogativa tenemur cum fuerit ibi solum natalis domus... et parrochia ecclesie nostre infra septa monasterii, dato nobis in eadem ecclesia sacramento baptismatis... annos ibidem exegimus pueriles... » — Deux abbesses avaient été élues, Isabelle l'infirmière, et Ermengarde la trésorière. Par suite d'un premier appel au Saint-Siége, l'abbé de Montiérender avait été délégué pour juger l'affaire; mais un second appel avait eu lieu. Le cardinal de Sainte-Marie-en-Cosmedin fut chargé de présenter au Pape un rapport qui amena ce dénouement : « Nos, consultis venerabilibus fratribus nostris, cassavimus electiones precedentes ut vitiosas, et auctoritate nostra Apostolica te, de cujus providentia, vita, conversatione laudabili, morum gravitate Nobis constat, abbatissam constituimus.

Datum apud Urbem veterem, X kalendas aprilis, pontificatus nostri anno II. »

Bibliot. nation. Moreau 1208, p. 266.

1263. 12 Juillet.

190. — Thibaut V, comte de Champagne, confirme un échange conclu entre l'abbaye de N.-D.-aux-Nonnains et Thibaut IV. L'abbaye a cédé une chambre voisine de la maison de feu Pierre Goyn et de feu Lambert Bouchu; elle a reçu en échange une rente de cent sous.

Archiv. Aube. *Origin.*

1263. 9 Septembre.

Urbain IV fonde son anniversaire à la cathédrale, à Saint-Etienne et à N.-D.-aux-Nonnains.

191. — Urbanus, episcopus, servus servorum Dei, venerabili fratri episcopo Trecensi, salutem et Apostolicam benedictionem.

Cum nihil sit morte certius, nihilque incertius hora mortis, non potest senex vel juvenis, potens vel impotens, sui finis certitudinem obtinere : propter quod in Job legitur, *nescio quamdiu subsistam, et si me tollat factor meus.* Nam etsi Deus mensurabiles hominis dies posuerit, quid tamen de numero dierum hujusmodi sibi desit, ei censuit illa ratione potissimum occultari, ut dum homo ipse diei novissime ignoraret instantiam, omnes horas suspectas haberet, sicque bonis operibus jugiter inhereret, tanquam inevitabile sibi quotidie adverteret, posse etiam qua non putatur hora, mortis imperium imminere, his etiam, prout expedit, sedula meditatione pensatis, bonum dum tempus habemus ad omnes disponimus operari, et illis precipue nostre perpetue sollicitudinis studium, pietatis munere volumus elargiri, de quibus in antiqua familiaritate spem indubitatam habemus, crebris eorum orationibus vallari dum vivimus, et postquam de hoc mundo vocati fuerimus, congruis apud Deum ipsorum suffragiis adjuvari. Hinc est quod cum quadringentas marchas sterlingorum per mercatores nostros pro hujusmodi pia largitione tue mandemus fidei, de qua plene confidimus, exhiberi ; fraternitati tue per Apostolica scripta mandamus, quatenus pecuniam ipsam a mercatoribus requiras eisdem, ipsamque receptam ecclesie cathedrali, in qua conversati a pueritia nostra fuimus, et ecclesie Sancti Stephani, et monasterio Beate Marie Trecensis, ordinis Sancti Benedicti, in cujus monasterii parochia nati sumus, et per susceptionem lavacri baptismalis renati, nec non et monasterio Beate Marie in Pratis juxta Trecas, Cisterciensis ordinis, ubi matris nostre sepultum est corpus, ita quod ecclesiarum et monasteriorum ipsorum cuilibet centum marchas pro reditibus emendis studeas assignare : ut ecclesiarum et monasteriorum ipsorum capitula, et abbatisse atque conventus pro suscepto beneficio ex debito caritatis se nobis, quin Deo potius obnoxios cognoscentes, unam missam de Spiritu Sancto dum vixerimus in fragilitatis nostre suffragium, secundo nonas septembris; et postquam migraverimus de hoc mundo, in anniversario nostri obitus unam defunctorum missam, cantata precedenti die novem lectionum vigilia, pro nostre anime remedio, annis singulis tam ipsi quam et qui eis in eisdem ecclesiis et monasteriis successerint, statuto super hec edito, faciant solemniter celebrari, statutum hujusmodi, ut sit memoriale perpetuum posteris, in eorum kalendariis et libris aliis, prout expedire melius noverint, annotando. Ut autem consolatio ex hoc illis proveniat qui laborant, volumus ut reditus hujusmodi qui eisdem ecclesiis annuatim provenient, inter ipsarum ecclesiarum canonicos, ut moris est, qui tam misse de Sancto Spiritu, quam et misse ac vigilie pro defunctis, ut supra dicitur, celebrandis personaliter interesse curaverint dividantur, et dictorum monasteriorum portio conventibus eorumdem ad pitantiarum consolationem accedat. Porro quia in talibus operibus omnis est tarditas excludenda : volumus et cum omnimoda celeritate, que tamen emtoribus nocumentum non afferat, hujusmodi reditus, pro quibus emendis in congruo loco dictam pecuniam tibi assignari mandamus, requisitis capitulis et conventibus supradictis, ut et ipsi de hoc sint tecum solliciti, studeas invenire : ita quod tua Nobis in hoc prudens diligentia te commendet, et cor nostrum, dispositione hujusmodi juxta desiderium nostrum obtinente effectum, in Domino jocundetur. Quod autem inde feceris, tuis Nos litteris harum seriem continentibus intimare procures.

Datum apud Urbem veterem quinto idus septembris, pontificatus nostri anno III.

Archiv. Aube. Origin.

1265 (v. st.). Avril.

192. — « Johannes dictus de Brueriis decanus S. Urbani » délègue « Johannem dictum Fabrum » avec pleins pouvoir « componendi, compromittendi, transigendi » pour les affaires de la collégiale de Saint-Urbain. — *Vidimus* de Philippe « rector ecclesie S. Martini Trecensis » subdélégué du doyen de Laon, juge Apostolique des affaires de Saint-Urbain.

Archiv. Aube. Origin.

1266. 7 Juin.

193. — Philippe, curé de Saint-Martin-ès-Vignes, délégué par le doyen de Laon, cite en plein chœur les religieuses de N.-D.-aux-Nonnains à comparaître à son tribunal « in prioratu S. Johannis in Castro, » le samedi après Saint-Barnabé (12 juin) pour répondre des choses qu'elles ont enlevées « per violentiam » de l'église de Saint-Urbain « quoddam stipium ferreum, cum lapidibus et collumpnis... » Lundi avant Saint-Barnabé.

Archiv. Aube. Origin.

1216. 1ᵉʳ Octobre.

Bulle de Clément IV contre les religieuses de N.-D.-aux-Nonnains qui ont envahi l'église Saint-Urbain.

194. — Clemens... dilectis filiis archidiacono de Luxovio in ecclesia Bisuntina et decano ecclesie S. Stephani Trecensis, capellanis nostris, salutem et Apostolicam benedictionem.

Per execrabilem insolentiam assumpto superbie spiritu contra
Deum et religionis modestiam ac debitum honestatis abbatissa et
moniales monasterii Sancte Marie de Trecis, nequiter molientes
quamdam novam structuram Sedis Apostolice demoliri, nuper, sicut
accepimus, ad ecclesiam Sancti Urbani Trecensis manu dicte Sedis
erectam exemptionis et libertatis privilegio communitam, cum nonnullis suis sequacibus accesserunt, et diruto quodam altare quod
inibi ad divina de mandato nostro celebranda misteria dilecti filii
decanus et capitulum ecclesie predicte construxerant, fractis que
portis ipsius ecclesie, lapidem marmoreum altaris ipsius, easdemque
portas cum serraturis ipsorum, machinas quoque cum quibus lapides trahebantur, cordas, lignamina, ferramenta carpentariorum,
lateres et alias res inventas ibidem, exinde secum per violentiam
asportaverunt. Nec hiis contente, dampna dampnis et injurias adji-
cere non verentes, quasdam alias portas ipsius ecclesie, quas canonici
ejusdem ecclesie post modum fieri de novo fecerant, frangentes similiter fecerunt ad dictum monasterium asportare. Profecto talium
mulierum in hac parte non mitis aut devotus, ut decuit, sed nimis
in hoc immitis et insolens animus, post posita religionis modestia,
non formidavit ad tam graves excessus manus extendere, neque vitare curavit majestatis divine contemptum et tam enormem dicte
Sedis offensam. Unde cum inter predictos sequaces nonnulli clerici
et laici, quorum nomina prefati decanus et capitulum se asserunt
ignorare, fuerint una cum eisdem monialibus prestiteruntque
consilium et auxilium ad hujusmodi maleficia perpetranda, Nos nolentes tanti enormitatem sceleris sub silentio preterire nec illam
impune relinquere, ne transiret posteris in exemplum, volumus et
discretioni vestre in virtute obedientie firmiter precipiendo mandamus, quatinus hujusmodi clericos et laicos in ecclesiis coram populo, publice ac generaliter, per vos vel per alium seu alios mo-
nere curetis ut infra quindecim dies post monitionem nostram
predictis decano et capitulo de premissis plenariam satisfactionem
impendant, alioquin in eos, nisi infra competentem alium terminum
quem ad hoc peremptorie prefigatis eisdem id duxerint faciendum,
generalem excommunicationis ferentes sententiam, eam usque ad
satisfactionem condignam, ubi et quando expedire videritis, faciatis
solempniter publicari; non obstante si aliquibus communiter vel
divisim ab eadem Sede indultum existat quod excommunicari vel interdici nequeant aut suspendi per litteras Apostolicas non facientes
plenam aut expressam de indulto hujusmodi mentionem...

Datum Viterbii, kalendas octobris, pontificatus nostri anno secundo.

Archiv. Aube. Origin. scellé.

1266.

Protestation des religieuses de N.-D.-aux-Nonnains.

195. — « Stephanus clericus » procureur des religieuses de
N.-D.-aux-Nonnains, déclare à l'archidiacre de Besançon et au
doyen de Saint-Etienne que les religieuses récusent comme juge
l'archidiacre parce qu'il est « de familia Ancheri cardinalis qui est
patronus canonicorum S. Urbani et nimis favens eisdem. » Le procureur dit à l'archidiacre : « eratis cum canonicis in hospitio, et expensas vobis ministraverunt. »

Archiv. Aube. *Origin.*

1266. 25 Novembre.

196. — « Oda abbatissa B. M. ad Moniales Trecenses totusque
conventus » assemblées en chapitre, devant l'abbé de Montiéramey, le prieur de N.-D.-en-l'Isle, le doyen de Saint-Etienne de
Troyes et l'archidiacre de Luxeuil en l'église de Besançon, Richard
de Vaulgrenant, déclarent qu'elles consentiront l'arrangement qui
sera réglé par eux, au sujet des différends avec la collégiale de
Saint-Urbain.

Archiv. Aube. *Origin.*

1266 (v. st.). Le samedi après Noël, 1ᵉʳ Janvier.

197. — « Arnulfus archidiaconus Sancte Margarete, prior Sancti
Pauli Trecensis, Henricus dictus de Curto Palatio canonicus
B. Stephani, Manasserus rector ecclesie B. M. ad Moniales » notifient qu'en leur présence et devant le chapitre de N.-D.-aux-Non-
nains « Simon de Fera » institué curé de Saint-Jean, a juré sur les
évangiles de payer à N.-D.-aux-Nonnains la pension annuelle de
LXX livres.

Archiv. Aube. *Origin.*

1267 (v. st.). Mars.

Le bois du *Cuchet* vendu pour la dîme accordée au roi de Sicile.

198. — Universis presentes litteras inspecturis, N. miseratione
divina Trecensis ecclesie minister humilis, salutem in Domino.

Noveritis quod religiose mulieres abbatissa et conventus monasterii B. M. ad Moniales Trecenses, de assensu nostro, vendiderunt pro utilitate et necessitate monasterii, videlicet pro decima illustri regi Sicilie a domino Papa concessa solvenda, et nomine venditionis in perpetuum quittaverunt et concesserunt religiosis viris ablati et conventui monasterii Arremarensis, nemus et terram sita in loco qui dicitur li Cuchet quod et quam habebant juxta nemus religiosorum quod dicitur de Pont Barse ex una parte, et prata religiosorum de Arripatorio ex altera, et quidquid habent vel habere possunt et debent in premissis. Quam venditionem secundum quod celebrata est a dictis abbatissa et conventu, et secundum quod in litteris abbatisse et conventus continetur, ratam et gratam habemus. Et nichilominus juraverunt dicte abbatisse et conventus per earum procuratorem coram dilecto et fideli clerico nostro Ythero de Trecis, ad hoc a nobis specialiter destinato, in earum capitulo ipsis presentibus, ipsas ad venditionem predictam assensisse cum non haberent de bonis mobilibus unde satisfacere possent commode de debito supradicto, nec possent invenire emptorem qui plus eis rem venditam venalem exponentibus daret pretio supradicto, et debitum pro quo exposuerunt rem predictam venalem in veritate existere. Qua solemnitate sic adhibita, venditionem confirmamus et eidem nostrum assensum prebemus. In quorum omnium testimonium presentibus litteris sigillum nostrum duximus apponendum.

Datum anno gratie M° CC° LX° septimo, mense marcio.

Archiv. Aube. *Origin.*

1268. 15 Juillet.

Bulle de Clément IV contre les religieuses de N.-D.-aux-Nonnains qui ont empêché la bénédiction du cimetière de Saint-Urbain.

199. — Clemens, episcopus, servus servorum Dei, dilectis filiis archidiacono de Luxovio in ecclesia Bisuntina, et decano ecclesie S. Stephani Trecensis, capellanis nostris, salutem et Apostolicam benedictionem.

Quamvis Nos, volentes quod ecclesia S. Urbani Trecensis, que fundata de bonis Romane ecclesie, juris et proprietatis B. Petri existit, congruis attollatur honoribus, venerabilibus fratribus nostris episcopo Autissiodorensi primo, et postmodum Tyrensi archiepiscopo, se tunc ad partes Francie conferenti, sub certa forma dederimus nostris litteris in mandatis, ut apud ecclesiam S. Urbani ad opus canonicorum et clericorum ipsius ecclesie, suorumque fami-

liarium decedentium cimiterium benedicerent : tamen **abbatissa et
nonnulle** de monialibus monasterii S. Marie Trecensis, ordinis
S. Benedicti, cum pluribus armatis hominibus, sicut dilecti filii decanus et capitulum ipsius ecclesie S. Urbani nobis significare curarunt, adversus dictum archiepiscopum volentem exequi Apostolicum ex hac parte mandatum, clausa porta ipsius ecclesie, insurgere
presumserunt, eum dictam ecclesiam ingredi non sinentes, et
quamvis idem archiepiscopus illas monuerit diligenter, eisque sub
excommunicationis pena mandaverit, ut ipsam ecclesiam predictam
ejusque portam aperiri permitterent, ipse tamen excessus excessibus
cumulantes, eum ne illam intraret ad hujusmodi mandatum Apostolicum exequendum, manibus injectis in ipsum, timore Dei post-
posito, temere violentis nequiter repulerunt. Postmodum vero
eodem archiepiscopo illuc pro ipsius executione mandati redire vo-
lente, se moniales ipsas, illi super hoc in strata publica exponentes,
ne ad dictam rediret ecclesiam manuum injectione similiter retraxerunt, firmiter asserentes, quod sicut prius impedirent : pre-
sertim cum dicte abbatisse et conventus ejusdem monasterii, ex eo
vocem appellationis ad Sedem Apostolicam se dicerent emisisse,
quod eis pro domibus, reditibus, censibus, juribus, jurisdictionibus,
et rebus aliis, quarum pretextu fuit inter partes orta materia
questionis, juxta tenorem quarumdam litterarum nostrarum certis
directarum personis, recompensatio non erat impensa, queque persone ipse in quas ab utraque parte, super recompensatione hujusmodi compromissum fuerat super hoc, pronunciationem aliquam
non tulissent. Que si facta fuisset, dictus decanus et capitulum erant
plenarie adimplere parati : quare iidem decanus et capitulum humiliter petebant a Nobis, ut cum hujusmodi clericos et laicos
prorsus ignorent, providere super hoc paterna sollicitudine curaremus. Quocirca discretioni vestre per Apostolica scripta in virtute
obedientie firmiter precipiendo mandamus, quatenus clericos et
laicos in iis assistentes abbatisse et monialibus memoratis, quorum
dicti decanus et capitulum non habent notitiam, publice in ecclesiis coram populo auctoritate nostra per vos aut alium moneatis,
ut infra quindecim dies post monitionem hujusmodi plenarie satisfaciant de premissis, alioquin ex tunc in eis nisi infra terminum
alium competentem, quem ad hoc ipsis peremtorie prefixeritis, hujusmodi monitioni efficaciter parere curaverint, generalem excommunicationis sententiam promulgetis, quam singulis diebus dominicis et festivis, pulsatis campanis, et candelis accensis, per omnia
loca in quibus expedire videritis, faciatis solemniter publicari

Datum Viterbii, idibus julii, pontificatus nostri anno **IV.**

Archiv. Aube. *Origin.*

1268 (v. st.). 15 Mars.

Excommunication des religieuses de N.-D.-aux-Nonnains.

200. — In nomine Domini nostri Jesu Christi, amen. Cum diversa inquisitionum negotia sub multis ac variis excessibus, per diversas litteras apostolicas sub formis tenoribusque diversis, nobis archidiacono de Luxovio in ecclesia Bisuntina et decano ecclesie S. Stephani Trecensis DD. Pape capellanis sint et fuerint ex officio domini Pape commissa contra abbatissam et moniales monasterii Sancte Marie Trecensis, earumque complices seu fautores tam clericos quam laicos qui eisdem super ipsis excessibus astiterunt, consilium aut auxilium prestiterunt, prout in litteris ipsis Apostolicis plenius continetur : nos dictas abbatissam et moniales diligenter, legitime ac peremptorie citavimus, ut coram nobis in crastino B. Martini hyemalis nuper preteriti comparerent in ecclesia S. Stephani Trecensis, per se vel per procuratorem ydoneum, visure inquisitionem quam, ex commisso nobis officio, facere intendebamus contra eas, et ad procedendum in dictis inquisitionum negotiis, prout foret procedendum de jure; et ad hanc diem jam dictam citari fecimus nominatim et peremptorie coram nobis super aliquibus dictorum excessuum, et specialiter super impedimento prestito reverendo patri archiepiscopo Tyrensi, cum vellet auctoritate Apostolica benedicere cimiterium in ecclesia S. Urbani Trecensis, dampnabiliter astitisse, quorum nomina inferius in sententia exprimuntur, intimato in ipsis citationibus tam abbatisse et monialibus quam aliis sic citatis, quod sive ad dictam diem venerint, sive non, nos nichilominus, quantum possemus de jure, procederemus in inquisitionum negotiis. Et tandem post altercationes varias et processus post dictam diem habitas, coram nobis ad hoc fuit deventum, quod articuli super quibus ad inquisitionem procedere debebamus coram abbatissa predicta et quibusdam de suis monialibus, que specialiter et nominatim a nobis fuerant tunc citate, aliis monialibus citatis generaliter et per defensorem tunc comparentibus, lecti fuerunt in judicio publice et eisdem oblati, quos tamen dicte abbatissa et moniales recipere noluerunt; sed tam ipse quam defensor predictus, suo et aliarum nomine frivole appellando, a nobis contumaciter recesserunt. Nos vero volentes juris ordinem observare, dictas abbatissam et moniales S. Marie vocavimus et citavimus iterato et eis obtulimus articulos ut interrogatoria darent, si qua dare vellent, et venirent jurature secundum formam juris in negociis inquisitionum supra-

dictis. Citavimus etiam eas ut testes quos intendebamus recipere in
dictis negociis jurare viderent, dictis igitur abbatissa cum nonnullis
suis monialibus ad nostram presentiam accedentibus et procedere
volentibus, quanquam diligenter requisite a nobis ut procederent,
sed in sua contumacia persistentibus et appellationi sue inherentibus,
ut dicebant, nos dictam appellationem frivolam, sicut erat, easque
contumaces reputantes, in negocio ipso juxta juris ordinem proces-
simus, et ipsis abbatissa et monialibus primitus semper vocatis et citatis ut venirent et testes jurare viderent, testes recepimus et examinavimus diligenter prout inquisitionum negocia exigebant. Quo
facto, die certa ad hoc prefixa, citatisque ad hoc et vocatis abbatissa
et monialibus, testes et attestationes publicavimus. Et tandem eisdem
abbatisse et monialibus diem assignavimus, diem scilicet jovis ante
dominicam in Ramis Palmarum, ut coram nobis comparerent Trecis
in ecclesia S. Stephani Trecensis auditure diffinitiam seu diffini-
tivas sententias quam vel quas in causis suis ex officio domini Pape
nobis contra eas commissis ferre intendimus, intimantes eisdem
quod sive venerint, sive non, nos nichilominus ulterius ad diffi-
niendum procederemus in utroque inquisitionum negotio, prout
de jure videremus procedendum. Dicta vero die jovis, nobis in ecclesia S. Stephani Trecensis presentibus, nulloque pro dictis abbatissa et monialibus comparente, nos eisdem abbatisse et monialibus
per tres nuncios veros, ydoneos et honestos mandavimus ut ad nos in
dicta S. Stephani ecclesia venirent processure et auditure sententiam vel sententias prout diei assignatio requirebat. Que cum
nollent venire, nos adhuc ad earum convincendam maliciam ipsas
usque ad crastinum duximus expectandas, et ipsam diem jovis
continuavimus publice, coram multis ad hoc vocatis ad crastinum
videlicet diem veneris immediate sequentem, hora prima, in dicta
S. Stephani ecclesia, in eo statu in quo erat die jovis. Die igitur veneris predicta, nobis archidiacono et decano in ecclesia S. Stephani
presentibus, et dictis abbatissa et monialibus per contumaciam ab-
sentibus et venire nolentibus, licet ex parte nostra super hoc requisite fuerint, ipsarum absentiam replente divina presentia, negociis-
que inquisitionum nobis commissarum per nos diligenter examinatis, juris ordine prout decuit observato, solum Deum habentes pre
oculis, bonorum virorum ac multorum peritorum usi consilio in
hac parte, quia per inquisitionem factam auctoritate litterarum
domini Pape ad nos directarum inveniremus abbatissam et moniales fere vel quasi omnes monasterii B. Marie Trecensis, inter
quas erant : priorissa Jacoba de Roseriis, Margareta ejus soror,
Maria de Sancto Ulpho, Eramburgis ejus soror, Ermangardis de

Corray, Isabellis de Fontencto, Margareta ejus soror, Agnes de Cantu alaude cum nonnullis suis sequacibus, earum videlicet hominibus, et conversis, portas ecclesie S. Urbani Trecensis, que propria structura est Sedis Apostolice, et de ejusdem Sedis bonis fundata et dotata existit, semel et secundo fregisse et lapidem marmoreum altaris ipsius ecclesie S. Urbani, altari ipso dirupto, nec non predictas portas cum earum serraturis, machinas cum quibus lapides trahuntur, cordas, lignamina, ferramenta carpentariorum, lateres et res alias inventas in dicta ecclesia exinde secum et per violentem injuriam absportasse; et alias graviter excessisse prout in littera Apostolica, super his ad nos directa, plenius continetur. Nos abbatissam et moniales propter predictos excessus quos eas perpetrasse diffiniendo pronunciamus, et in scriptis, tanquam reas et culpabiles et convictas super his puniendas cum suis complicibus et fautoribus judicamus, ne tante temeritatis excessus, si reliquatur impugne, posteris transeat in exemplum, auctoritate domini Pape, secundum formam nobis traditam, excommunicatas cum suis complicibus et fautoribus in predictis publice nunciamus et precipimus ab omnibus arctius evitari. Et monentes nichilominus abbatissam et moniales prenominatas nominatim et specialiter, alias non moniales, et earum complices et fautores qui in his, auxilio vel consilio, astiterint dictis abbatisse et monialibus in generali, ut infra quindecim dies post monicionem istam, capitulo S. Urbani sic ablata restituant et de dampnis et injuriis decano et capitulo S. Urbani in hac parte illatis, quorum dampnorum tanxationem, si opus fuerit, nobis reservamus, plenam satisfactionem impendant. Necnon de satisfaciendo Summo Pontifici de injuria in hoc ipsi et Apostolice Sedi illata, prestent nobis, nomine dicte Sedis sufficientem et ydoneam cautionem. Item, quia per inquisitionem factam auctoritate mandati Apostolici, postremo ad nos directi, inveniremus abbatissam S. Marie Trecensis cum nonnullis suis monialibus, interquas erant : Isabellis de Fontencto soror abbatisse, Agnes de Cantu alaude, Jacoba de Roseriis, Eramburgis de S. Ulpho, Maria ejus soror, et quedam alie cum pluribus armatis ac aliis hominibus; inter quos erant : Guillelmus dictus de Barro, quondam prepositus Trecensis, Jacobus dictus Serene, quondam logiarius Trecensis, Petrus carnifex dictus Magnus, magister Theobaldus dictus Esbraceroles, Droco dictus Potet, Petrus Burgundus, Colinus de Lesmont, Huyardus dictus Fichet, Nicholaus dictus Dorins clericus, Viardus de Corderia dictus Fraperins, Jacobus Magnus, Milo de Corbolio, et ejus serviens, Sylvester de Champigniaco, Galterus de Vanlay, Stephanus de Marrenayo, Fromundus li Larges, Girardus dictus rusticus, carnifex, Petrus Ossanete, Renaudus Candelarius, Jacobus li Larges, Andreas clericus de Logia, Renaudus li Bazanniers, Baudetus frater ejus, Jacobus Burgundus, Bernardus li Ramendres, Johannes de Barro gener Petri Burgundi impedisse reverendum patrem archiepiscopum Tyrensem quominus benedicere posset cimiterium quoddam in ecclesia S. Urbani apud seu ad opus canonicorum et clericorum ipsius ecclesie suorumque familiarium decedentium, prout habebat a Sede Apostolica in mandatis; eumdemque archiepiscospum ecclesiam ipsam S. Urbani intrare ac ejus portam aperiri non permiserint, sed potius quedam ex monialibus eumdem archiepiscopum inter manus suas tenentes, et alique sua brachia et manus anteponentes et ipsum tangentes et sic in eum manus injicientes impediverunt, repulerunt, tenuerunt vel retraxerunt quominus posset ad portam dicte ecclesie pervenire : postpositis que monitione et excommunicatione ipsius archiepiscopi, ipsum nec intrare ecclesiam aut ejus portam aperiri nec prefatum mandatum exequi permiserunt; sed postmodum in strata publica, cum idem archiepiscopus vellet redire ad ecclesiam, nonnulle de monialibus se illi simili modo opposuerunt asserentes quod eum, sicut prius impediverant, super hoc denuo impedirent, ac alias in ipsum archiepiscopum, sicut in littera papali plenius continetur, necnen in dominum Papam et Sedem Apostolicam in his graviter excesserunt.

Nos igitur abbatissam, et moniales, et homines omnes nunc postremo superius nominatos, quos impedimentum et excessus ultimo dictos perpetrasse vel patrantem, prebendo consilium vel auxilium, astitisse, diffiniendo pronuntiamus et tanquam reos et culpabiles et convictos super his puniendos judicamus, et in scriptis, et omnes tam clericos quam laicos qui eisdem in hac parte consilium vel auxilium prestiterunt, auctoritate domini Pape nobis in hac parte commissa, tanquam sacrilegos excommunicatos publice nunciamus et precipimus ab omnibus arctius evitari, donec super premissis satisfaciant competenter, monentes eos nichilominus ut infra quindecim dies post monitionem istam capitulo et ecclesie S. Urbani Trecensis, de dampnis et injuriis super hoc illatis, quorum tanxationem nobis, si opus fuerit, reservamus, plenam satisfactionem impendant et de satisfaciendo de injuria super hoc Sedi Apostolice illata, nobis nomine ipsius Sedis sufficientem, et ydoneam cautionem, questione ac tanxatione expensarum factarum occasione dictorum negotiorum nobis reservatis. Reservamus et nobis quod aliorum consiliariorum vel auxiliarorum nomina, que superius expressa non sunt, liceat nobis declarare in monitionibus per nos aut de mandato nostro fa-

ciendis et in excommunicationum vel interdictorum sententiis pro-
ferendis. — Prolationi sententie facte publice in ecclesia S. Stephani, die veneris supradicta, interfuerunt ad hoc vocati et rogati :
dominus Petrus de Monte Martino canonicus Bisuntinus, Theobaldus de Roseriis, Milo de Donno Martino, Johannes de Furno
dominus Gaufridus Cementarius presbyter, Johannes dictus Gros,
Renerus de Bordis, dominus Thomas de Valle, Johannes de Verdi
canonicus ecclesie S. Stephani Trecensis, Phelison de Monasterio
Arremensi seu Arremarensi, Guillelmus de Duine armiger, magister Richardus Lotharingius, Petrus Sannerius, Renaudus de Vi-
triaco civis Trecensis, Rochefors Nanus, dominus Stephanus presbyter dictus Loquins, dominus Theobaldus dictus Espinette, dominus
Johannes de Villeyo canonicus S. Stephani, Johannes clericus dictus Clarins, dominus Johannes de domo Dei S. Nicholai Trecensis
presbyter, Johannes de Veneres clericus, item Guillermus de Bus-
signecourt et Johannes de Parisius notarii et scriptores in causa
jurati.

Actum publice et solemniter in ecclesia S. Stephani Trecensis,
anno Domini Mᵒ CCᵒ LXᵒ octavo, mense martio, die veneris supradicta continuata a die jovis precedente.

Archiv. Aube. Origin.

1274. 23 Mars.

**Grégoire X ordonne de lever la sentence d'excommunication
portée contre les religieuses de N.-D.-aux-Nonnains.**

201. — « Gregorius... decano S. Stephani Trecensis... Quia
nobis dilecti filii decanus et capitulum S. Urbani Trecensis » ont
demandé que la sentence d'excommunication contre les religieuses
de N.-D.-aux-Nonnains soit levée après qu'elles auront donné une
juste satisfaction à l'archevêque de Tyr et à la collégiale... Nous
vous autorisons à les absoudre « exceptis clericis sive laicis qui
principales fuerunt in predictis injectione manuum et aliis injuriis,
quos mittas ad Sedem Apostolicam absolvendos, condigna satisfac-
tione ab eis archiepiscopo Tyrensi et decano et capitulo S. Urbani
prius impensa...

Datum Lugduni, IXᵒ kalendas aprilis, pontificatus nostri anno II.

Archiv. Aube. Copie.

1274 (v. st.). Janvier.

202. — Les religieuses de N.-D.-aux Nonnains achètent, pour le prix de 30 livres, le moulin de Chamoy « in rivo Tremerie. »

Archiv. Aube. Origin.

1282 (v. st.). Mars.

203. — « Hermina priorissa, Isabellis de Sancto Fidolo cantrix, Gila thesauraria, Aalipdis de Longavilla subpriorissa, Gila de Valle tertia subpriorissa, Agnes de Cantu alaude infirmaria, Amelina de Flavigniaco eleemosinaria, Aalipdis de Baacon quondam priorissa, sede abbatiali vacante » et les religieuses ne pouvant élire une abesse parce qu'elles sont excommuniées... elles s'engagent à donner 100 marcs d'argent aux chanoines de Saint-Urbain pour les dommages qu'elles leur ont causés. Elles donnent des cautions.

Archiv. Aube. Origin.

1282 (v. st.). 17 Mars.

204. — L'official de Troyes fait connaître que « monasterio B. M. ad Moniales Trecenses abbatisse solatio destituto » sœur Herminie prieure et le couvent ont constitué leur procureur « Nicolaum de Fonte » à l'effet d'obtenir pour elle du doyen de Saint-Etienne, l'absolution de l'excommunication qu'elles ont encourue. Mercredi après le dimanche Reminiscere.

Archiv. Aube. Origin. scellé.

1282 (v. st.). 24 Mars.

Absolution de l'excommunication accordée aux religieuses de N.-D.-aux-Nonnains.

205. — Decanus ecclesie Sancti Stephani Trecensis delegatus a domino Papa datus ad absoluciones impetrandas malefactoribus ecclesie Sancti Urbani Trecensis et impedientibus Tyrensis archiepiscopi ne cimiterium ecclesie Sancti Urbani benedicetur, seu manus injicientibus in eumdem archiepiscopum, et bona ipsius ecclesie auferentibus et injurias, dampna, gravamina et excessus decano et

capitulo dicte ecclesie Sancti Urbani et predicte eorum ecclesie ac
predicto archiepiscopo ac domino Pape ad emendationem de predictis commissis venientibus ac venire volentibus, prout in litteris
domini Pape super hoc confectis continetur et vidimus contineri,
presbitero ad Moniales Trecenses et omnibus aliis presbyteris in civitate et dyocesi Trecensibus constitutis ad quos presentes littere
pervenerint, salutem in Domino.

Cum abbatissa Oda, Aalipdis de Baassone tunc priorissa, Jacoba
de Roseriis, Margareta ejus soror, Maria de Sancto Ulpho, Eramburgis ejus soror, Emaniardis de Couroy, Isabellis de Fonteneto,
Margareta ejus soror, et Agnes de Cantu alaude moniales monasterii Beate Marie ad Moniales Trecenses nominatim condempnate
sint auctoritate Apostolica excommunicate ac etiam denunciate sint
et fuerint pro manifestis offensis, scilicet : pro injuriis, dampnis, gra-
vaminibus et excessibus supradictis decano et capitulo Sancti
Urbani et eorum ecclesie a dictis monialibus illatis, ut dicitur, et
quedam alie moniales dicti monasterii complices et fautores dictorum maleficiorum, in generali earum nominibus non expressis per
nos et alios executores a domino Papa datos ac etiam condempnate
per eosdem executores ad restitutionem dictorum dampnorum, in-
juriarum et excessuum faciendam et ad emendandam injuriam domino Pape ; et super premissis commissis inter obsides dictarum
monialium ex una parte, et dictos decanum et capitulum nomine
suo et ecclesie ex altera, facta sit compromissio seu ordinacio
compositionis prout in litteris venerabilis viri officialis Trecensis
que sic incipiunt : « Universis presentes litteras inspecturis... officialis Trecensis salutem in Domino. Noveritis quod coram clerico
nostro jurato ect. » Et sic terminantur : « Datum et actum anno
Domini M° CC° octuagesimo secundo, mense marcio » continetur ;
prout procuratores dictarum monialium et dictorum decani et capituli recognoverunt et asseruerunt coram nobis, mediante qua
compositione et ordinatione, procurator dictarum monialium, nomine procurationis, petiit eisdem monialibus beneficium absolutionis impendi a nobis ; dictis decano et capitulo nomine suo et
ecclesie sue volentibus et sustinentibus quod absolverentur moniales
predicte, mediantibus ordinatione et compositione predictis, ab
excommunicationum funibus antedictis, in quantum tangit ipsos
decanum et capitulum et ecclesiam eorumdem, quia magister
Stephanus de Sancto Martino, canonicus Sancti Quintini in Viro-
mandia, procurator dictarum monialium constitutus ad impetran-
dum beneficium absolutionis earumdem, et habens speciale mandatum, et jurandum in animas ipsarum, si quid jurare contin-

geret, prout in litteris procurationis continetur, coram nobis juravit et juratoriam cautionem prestitit coram nobis de satisfaciendo
domino Pape et Tyrensi archiepiscopo de injuriis et violentiis illatis
ab eisdem monialibus domino Pape et Sedi Apostolice et archiepiscopo antedicto, vobis omnibus et singulis, auctoritate Apostolica
nobis commissa, precipiendo mandamus et districte precipimus
quatinus predictas moniales, tam nominatim excommunicatas
quam in generali et omnes parti cipantes cum ipsis quas, mediantibus predictis compositione et ordinatione et juratoria cautione,
in hiis scriptis absolvimus auctoritate Apostolica nobis commissa,
absolutas publice nuntietis, familiam ipsarum ab interdicto ecclesiastico relaxantes, injuncta eisdem penitentia salutari; et si monasterium dictarum monialium propter hoc a nobis fuit suppositum
ecclesiastico interdicto, dictum interdictum auctoritate predicta relaxamus; et si aliqui presbiteri irregularitatem forsitam contraxe-
rint occasione premissi interdicti celebrando divina officia, vel se
illis immiscendo, non tamen in contemptum clavium Sancte Matris
Ecclesie, cum illis auctoritate nobis commissa super irregularitate
premissa dispensamus in hiis scriptis.

Datum anno Domini M° CC° octuagesimo secundo, die mercurii
post dominicam qua cantatur *oculi mei*. »

Archiv. Aube. Origin.

1284. Lundi 9 Octobre.

L'évêque de Troyes nomme un curé à Saint-Jacques-aux-
Nonnains.

206. — Johannes, miseratione divina Trecensis episcopns, salutem in Domino. Cum parrochialis ecclesia B. M. ad Moniales
Trecenses, cujus jus patronatus ad abbatissam dicte ecclesie dignoscitur pertinere, vacet ad presens, per mortem domini Johannis
de Villeio quondam curati dicti loci, nos monasterio dictarum monialium abbatisse solatio destituto, ex officii debito volentes dicte
parrochiali ecclesie providere, viro provido et honesto Rodulfo, capellano dicte ecclesie, dictam parrochialem ecclesiam et curam
ejusdem propter periculum mortis, concedimus, eo modo quo possumus, ad presens; nolentes quod per ea que fieri mandavimus per
litteras nostras ad archipresbiterum Trecensem directas de dicta ecclesia, pro dicto Radulfo, abbatisse et conventui dicti loci, seu earum
monasterio, aliquod prejudicium generetur. In cujus rei testimonium...

Datum anno Domini M° CC° LXXX° quarto, die lune in festo B. Dionysii.

Archiv. Aube. Copie authent. 17 oct. 1741.

1290. Lundi après l'octave des apôtres Pierre et Paul, 10 juillet.

207. — « H. de Faucogneio, archidiaconus de Lineio in ecclesia Tullensi » en vertu d'une délégation du pape Nicolas IV « Rome apud S. Mariam Majorem, idibus decembris, anno II » somme, sous peine d'excommunication, l'abbesse de N.-D.-aux-Nonnains et l'abbaye de restituer à la collégiale de Saint-Urbain « hostisias hale dicte hala de Ypra » qu'elles avaient fait enlever par violence. L'archidiacre de Ligny subdélègue Etienne de Molans archidiacre de Toul, pour juger cette affaire. Elle est plaidée les mardi et mercredi 18 et 19 juillet, à une heure après midi ; le vendredi 21 , Etienne de Molans condamne les religieuses à restituer, et aux frais.

Archiv. Aube. Origin.

1290. Juillet.

208. — « Soror Hermina B. M. ad Moniales abbatissa » notifie et approuve l'amodiation faite par « domicella Helvide de Donno Peroto » veuve de Tierry, écuyer, à « Stephano dicto Renoart, ad tres annos, in grossa decima de Monte Ablano, de parte quam dicta Helvidis tenet a nobis (les religieuses) in feodo et homagio. »

Archiv. Aube. Origin.

1299 (v. st.).

Enquête relative au palefroi de l'évêque Guichard.

208. — Testes producti ex parte religiosarum mulierum abbatisse et conventus B. Marie ad Moniales Trecenses coram nobis magistris Johanne de Bellovisu cantore, Andrea de S. Fidolo archidiacono Arceyarum et Drocone de Cantumerula canonico Trecensis ecclesie, recepti et examinati anno Domini M° CC° XC° nono, ad probandum ea que sequntur :

1°. Intendit probare dicta abbatissa B. Marie, suo nomine et dicte ecclesie, quod sunt et fuerunt in possessione habendi et capiendi et convertendi in commodum suum equm super quo episcopus

Trecensis de novo creatus, post confirmationem et consecrationem suam, venit apud Trecas de novo et in primo adventu suo, quando ipse venit ad ecclesiam B. Marie ad capiendum unum solum gistium, quem ipse habet in dicta ecclesia postquam factus est episcopus de novo.

2°. Item quod istam possessionem habendi, capiendi, retinendi dictum equm... manutenuerunt et conservaverunt per tantum tempus quod recta saisina, et plus, erat eisdem adquisita super hoc.

3°. Item quod de hoc est vox et fama publica in civitate Trecensi et in pluribus aliis locis.

4°. Item quod si aliquis episcopus Trecensis rehabuit equm suum temporibus retroactis, quod hoc fuit per redemptionem pecunie, vel per certam finantiam, aut per gratiam a dictis religiosis factam illi qui equm suum rehabuit; si quis tamen redditus fuerit alicui episcopo.

Dépositions des témoins oculaires : elles sont toutes semblables ; nous rapportons seulement les variantes.

1er témoin. « Bernardus de Fayaco conversus ecclesie B. Marie » âgé de 80 ans, dépose sous la foi du serment, sur le premier article : « quod vera sunt que in dicto articulo continentur. Quod bone memorie Johannes, quondam Trecensis episcopus, predecessor reverendi patris G. in primo suo adventu descendit ad ecclesiam B. Marie ; iste qui loquitur qui tunc erat conversus, et adhuc est, predicte ecclesie, vidit quod episcopus descendit de super equo suo quem equitabat ad terram, recte ante portallum dicte ecclesie, et intravit et incontinenti post descensum quidam armiger abbatisse, Johannes de Bria, ascendit super dicto equo et eum duxit de mandato abbatisse et pro ea ad stabulas dicte ecclesie » en quels termes l'abbesse a-t-elle donné cet ordre? « dixit ista verba : Johannes de Bria, ecce dominus episcopus Trecensis venit ad ecclesiam nostram, preparetis vos de capiendo tempestive equm quem ipse equitat, quam cito ipse descendet, et dictum equm ducatis ad stabulas nostras, ex parte nostra, et pro nobis, quia noster est, et esse debet de jure nostro ratione primi adventus ipsius episcopi ad ecclesiam nostram. » Quel est le nom de l'abbesse? « respondit : quod Oda de Pougiaco. » Le poil du cheval? « quod erat baiz pomelez. » Que dit l'évêque? « videns equm suum duci, dixit quibusdam de familiaribus vel sociis suis : quid est hoc? habet ne jus abbatissa in equo nostro? » des bourgeois de Troyes répondirent : « Certe Domine, sic. Ille equs suus est ratione primi adventus vestri... tunc episcopus dixit : Certe ex quo ita est, habeant illum, nolumus eisdem jus suum auferre. » Le témoin savait-il que l'évêque devait faire l'entrée en question à N.-D.-aux-Nonnains ? « Sic : et hoc scit quia abbatissa miserat eum ad granchiam de Buriaco et adduxit inde duos boves pingues qui fuerunt comesti in adventu dicti episcopi in dicta ecclesia. » Le témoin dit encore « quod episcopus tunc jacuit et gistium suum cepit in dicta ecclesia, tanquam novus, et qui de novo consecratus veniat ad dictam ecclesiam. » Le témoin confirme la vérité du 3e article, et dit que « tempore adventus dicti Johannis et tempore adventus domini Guichardi, audivit dici a multis et quasi publice tam in villa Trecensi quam in aliis locis circunstantibus ista verba : nunc est novus episcopus creatus, quando ipse primo veniet apud Trecas abbatissa B. M. habebit, de usu et jure suo, equm quem equitabit episcopus. » Le témoin répond sur le 4e article : « Quod audivit dici a Feliseto, porterio quondam ecclesie B. M., et a pluribus monialibus que decesserunt, quod dominus Johannes episcopus multum doluit de suo equo capto, quem multum deligebat, et quod mandavit abbatisse quantum precium volebat habere pro dicto equo et abbatissa Oda mandavit episcopo quod sibi daret dictum equm, si vellet, et hoc noluit episcopus, sed misit abatisse triginta libras pro dicto equo; quas recepit abbatissa et episcopus rehabuit equm suum.

2e témoin. « Robertus de Capella Valonis conversus B. M. » âgé de 80 ans, dit que l'abbesse « donna Oda de Pugeyo » à l'entrée de Jean de Nanteuil, donna ces ordres à Jean de Brie, écuyer de l'abbaye : « Johannes, dominus Trecensis episcopus debet venire ad ecclesiam nostram precipio tibi quod incontinenti quod ego apponam manum ad frenum equi domini episcopi, quam cito ipse descenderit desuper equo suo, quod tu accipias equm et ducas eum ad stabulas nostras. » Ces ordres furent exécutés à la lettre « episcopo descendente de equo, abbatissa misit manum ad frenum equi et Johannes de Bria incontinenti apposuit pedem in strigali dum episcopus esset adhuc in descendendo et quando fuit episcopus ad terram, incontinenti armiger fuit desuper equo et duxit eum ad stabulas B. M.; » le cheval était de poil « grilles; » il fut rendu à l'évêque moyennant 30 livres; il appartenait de droit à l'abbaye, le témoin l'a entendu dire « a d. Stephano curato de Vireyo, d. Baldouyno Lotharingo, presbyteris. Roberto de Faico tannatore, d. Manassero tunc curato B. M., Droyne Lotharingo clerico et magistro Martino, patre quondam magistri Felicii, canonici Trecensis. »

3e témoin. « Felisetus de Vireyo subtus Barrum » âgé de 70 ans, dit que quand les envoyés de Jean de Nantheuil vinrent réclamer son cheval, l'abbesse Odette de Pougy protesta contre cette prétention et que trois personnes âgées d'au moins 60 ans « Stephanus de

Vireyo presbyter, Robertus de Fayaco tannator, Droynus de Droya » affirmèrent par serment « quod ita viderant fieri et uti tempore primi adventus Nicholai episcopi, predecessoris dicti Johannis, quando venit creatus episcopus ad ecclesiam B. M. »

4ᵉ témoin. « Petrus, dictus Blosius, tannator, gener Beatridis de Onjione » âgé de 50 ans. Lorsqu'on lui demande s'il a entendu dire pour quelle cause les religieuses de N.-D.-aux-Nonnains ont droit de garder le cheval monté par l'évêque le jour de son entrée solennelle à Troyes, quand il vient à l'abbaye, il répond : « Quod audivit semper dici a dicta abbatissa et aliis abbatissis ac etiam monialibus dicti monasterii et a pluribus aliis quod ratione gisti episcopi, quem capit et habet in primo adventu suo in dicto monasterio, et ratione prandii sui. »

5ᵉ témoin. « Theobaldus de Fayaco, tannator Trecensis » âgé de 60 ans. On lui demande si l'évêque ou ses gens se sont opposés à ce que le palfrenier de l'abbaye emmenât le cheval, il répond : « Quod non illa die, sed die sequenti in mane, dum dictus episcopus deberet deportari ad matricem ecclesiam » en présence du témoin et de plusieurs autres personnes dénommées, il interpella l'abbesse en ces termes : « Domina abbatissa, vos fecistis heri capi et duci per unum de armigeris vestris equm meum quam cito ego descendi de super eo, quare hoc fecistis? et ipsa et alii astantes responderunt : certe Domine. Dixit specialiter ipsa abbatissa quod equs ille ratione primi adventus vestri ad ecclesiam nostram, qui de novo creatus estis in episcopum, et ratione gisti vestri quem venistis capturi, noster est et esse debet et ecclesie nostre, et de hoc sumus et fuimus in bona possessione et predecessores nostre, et debet converti in utilitatem nostram ; et hoc ita attestati sunt plures de astantibus illuc ; et tunc tacuit episcopus. »

6ᵉ témoin. « Johannes de Charniaco canonicus Trecensis, quondam capellanus J. episcopi Trecensis » présent en cette qualité à l'entrée de Jean de Nanteuil dit qu'il était monté sur un cheval « ferrandus pomele, ad duas cellas. » Ce témoin dépose vaguement, cependant il dit « Quod ante adventum episcopi, cum deberet venire apud Trecas, dicebatur communiter a familia et clericis ac sociis ipsius episcopi, in suo hospicio : abbatissa B. M. habebit equm domini ; melius esset quod ipse equitaret aliquem alium equm minoris valoris... » Le même témoin dit encore « Quod dicebatur communiter et dici audivit tunc, quod cum episcopus Trecensis unum solum gistum habere deberet, videlicet in primo adventu suo in monasterio B. M., pro eo quod abbatissa tenebatur ministrare episcopo omnia victuaria debebat habere equm episcopi. »

7° témoin. Thibaut, évêque de Beauvais, envoie sa déposition « per litteras clausas, sub sigillo suo » en date du **27** février. Theobaldus, Dei gratia Belvacensis episcopus, viris venerabilibus et discretis cantori, archidiacono Arceyarum, et magistro Droconi de Cantumerula canonico Trecensi, salutem...veritatem quam novimus vobis tenore presentium intimamus. Recolimus siquidem quod in primo adventu carissimi fratris nostri bone memorie J. quondam Trecensis episcopi veniendo apud Trecas, cum venisset ad monasterium B. M. Trecensis, in quo ad processionem et crucem recipi debet, cum solempnitate qua decet; et de equo quo insedebat idem frater noster descendisset, abbatissa que tunc preerat monasterio equm capi fecit, asserens ipsum ad se, ratione dicti monasterii sui, ex antiqua consuetudine pertinere debere, et se et predecessores suas in predicto casu usas esse et fuisse jure habendi et retinendi dictum equm ; et licet super hoc altercatum fuisse, finaliter tamen, ut recolimus, idem frater noster, cujus anime Deus parcat, comperto quod abbatissa, nomine quo supra, jus in dicto equo habebat, ipsum equm postmodum a dicta abbatissa redemit, et convenit cum eadem pro equo de xxx vel xl libris, sed melius credimus de xxx. Et hec vobis sana conscientia asserimus, adjicientes quod in dicto primo adventu idem Trecensis episcopus a dicto monasterio habere debet lectum furnitum. — Valeat vestra discretio bene et diu.

Datum die sabbati post festum Cathedre Sancti Petri.

Archiv. Aube, rouleau de parchemin, longueur 3 mètres 55 cent., largeur 23 cent.

1302 (v. st.). 5 Mars.

210. — Jacobus de Baaconno archidiaconus Arceyarum in ecclesia Trecensi fecit adduci ad Moniales Trecenses, per quemdam famulum, equum pilli grille, » il fait demander l'abbesse, Isabelle de Saint-Phal, et dit que l'évêque de Troyes, Guichard, avait gardé le cheval sur lequel il avait fait son entrée; mais qu'il reconnaît maintenant les droits de l'abbaye sur ce cheval. En conséquence, l'archidiacre déclare qu'il est chargé de remettre à l'abbaye le cheval que tient le palfrenier, en remplacement de celui que l'évêque montait à son entrée. Sont témoins : Etienne de Saint-Phal, chanoine de Chartres; Martin, curé de Saint-Jacques-aux-Nonnains, et Simon son chapelain, et les religieuses « Maria de Lineriis, Jaqueta de Torrigniaco, Margareta de Florigniaco. »

Archiv. Aube. Origin.

1307. 24 Mai.

Procès-verbal d'une invasion à main armée par les religieuses de N.-D. dans l'enclos des Dominicains.

211. — A tous ceux qui ces présentes lettres verront et orront Joiffroiz de Gondrecourt tabellions pour nostre seigneur le roy a Troyes, salut.

Saichent tuit que, à la requeste et supplication de religieuses personnes les Frères Prescheurs de Troyes, je fui presens ou lieu ou religieuse personne Isabiaux de Sainct-Fale, abbesse de Nostre-Dame-aux-Nonnains de Troyes, avecques lui monsieur Gui de Sainct-Fale, chevaliers, son frère, et plusieurs autres, liquel estoient sergent et homme de la dicte abbaesse, à espees, à apoinçons, à hasches de noise, à besches, à fessoins et autres armes, le mercredi après la Trinité de l'an mil trois cens et sept, entrèrent ou pourpris desdiz Frères, par la porte de devers la Tannerie, lequel pourpris lidit Frère dient estre leur, parceque de tant de temps dont il n'est mémoire, il ont tenu la clef de la dicte porte, si comme ils disoient, et un poucel enclos dedans le domoine desdiz Frères, la dicte abbaesse avoans, et ledit monsieur commandant Jehans diz li ostes, diz li tisserant, diz li trouvez, à grant muletitude de gens de la dicte abbaesse, circonstans, présens ledit chevalier, et les diz frères defendans de bouche, si comme il appartient à religieus, abatirent et derrompirent à armes. Et personnes, hommes et fames qui par pitié estoient venu veoir la force que lon fesoit aux diz Frères, furent gité au fossé, et à ce faire furent présent pour le veoir et regarder cinc cens personnes et plus. Derechief, le jeusdi après ensuient, moi présent et plusieurs autres personnes ci dessouz escriptes, le prevost de Troyes et plusieurs de ses sergens appelez especiaument pour garder lesdiz Frères de force et de violence, ladicte abbaesse et li diz monsieur Gui ses freres, à grant multitude de gens à armes, entrèrent le pourpris des diz Freres par les pertuis d'une paroiz qui enclost les diz Freres, à force de gens firent un fossé en la closture desdiz Freres et rompirent et décopèrent à armes les treilles et gastèrent les courtillages desdiz Freres. Et pour que ce soit ferme chose et véritable, je, en tesmoing des choses dessus-dictes, ai scellé ces présentes lettres de mon scel. A ces choses furent présent et tesmoing pour ce appelé espéciaument : Renauz Raguiers, Guillelms Roolet, Jacquot Couste, Jehenins lo ber, diz de la cour; Jehans de Gondrecourt; maistre Durans

de Trichastel; monsieur Anchiez de Gondrecourt, clerc; Guyot de
Miauz; Jehans li barbiers, de la rue Notre-Dame; Jacque le François;
Jehan Lachievre; Thiébaus d'Angleure, sergent de Troyes; Guiot le
frepier; Jehan Galimart, prévost de Troyes; Felise Dovion; Jaquinot,
son fils; Jehan Jhésus; Gauthier de Sacey et plusieurs autres, liquel furent présent à toutes les choses dessusdictes. Ce fut fait l'an
de grace dessusdict, le samedi après la Trinité.

Archiv. Aube. Origin.

1307. 11 Juillet.

212. — Fontainebleau (Apud Fontembliaudi). Mandement de
Philippe-le-Bel « Ade de Guigniaco ballivo de Trecis » pour informer
1º « super excessibus, violentiis et armorum portationibus » par les
religieuses de N.-D.-aux-Nonnains et leurs suppots « in porprisio
Fratrum Predicatorum » ; 2º « super surprisiis, occupationibus per
dictos Fratres in terra et domanio monialium »; faire justice, et si
la cause n'est pas claire la renvoyer « Nostris gentibus ad Dies
proximos Trecenses ».

Archiv. Aube. Origin.

1307. Août.

213. — « Guillelmus de Marcilliaco et Bernardus de Meso »
conseillers du roi s'entremettent pour accorder les religieuses de
N.-D.-aux-Nonnains avec les Dominicains : 1º l'enclos des Dominicains restera tel et ne pourra être agrandi du côté de N.-D.-aux-
Nonnains; 2' la porte sur la rue Saint-Paul restera telle et ne
pourra être agrandie; 3º le terrain que les Dominicains tiennent de
la dame de Plancy et qui a environ 4 toises 1[2 du côté de la Petite-
Tannerie, demeurera tel et ne pourra être enclos dans l'enceinte du
monastère; 4º les religieuses rétabliront le mur qu'elles ont dé-
gradé, près de cette place. — Le mardi 29 août, jour de la Décol-
lation de Saint Jean-Baptiste « Gentes domini regis tenentes Dies
Trecenses » ratifièrent cet accord qui fut confirmé par Philippe-le-
Bel, le 16 septembre 1307.

Archiv. Aube. Origin.

1310. 4 Juin.

**Guichard, évêque de Troyes, oblige les chanoines de N.-D.-
aux-Nonnains à remplir leur office.**

214. — G. miseratione divina Trecensis episcopus dilecto magistro Bartholomeo, sigillifero nostro curie nostre Trecensis, in Domino salutem. Cum canonici Beate Marie Trecensis, per ordinationem bone memorie N. quondam Trecensis episcopi, predecessoris nostri, super hoc factam, divina per se ipsos in dicta ecclesia celebrare officia tenentur, nisi legitime et canonice fuerint impediti, vobis tenore presentium committimus et mandamus quatinus dictos canonicos et eorum successores, per arrestationem et saisitionem omnium fructuum et distributionem prebendarum suarum ac per excommunicationis sententiam, ad premissa facienda compellatis.

Datum sub sigillo nostro, die jovis ante Pentecosten, anno Domini Mo CCCo Xo.

Archiv. Aube. Origin.

1314. 14 Avril.

215. — « Estiennes, sire de Saint-Fale, » notifie et agrée un partage d'hommes entre lui et N.-D.-aux-Nonnains, dans la seigneurie de Saint-Phal.

Archiv. Aube. Origin.

1314 (v. st.). 17 Janvier.

216. — Jean de Servigny, chevalier, et noble dame Isabelle de Thorigny, dame de Rozières, sa femme, donnent à N.-D.-aux-Nonnains vingt livrées de terre pour la fondation d'une chapelle. Ils ont reçu de Louis-le-Hutin des lettres d'amortissement datées de Saint-Denis, au mois d'octobre 1314.

Archiv. Aube. Origin.

1318. 27 Octobre.

**Bulle du pape Jean XXII, relative à la sépulture
des paroissiens de Saint-Jean.**

217. — « Johannes... dilecto filio decano ecclesie Trecensis... L'abbesse et le couvent de N.-D.-aux-Nonnains rapportent « quod corpora parrochianorum ecclesie Sancti Johannis in Foro Trecensis, in qua cimiterium non existit de antiqua et approbata et hactenus pacifice observata consuetudine, debent in cimiterio parrochialis ecclesie site infra claustram dicti monasterii, quam eedem abbatissa et conventus in usus proprios canonice obtinent, sepeliri, dummodo iidem parrochiani tempore obitus non eligant alibi sepulturam. » Le curé de Saint-Jean prétendait, au préjudice de N.-D.-aux-Nonnains, ensevelir dans son église ses paroissiens morts. Le doyen de Saint-Pierre doit examiner cette affaire.

« Datum Avinione, VI kalendis novembri, pontificatus nostri anno tertio.

Archiv. Aube. Origin. scellé.

1318-1483.

Chapelle Saint-Georges et Saint-Phal, fondée par les seigneurs de Saint-Phal.

218. — Procès entre Simon de Marisy, chapelain de la chapelle Saint-Georges et Saint-Phal en l'abbaye Notre-Dame-aux-Nonnains, et Artur de Vauldrey, chevalier, et dame Claude Motot, seigneur et dame de Saint-Phal, 1481-1483. D'après les pièces produites au procès, cette chapelle a été fondée en 1318 par disposition testamentaire de Gui, seigneur de Saint-Phal, qui, du consentement d'Etienne son fils et héritier, avait laissé pour cette fondation dix livres de rente à prendre sur la terre et seigneurie de Saint-Phal. Le jeudi après la Madeleine 1378, sentence du bailliage confirmant le chapelain de Saint-Georges et Saint-Phal dans la possession des 10 l. de rente, contre « messire Andry, lors seigneur du dit Saint-Falle. » Le 21 avril 1385, sentence du bailliage confirmant le chapelain de Saint-Georges et Saint-Phal dans la possession des 10 l. de rente, « contre messire Pierre de Marmeaux, chevalier, et dame Isabelle de Saint-Phal, sa femme, seigneur et dame de Saint-Phal. » Ces pièces furent produites par Simon de Marisy en 1428 « par devers les Gens tenans les requestes du palais du roy à Paris; » le chapelain gagna son procès.

Arch. Aube.

1328. 18 Août.

219. — « Isabellis de Sancto Fidolo, » abbesse de N.-D.-aux-Nonnains, donne quittance à Jean d'Aubigny, évêque de Troyes, du palefroi qu'il montait à sa joyeuse entrée.

Archiv. Aube. Origin.

1352. 27 Juillet.

220. — Le pape Clément VI charge Aimery, abbé de Montier-la-Celle, près Troyes, de réduire le nombre des religieuses de N.-

D.-aux-Nonnains de 60 à 50. Dans une supplique, Beatrix, abbesse, et le couvent, exposent que Guillaume de Melun, archevêque de Sens à l'époque de sa dernière visite, considérant l'état de gêne du monastère, a rappelé aux religieuses qu'en vertu d'un statut de l'évêque de Troyes confirmé par le Saint-Siége, elles ne devaient pas dépasser le nombre de cinquante. Il leur enjoignit, sous peine d'excommunication, l'observation de ce statut, le 11 novembre 1351...

« Avenione, VI kalendas augusti, pontificatus nostri anno XI. » Aimery établit la réforme en question le jeudi 22 novembre 1352.

Archiv. Aube. Origin.

1359. 5 Septembre.

221. — Ordonnance de Robert, connétable de France, lieutenant au comté de Champagne, adressée au bailli de Troyes à l'effet de protéger les religieuses de N.-D.-aux-Nonnains dans le droit de foire qu'elles ont à l'Assomption, près de leur église, depuis l'heure de Vêpres, la veille, jusqu'au lendemain soir.

Archiv. Aube. Origin.

1376. 2 Octobre.

222. — Arrêt des Grands-Jours de Troyes. Jean Blanchet, clerc, secrétaire du roi, à cause de ses moulins de Méry, poursuit les religieuses de N.-D.-aux-Nonnains pour l'entretien des rives de la Seine, parce que les religieuses « tam de consuetudine quam de usu et observantia riparie Sequane, communiter hactenus observatis, teneantur ad sustinendum et in bono ac decenti statu manutendum, propriis earumdem sumptibus et expensis, canales seu cursus aque dicte riparie, ejusque ripas et calceyas aqueductum conservantes et dirigentes, a molendinis decani et capituli Trecensium de Valentio usque ad molendina predictarum religiosarum nuncupata Molendina Abbatisse... » les rives sont rompues ou en mauvais état, l'eau se perd, les moulins de Méry en souffrent... Par arrêt des Grands-Jours de Troyes, les religieuses et leur fermier Jean, écuyer de Vallant-Saint-Georges, ou plutôt Guillemette, sa veuve, sont condamnés aux réparations.

« Datum Trecis in Magnis Diebus Trecensibus die secunda octobris anno millesimo trecensesimo septuagesimo sexto. »

Archiv. Aube. Origin. — Copie collat. 18 août 1743.

1393. 15 Août.

223. — Accord entre le chapitre de la cathédrale d'une part,
et les religieuses de N.-D.-aux-Nonnains d'autre part, au sujet
des chanoines de Saint-Pierre, qui, après les processions du mardi
de Pâques et du jour de l'Assomption, devaient rester à N.-D.-aux-
Nonnains pour la messe solennelle. Le texte de l'*Ordinarium*, soit
de la cathédrale, soit de N.-D.-aux-Nonnais, n'était pas suffisam-
ment clair sur ce point. Furent présens : « Martinus Helioti, decanus ; Nicolaus Clementis, major, et Guillelmus Mauberti Arceyarum, archidiaconi ; Petrus de Arbosio ; Nicolaus Scoti ; Guillelmus de Creneio ; Thomas Dominici ; Guillelmus Beugnii ; Girardus
de Vitello ; Nicolaus Burgondi ; Johannes de Chaonnis ; Johannes
Bireti ; Johannes de Champienne, presbiteri ; Guido de Virduno,
Nicolaus de Marellis diaconi ; Johannes Buridan, subdiaconus, canonici Trecenses ex una parte ; et domina Margareta de Sancto
Fidolo, abbatissa ; Johanna de Riceyo, cantrix ; Isabellis de Lauro,
thesauraria ; Agnes de Lauro pitantiaria ; Hellizandis de Neville,
infirmaria ; Johanna de Mutriaco, Margareta de Receyo, Phelipdis
de Receyo, Guileta la Bourgonne, Mathildis de Dintivilla, Francisca
de Leodio, Helluisonna la Monnoyere, Magareta la Jacobine, Isa-
bellena des Caves, Bratidis la Ciergiere et Blancha de Trecis moniales... » Du consentement des deux parties, il fut décidé « quod
feria tertia post pascha, tres canonici Trecenses, seu semicanonici
videlicet canonici ad altare B. M. in ecclesia Trecensi, etiam
mixtim, et non alii, pro dicta missa celebranda in ecclesia Beate
Marie remanebunt, qui sic remanentes, pro se vel aliis hujusmodi,
missam dicent et celebrabunt ; item et quod in festo Assumptionis
tres ministri qui pro dicta missa celebranda remanebunt in dicta
ecclesia Beate Marie, erunt canonici ecclesie Trecensis, nec alii de-
putentur. » On inscrira dans les *Ordinaria* de chaque église cette
interprétation qui précise le sens de la rubrique.

Archiv. Aube. Origin.

1435 (v. st.). 10 Février.

224. — Le chapitre de Saint-Pierre et les religieuses de N.-D.-
aux-Nonnains font un nouveau règlement relatif aux poules rôties
et farcies, et aux rissolles qui étaient données aux chanoines qui
célébraient la messe à N.-D. après la procession, le mardi de

Pâques et le jour de l'Assomption... « Cum moniales ab antiquo consueverint et tenerentur annis singulis, predictis diebus, post celebrationem servitii divini dare canonico qui predictam missam celebraverit, et ad domum ejus deferri facere viginti quatuor ruisselas, duas pullas assatas et farcitas, inter duos discos ligneos, unam quartam vini albi in uno poto terreo, et unam aliam quartam vini rubei in uno alio poto terreo, et remanebant disci et poti cum contentis in eisdem predicto canonico ; et tantumdem canonico qui evangelium cantaverit ; tantum, dempta una pulla, canonico qui epistolam cantaverit. » Cette redevance est remplacée par la somme de 40 sous tournois qui seront donnés 1° le mardi de Pâques, 2° le jour de l'Assomption, aux chanoines, après l'office. Quant aux enfants de chœur, les religieuses devront leur servir à déjeuner selon l'usage antique « duobus pueris jentaculum prout et quemadmodum hactenus, observatum est ministrare... » Les chanoines auront encore, comme par le passé « omnes et singulas offerendas que fient in dictis duabus missis. » Cet accord fut passé en chapitre le même jour à la cathédrale et à N.-D.-aux-Nonnains. L'abbesse de N.-D. est « Blancha de Brecis. »

Archiv. Aube. Origin. — Copie collation. par N. Camusat,
greffier du chapitre de la cathéd. 3 janv. 1615.

1449. 1er Décembre.

225. — Bulle du pape Nicolas V, adressée au doyen de Saint-Urbain. et portant commission de faire rentrer l'abbaye de N.-D.-aux-Nonnains dans ses biens illégitimement aliénés.

« Apud Sanctum Petrum, anno Incarnationis Dominice M° CCCC° XLIX°, kalendis decembris, pontificatus nostri anno tertio. »

Archiv. Aube. Origin.

1590. 14 Juin.

Bulle de Sixte V relative à Louise de Luxembourg, religieuse de N.-D.-aux-Nonnains, prise en otage.

226. — Venerabili fratri episcopo Trecensi et dilectis filiis Francisco Micheletto, archidiacono et officiali, ac Guillelmo de Taix decano ecclesie Trecensis et eorum cuilibet, Sixtus papa V. Venerabilis frater et dilecti filii, salutem et Apostolicam benedictionem. Exponi nobis nuper fecit dilecta in Christo filia aloysia de Luxem-

burg quod cum ipsa, octavum vel nonum etatis sue annum agens, in monasterium B. M. Trecensis, ut in posterum sub suavi jugo Altissimo famularetur, a suis parentibus educanda inducta fuerit, accidit ut, octo jam lapsis mensibus, a quibusdam laicis inde educta et in carceres detenta fuerit, prout adhuc detinetur in maximum suum prejudicium et plurimorum scandalum. Propterea nobis humiliter supplicari fecit ut monasterio predicto illam restitui mandare, aliasque in premissis opportune providere de benignitate Apostolica dignaremur. Nos igitur, justis ejus precibus hac in parte inclinati, vobis et cuilibet vestrum, per presentes committimus et mandamus, quatenus vos vel aliquis vestrum Aloysiam predictam monasterio predicto, auctoritate Nostra, quamprimum ab his a quibus detinetur, restitui curetis : quas autem difficultates circa hoc repereritis ad nos quanto citius referatis.

Datum Rome, in Monte Quirinali, sub annulo piscatoris, die 14 junii M° D° LXXXX° pontificatus nostri anno sexto.

Archiv. Aube. *Origin.*

1590. 2 Août.

Rapport au Pape sur l'emprisonnement de Louise de Luxembourg par la municipalité de Troyes.

227. — Summo Pontifici Sixto hujus nominis quinto.

Humillimus Vestre Sanctitati Franciscus Micheletus, archidiaconus et officialis Trecensis reverentiam, honorem et obedientiam. Noverit Sanctitas Vestra Apostolicum rescriptum Rome sub annulo Piscatoris sub data 14 junii 1590, pontificatus vestri anno sexto, ea qua decuit reverentia me recepisse sub tenore sequenti... (cfr n. 226). Ad cujus mandati executionem et progressum, studio tuende vestre dignitatis, procedere decernentes, vigesima prima hujus mensis julii providos viros municipes ac municipiorum Trecensium urbis decuriones, de fide orthodoxa, religione catholica, ac statu reipublice bene meritos, convocari curavimus, ac jussimus ea explectari que Sanctitas Vestra in mandatis dabat, convocatosque in domo episcopali coram conspectu illustrissimi principis Claudii a Lotharingia, provincie Campanie gubernatoris moderatissimi, monuimus et adhortati sumus, vice nobis delegata, ut series predicti rescripti continebat, quatenus Aloysiam a Luxemburgo quam citissime monasterio et conventui Beate Marie, intra urbis menia sito, restituerent, a quo jamdudum erepta erat, eamque libertate dona-

10

rent, quo religionis primordia optatius, benevolentia Vestra, sequi possit, cum id fieri velle Sanctitas Vestra in votis habuerit. Qui quidem municipes non protinus abnuentes, sed scire cupientes ut Tua Sanctitas, cognita causa, judicare velit, responsa hec in cartula camere sigillo confirmata descripta, scribe eorum ordinarii manu subsignata, committi requisierunt.

[Post humillima pedum oscula, Sanctitatem D. N. Pape per D. Franciscum Micheletum, archidiaconum et officialem, absente reverendissimo D. Episcopo, D. Guillelmo de Taix jamdiu profugo, et a partibus adversis stante, quibus Sanctissimus D. Noster et eorum cuilibet rescripserat, debita cum reverentia, scire summopere disiderant Trecensis civitatis municipales, nullam esse querimonie causam propter nobilis filie Ludovice de Luxemburgo detentionem et a monasterio Beate Marie in aliam commodam domum translationem : quando quidem predicta Ludovica, nondum professa, licet velata, patrisque potestatis, oblata fuit dictis municipalibus a patre principe Francisco de Luxemburgo, nunc Rome pro Henrico Borbonio illique affectus, ut fertur, legatum agente, tanquam obses et ut fidei certissimus vas, ne quid detrimenti caperent homines qui solemni suffragio deputati iter arripiebant, ut illum patrem inviserent Reipublice causa in vim litterarum vulgo salvum conductum nuncupant, quas ad prefatos municipales vir ille princeps destinarat, quibusque pollicebatur conceptis et disertis verbis, nihil damni passuros, quorum nomina et numerum tabella illa obsignata complectebatur : eorum alter sacerdos, episcopi vicarius et in ecclesiastica dignitate constitutus, necnon de religione et republica christiana benemeritus, quique communi omnium ordinum voto in generali cetu cooptatus fuit in octaviratum ut toto biennio majorum ritu, hoc calamitoso tempore, afflictissimis regni Gallie rebus, una cum sociis suis, duce urbis majore, diversis officiorum generibus, civitatis et provincie pene obrutis pro viribus succurreret; alter etiam Trecensis, qui dudum est urbi a consiliis, cujusque persona multis nominibus commendata est; et alii qui comitatum prestabant dictis sacerdoti et condeputatis, die XXVIII[a] septembris anni proxime elapsi, cum se accinxissent ad iter, confisi litteris et verbis dicti principis, sine ullo militum presidio ut omni suspicione vacarent, recte pergunt ad illius castellum, et confecto itinere decem milliarium, sub horam ejusdem diei meridianam, non longe duobus stadiis ab illo castello, a quadraginta plus minus equitibus, in hunc finem quoquomodo emissis, armata manu, districtis gladiis, inermes et fugaces capiuntur, et celeri cursu, jejuni et diversis opprobriis excepti, sub vesperum ducuntur in aliud castellum ad eorum carceres consulto paratum, quod cum prefatus princeps illico rescivisset, sperarentque dicti municipales et captivi, omnia in pristinum statum brevi restituenda, contigit e contrario ut supradictus sacerdos novem fere transegerit menses, cum aliis comitibus adhuc in illo carcere usque in hodiernum diem detentis, non sine maximo vite et facultatum dispendio, unde non possunt educi, quicquid hactenus fit, nisi prius solutis ingentibus pecuniarum summis fuerit satisfactum multis aliis conditionibus que supradictis captivis imposite fuerunt. Judicet Sua Sanctitas quid in hoc negotio gestum sit. Princeps a Luxemburgo si suam fidem, et filiam simul et semel liberare velit, ut sua multum interest, agat si lubet cum detentoribus captivorum, aut quavis alia commodiore via procuret ut Trecensi civitati sui cives catholici et boni, sani et incolumes atque immunes restituantur. De quo Sanctissimus D. Noster, si ita visum fuerit, D. Luxemburgum commonefaciet, et interim fiet certior per dictum D. officialem municipales hujus oppidi viros et omnes civitatis incolas, paucis exceptis, esse Sancte Ecclesie religionisque catholice, et avite pietatis, necnon Apostolice Sedis acerrimos vindices et assertores, et paratissimos ad quodlibet perferendum, immo ad obeundam mortem priusquam subeant jugum et dominationem hereticorum. Illustrissimus ac reverendissimus cardinalis Cajetanus dicte Sancte Sedis, in hoc Francie regno legatus, dum hac iter ageret, pro sua humanitate, passus est se hoc negotium edoceri, estque pollicitus se operam daturum, ut Summus Pontifex intelligat hec que hic acta fuerint. Sunt et alie difficultates, quas Sanctus D. Noster aliunde scire poterit. Cujus pedes iterum atque iterum majorum ritu exosculantur municipales hujusce Trecensis civitatis viri, ceterique vere catholici, eique felicitatem hanc precantur ut brevi sartam tectam curet domum Dei. — Trecis XXVIIIᵃ julii anno Domini Mᵒ Dᵒ nonagesimo. De mandato camere, Le Clerc scriba, cum impressione parvi sigilli ejusdem camere.]

In quorum premissorum fidem et testimonium presentes manu nostra subscriptas per dilectum nostrum Nicolaum Charlot, clericum, auctoritate Apostolica notarium, ac curie officialitatis tabellionem, Trecis commorantem, fieri consignari sigilluque nostri jussimus et fecimus appensione muniri.

Actum et datum Trecis, anno ejusdem Domini 1590, die secunda mensis augusti. Sic signatum : Franciscus Michelet et Nicolaus Charlot.

Archiv. Aube. Copie.

1704-1728.

228. — Union du prieuré de Saint-Geômes près de Langres à l'abbaye de N.-D.-aux-Nonnains : Brevet de Louis XIV, du 24 décembre 1704; bulles du 27 juillet 1705; sentence de fulmination des bulles, du 15 juillet 1710; prise de possession, au mois de janvier 1728, après la mort de l'abbé Héron, dernier titulaire.

Du prieuré de Saint-Geômes dépendaient plusieurs bénéfices.

Dans le doyenné de Langres, les cures : de Noidant-le-Rocheux, dont Vieux-Moulin est annexe; de Flagey, dont Verseilles est annexe; d'Aprey, dont Villiers est annexe; de Brennes.

Dans le doyenné du Moge, les cures : de Bourg, dont Longeau est annexe; de Saint-Valier, dont Chatenoy est annexe; de Balesme.

Dans le doyenné de Chaumont, les cures : de Brottes, dont Chamarandes est annexe; de Luzi, dont la Ville-aux-Bois et Verbielle sont annexes. Le prieuré hospitalier de Moiron (près Luzi), ordre de Saint-Augustin.

Dans l'archevêché de Bezançon : la cure de Saint-Marcel.

(Arch. Aube.)

On trouve au Musée de Troyes, nº 228, la pierre commémorative de la réunion du prieuré de Saint-Geômes à N.-D.-aux-Nonnains.

En . 1730 . le . 27 . mai . fvt .
Posé . cette . pieer .
par . Mᶜ . Marie . An-
gélique . De . La .
Chavssée . dᵛ . (sic)
d'arrest . qvi . a
svccédé . a . Marie .
Madeleine . du meme . nō
Tovtes . devx . abbesse . de
cette . Abbaye . laqvelle . Marie.
Madeleine . est . regardée .
comme . en . estant . la . Bienf
faitrice . lui . ayant . pro .
cvré . le . Priolé . de . Sᵗ Jᵉos-
me . proche . Langre.

† *Milony mason.*

Au-dessus de cette inscription se trouve l'écusson de la famille de La Chaussée-d'Eu-d'Arrest surmonté d'une crosse abbatiale en pal.

DEUXIÈME PARTIE

RÉSUMÉ HISTORIQUE

---

§ I. — Emplacement de l'abbaye. — Limites de sa justice.

I. Les restes de N.-D.-aux-Nonnains servent maintenant d'hôtel de préfecture. L'abbaye était en dehors de l'ancienne enceinte de la ville, mais fort rapprochée des murailles, aussi est-elle désignée dans les documents du xii° siècle *in suburbio Trecassino* (1). On sait que la rue de la Cité traversait l'ancien Troyes de la muraille qui passait au chevet de la Cathédrale à la muraille de l'Hôtel-Dieu.

Sur la place, devant la préfecture, au nord, s'élevait l'église de l'abbaye; elle portait le nom de Notre-Dame. Dès le xii° siècle, cette église fut coupée par un mur de séparation, en sorte qu'une partie constitua l'église abbatiale; et l'autre partie servit d'église paroissiale aux nombreux fidèles qui avaient établi leur demeure près de l'abbaye. Cette partie de l'église Notre-Dame prit dans le cours du xv° siècle le nom de Saint-Jacques-aux-Nonnains.

Dès l'an 1232, les Dominicains ou Jacobins étaient établis au midi de l'abbaye; au nord-ouest s'élevait, en 1263, la magnifique église collégiale de Saint-Urbain. A l'est de Notre-Dame coulait le Ru-de-Cordé, remplacé maintenant par le bassin du Canal.

II. Nous donnons les limites de la justice de Notre-

---

(1) Bulle d'Alexandre III. 6 sept. 1169. Archiv. Aube, *évêché.*

Dame-aux-Nonnains, fixées dès le xII° siècle (1) et rappelées dans une pièce de procédure du siècle dernier (2).

« Le district de la justice haute, moyenne et basse de l'abbaye commence à l'un des coins de la rue de la Petite-Tannerie, à gauche en entrant, et continue par le petit-marché (la paille était mise en vente depuis le coin de cette rue jusqu'aux lices du cimetière); de là aux places de Notre-Dame, ensuite par les rues Perdues et Saint-Paul ou autrement des Jacobins. Il y a une maison seule dans la rue de Notre-Dame, la cinquième à droite en montant ladite rue, qui est aussi de ladite justice. Ensuite elle recommence dans la Petite-Tannerie, depuis le pont de la Croix jusqu'aux murailles, des deux côtés. Puis dans la rue Moyenne, à la troisième maison à gauche en montant en ladite rue. De là, elle revient dans la Grande-Rue, à la cinquième maison à gauche en descendant ladite rue, et continue jusqu'à la quatrième maison en la rue du Mouton-Blanc, d'un même côté, laquelle maison et les autres de cette rue sont dépendantes de l'hôtel de l'Image-Saint-Georges qui est la deuxième en descendant, toutes solidaires de la somme de 12 l. de rente foncière et 10 s. de censive, en tout cas par chacun an, à ladite abbaye. L'hôtel Notre-Dame, proche la Belle-Croix, appartenant à M. Doé, receveur des tailles, est aussi de la justice haute, moyenne et basse de ladite abbaye, avec rente et censive en tout cas. »

En conséquence de ses droits de justice, l'abbaye avait son grand-maire, ses sergents, ses geôles et son tribunal propre, et connaissait de toute cause. Cependant quand un voleur se réfugiait sur le territoire de la justice de l'abbaye, et même quand il était surpris en flagrant délit sur ce territoire, il était saisi par le prévôt du comte de Champagne qui donnait 20 deniers à l'abbaye : ainsi l'avait réglé Henri-le-

---

(1) *Chartes* n. 7.
(2) *Archiv. Aube.*

Libéral (1). Lorsqu'en 1307 Perrin de Dijon *embla,* dans le
dortoir même des religieuses, un vêtement de femme, il fut
pendu par le prévôt du comte qui versa 20 deniers entre
les mains de l'abbesse (2).

§ II. — Origines : la fable. — Saint Leuçon, fondateur. — *Ordo* de l'office de saint Leuçon. — Réponse à une objection.

I. — Au xviie et au xviiie siècles, plusieurs de nos écrivains locaux ont accueilli sans critique et propagé à la lé-
gère des fables absurdes que la tradition populaire avait
accumulées sur les origines de Notre-Dame-aux-Nonnains.
On trouve ces fables dans *l'Histoire de l'Abbaye royale de
Nostre-Dame de Troyes* (3) ; dans les *Remarques sur les
antiquités de la ville de Troyes et les priviléges de l'abbaye
royale de Notre-Dame-aux-Nonnains* (4), et enfin dans
les *Mémoires historiques et chronologiques des antiquités
de la ville de Troyes* (5), par Duhalle. Voici l'écho de la tradition fabuleuse répétée par ces écrivains :

« On ne peut guère établir la monarchie française qu'environ l'an 449 où l'on changea le nom de Gaule en celui de
France et où on fit des deux peuples gaulois et français un
seul peuple... On tient par tradition que l'abbaye royale de
Notre-Dame de Troyes a tiré l'origine de son établissement
des Vestales qui étaient à Troyes, lesquelles avaient un
temple où elles gardaient le feu sacré, qu'elles étaient en
très-grand nombre et avaient à leur tête une princesse du
sang royal qui avait en ladite ville trois châteaux superbes;

---

(1) *Chartes* n. 7.
(2) *Archiv. Aube,* lias. 395.
(3) Bibliot. de M. Corrard de Breban. 25 feuil.
(4) Cabinet de M. l'abbé Coffinet, chan. de la Cathédr.
(5) Biblioth. Troyes, m[s] n. 2545, t. II, p. 308.

que quand saint Pierre envoya son disciple saint Savinien en
ce pays pour y établir la foi, ces vestales furent les premières
à recevoir l'évangile ; après quoi cette princesse donna un de
ses châteaux pour y faire l'évêché, le second à la vicomté ou
hôtel de ville, quant au troisième elle se le réserva avec un
grand terrain sur lequel étaient bâties toutes les maisons de
ces dames, qui étaient autour de leur temple, qu'elles dé-
dièrent après leur conversion, à Dieu, sous l'invocation de
Notre-Dame la Bienheureuse Vierge Marie... ce qui tire sa
preuve par les armes des trois châteaux que l'on voit encore
aujourd'hui dans cette abbaye. On prétend qu'ayant donné
comme on vient de le dire la place pour faire l'évêché, elles
demandèrent au roi un évêque : les grands et honorifiques
droits qu'elles avaient à l'entrée des évêques en font foi. »

Ce récit ne soutient pas la critique sérieuse. On est stu-
péfait de trouver entassées tant d'assertions inconciliables :
un collége de vestales en dehors des murs de Troyes ! les
historiens anciens, d'accord avec Tite-Live (1), nous ap-
prennent que les vestales tirées d'Albano par Numa-Pompilius
furent établies à Rome exclusivement, pour garder le Palla-
dium, et entretenir le feu sacré : leur présence était pour la
Ville Eternelle comme un privilége incommunicable, dans
les siècles subséquents on ne trouve les vestales qu'à Rome,
et au nombre de six ou sept seulement, pour tout l'Empire
romain, jusqu'au règne de Théodose. Saint Pierre ayant
pour disciple saint Savinien de Troyes, qui est mort martyr
sous Aurélien, vers le milieu du iii° siècle ! La monarchie
française, dit-on, ne s'est établie que vers l'an 449, cependant du temps de saint Pierre et de saint Savinien on suppose
à Troyes l'existence d'une princesse de sang royal ! Cette princesse transforme ses trois châteaux en évêché, en hôtel de
ville, en monastère et tout cela du temps de saint Pierre !
Les religieuses ayant donné un palais épiscopal, demandent

---

(1) L. I. — *Encyclopédie* 1765, in-fol., t. XVII, p. 211-217. *Vestale*.

un évêque au roi! Evidemment ce roi qui nomme le premier
évêque de Troyes n'est pas Néron, le persécuteur de l'Eglise
et le bourreau de saint Pierre ; s'agirait-il de Pharamond ou
d'un de ses successeurs ? Mais la chronologie historique des
évêques de Troyes, d'après des documents incontestables,
commence au plus tard à l'an 342 (1), longtemps avant
l'établissement de la monarchie franque dans les Gaules.

C'est trop appuyer sur toutes ces absurdités entassées sur
un même point. Cependant nous avons cru devoir rap-
porter ces fables modernes parce que tous les prétendus
priviléges dont Notre-Dame-aux-Nonnains s'est tant enor-
gueillie dans le cours des derniers siècles reposent sur ce
fondement ruineux.

Toutefois, nous reconnaîtrons que dès le xvi° siècle on
trouve des vestiges des traditions fabuleuses développées plus
tard ; ainsi nous lisons dans un mémoire rédigé en 1530 par
les religieuses qui refusaient à l'évêque le droit de visite sur
le monastère : « *Item* laquelle esglise et abbaye, qui est de
fondation royal, a este exhigée et fondée long tems par avant
que l'esglise cathedral, ne l'éveschie du dict Troyes (2). »
Quant à la fable des trois châteaux, elle tire peut-être son
origine d'un blason multiplié sur les constructions de l'abbaye et qu'on a cru être le blason traditionnel et allégorique
de l'abbaye : Il portait *d'azur à trois tours d'argent.* Or
c'est le blason de l'abbesse Marie du Montier. Dans le procès
verbal de la visite de Notre-Dame-aux-Nonnains faite en 1521
par l'évêque de Troyes, Guillaume Parvi, une religieuse se
plaint de la vanité de Marie du Moutier qui fait poser partout
son blason (3).

----

(1) Optatien, deuxième évêque de Troyes, assiste au Concile de
Sardique en 343. Voir notre travail : *Optatien, deuxième évêque de
Troyes, et les Conciles de Cologne et de Sardique.*
(2) *Archiv. Aube,* lias. 383.
(3) *Ibid.* « Quod est nimis curiosa circa appositionem *armorum
suorum* in edificiis et operagiis que fieri fecit. »

II. — Une tradition plus ancienne attribue les premières origines de Notre-Dames-aux-Nonnains à saint Leuçon, évêque de Troyes. Son épiscopat se place vers le milieu du vII° siècle; car Bertoald qui lui succéda, souscrivit en 658 les priviléges de Saint-Pierre-le-Vif et de Sainte-Colombe de Sens.

Cette tradition, défendue ou acceptée par Desguerrois (1), le bollandiste Godefroi Henschenius (2), les auteurs du *Gallia Christiana* (3) et nos écrivains locaux du xvIII° siècle, Remy Breyer, Grosley, Morel et Courtalon (4), paraît fondée. Saint Leuçon se serait efforcé, par son zèle et ses travaux apostoliques, de détruire dans son diocèse le paganisme, qui fut encore si vivace en France sous la race mérovingienne. Il choisit ensuite parmi les veuves et les jeunes filles qu'il avait converties celles qui lui parurent avoir des aspirations à une vie chrétienne plus parfaite, et il les réunit dans une maison sous les murs de la ville, les assujettissant dans cette retraite au régime de la vie monastique; de là l'origine de l'abbaye de Notre-Dame-aux-Nonnains. Nous regardons cette tradition comme fondée parce qu'elle repose sur un document sacré, l'office de saint Leuçon, et sur le culte public et immémorial du saint évèque dans l'abbaye. Nous donnerons un peu plus loin une copie de l'office de saint Leuçon, écrite au mois de décembre 1287 (5); elle fut imprimée en 1543 sans modification dans le Bréviaire de l'abbaye et fut en usage jusqu'après le Concile de Trente. Or, dans cet office traditionnel, révisé et approuvé de nouveau en 1287 et en 1543, les religieuses de Notre-Dame-aux-Nonnains ont proclamé de siècles en siècles saint Leuçon

---

(1) *La Saincteté chrestienne*, fol. 195 v°.

(2) Acta SS., t. I. April, p. 12.

(3) T. XII, col. 488, 563, 564.

(4) *Topographie histor.*, t. I, p. 295; t. II, p. 28, 170. — *Almanach de Troyes* 1779.

(5) Biblioth. Troyes, ms. 792.

leur *protecteur*, leur *père*, leur *docteur*, le *prédicateur qui
les a tirées des erreurs du paganisme pour les amener à la
connaissance de la religion chrétienne*. Saint Leuçon voulut
qu'après sa mort son corps reposât au milieu de ses filles,
dans l'asile de paix qu'il leur avait élevé près des bords du
Rû-de-Cordé. C'est là que ses cendres reçurent un culte
spécial jusqu'à la Révolution.

III. — Nous publions l'*Ordo* de l'office de saint Leuçon,
au 1ᵉʳ avril, d'après l'*Ordinarium* de Notre-Dame-aux·
Nonnains écrit au mois de décembre 1287.

De saint Leochoigne.

A VESPRES.

L'antene sus les saumes *Funde preces Domino;* et les
tient la chantre. — Lou chapitre *Ecce sacerdos.* — Le
respont *O presul Christi Leochoni;* et le doit dire la chantre
et ɪɪɪ dames avec li. — L'inne *Ave pater scandens polum.*
— Le verset *Ora pro nobis, beate Leochoni.* — L'antene
de *Magnificat, Sancte Leochoni;* et la doit l'en dire ɪɪɪ fois.
— La collecte *Da eterne consolationis.*

A MATINES.

Le victatoire *Pontificum pastori,* le saume *Venite.* —
L'inne *Jesu, redemptor omnium.* — L'antene dou premier
noctur *Beatus vir,* le saume *Beatus vir.* — Les antenes
et les saumes si come il se viennent, de sest noctur si come
il sa viennent. — Lou verset *Amavit eum.* — Le premier
respont *Euge serve;* et sont ɪɪ dames au dire. Le secon
Ecce sacerdos magnus; et sont ɪɪ dames au dire. Le tiers
Juravit Dominus, et sont ɪɪ dames au dire. Le quart *Ora
pro nobis,* et sont ɪɪɪ dames. — L'antene dou secon noctur
Domine, iste, le saume *Domine quis habitabit.* L'antene
vitam petiit, l'autre *Hic accipiet,* l'autre *Dum esset,* l'autre
Domine, quinque, l'autre *Quinque michi.* — Le verset

Justum deduxit. — Le quint respons *Amavit eum*, et sont
ii au dire. Le sizame *Invenit David*, et i sont ii au dire. Le
septiesme *Ecce vere*, et i sont ii au dire. L'uitesme *Sancte
Leochoni*, et i sont iiii dames au dire, dame abbesse et la
chantre et ii autres. — Les lecons si panrons ou lecenier si
come elles si aviennent, et les viiii. — L'antene des cantiques *Sint lumbi*; les cantiques *Beatus vir*, le verset *Justus
ut palma*. — L'esposition de l'évangile *Homo quidam*. —
Lou novaime respont *Venerande presul*, et sont ii au dire.
Lou dizeme *Justum deduxit*, et sont ii dames au dire, la
prieusse et ses compaignes avec li, et le doit l'en recomen-
cier, et puis après, *Te Deum*; et puis *Te decet* ou grand
chant; et puis après, la collecte *Da eterne consolationis*. —
L'antene des laudes *Ecce sacerdos*, lou saume *Dominus
regnavit*, et les autres en sivant. — Le chapitre *Ecce sacerdos*. Le respont *Sancte Leochoni*. — L'inne *Precamur
tuntum*. Le verset *Ecce Sacerdos*. L'antene de *Benedictus,
Sancte Leochoni*. La collecte *Da eterne*.

Il est a savoir que se la feste seint Leochone se vient ou
temps Pasqueret, li victatoire si est *Alleluia*; et l'antene
sus les saumes *Alleluia*. Le premier respons *Beatus vir*. Le
second *De ore prudentis*. Lou tiers *Juravit*. Le quart *Ora
pro nobis*. — L'antene dou secon noctur *Alleluia. Lux
perpetua*, le verset *Justum deduxit*. Le quint respons *Lux
perpetua*. Lou sizeme *Docete filios*. Le septesme *Ecce vere*.
L'uitesme *Sancte Leochoni*. — L'antene des cantiques
Alleluia. Ego sum. Le verset *Justus ut palma*. L'évangile
Ego sum vitis. Le nonvaime respont *Ego sum vitis*. Lou
dizaime *Letabitur*. L'unzeme *Agmina Sancta*. Lou dozeme
O presul Christi. — L'antene des Laudes *Alleluia. In
celestibus*.

L'entroite de la messe *Statuit*, lou ver *Misericordia Domini*. Et ceste messe tient la chantre et iii de ses compaignes

avec li. -- *Kirie, eleison.* — La collecte *Da eterne consolationis.* — L'epitre *Ecce sacerdos.* — Lou respont *Juravit,* et lou done la chantre à IIII dames. — Lou trait *Ecce vir prudens,* et lou redone la chantre a IIII dames. — L'évangile *Homo quidam.* — L'offerande *Veritas.* — Lou postcommenion *Beatus servus.*

Et est a savoir que quant ceste feste vanra ou temps Pasqueret, si dirons *Gloria in excelsis.* — La premiere alleluie est de la Resurrection, la seconde *Justus germinabit* et la sequence *Deus quam magnus.*

Et est a savoir que nous devons faire la vigile de seint Leochoigne.

Extrait des Leçons. — Hymne.

LECT. I.   Gaudete, dilectissimi fratres, in Domino, qui ad sanctissimi Patris et Protectoris nostri, sancti scilicet Leochonii episcopi, solennia convenistis, et spiritali jocunditate letemini. Ex intimo cordis affectu clementiam Domini nostri Jesu Christi collaudate, qui nos ex idololatrie erroribus ad agnitionem sui Sancti Nominis, per hujus sancti sacerdotis predicationem, perducere dignatus est. Sequamur unanimiter tam sancti Doctoris vestigia. Non simus tanti Patris degeneres filii ; sed sanctitatem vite illius, morum nobilitate imitemur...

LECT. IIII.   Preparemus (corda nostra) in omni bonitate, ut preclarus pontifex et pius Predicator noster, sanctus Leochonius episcopus, gaudens nos ante tribunal summi Judicis in die ultimo deducat...

LECT. V.   Ille in celesti patria, piis orationibus nostrum agonem quotidie adjuvare non desistit, desiderans suos carissimos filios, quos paterna pietate genuit in Christo, ad glorie perpetue beatitudinem pervenire.

LECT. VI.   Quapropter, carissimi fratres, unusquisque in suo ordine, secundum virium facultatem, fortiter diabolicis suggestionibus resistat, ut eternam triumphi coronam cum pio parente nostro accipere dignus efficiatur.

HYMNUS.   Ave Pater scandens polum,
            Ave pie visens solum,

Annua festa, munera,
Tua sacra presentia.

Offer, sacerdos optime,
Genitus nostros et preces.
Firma fidem, presul sancte,
Moresque nostros corrige.

Ope guberna fragiles
In mundi hujus pelago,
Atque exutos corpore,
Pie, benigne suscipe.

Quo sine fine gloria
Deo Patri et Filio
Una cum sancto Spiritu
Tecum canamus perpetim (1).

IV. — On a dit que les religieuses de Notre-Dame-aux-Nonnains, comprenant l'inanité de la tradition qui désignait saint Leuçon comme leur fondateur, abandonnèrent son office en 1640. Voici la vérité historique : Après le concile de Trente et la réforme du Bréviaire romain par saint Pie V en 1568, les religieuses de Notre-Dame-aux-Nonnains se crurent obligées de prendre le Bréviaire romain purement et simplement, en sacrifiant leur *Proprium Sanctorum ;* les leçons de saint Leuçon, de sainte Tanche, de saint Savinien et de tous nos saints locaux furent donc abandonnées. En 1606, les religieuses de Notre-Dame-aux-Nonnains eurent un scrupule et elles demandèrent à la Congrégation des Rites si elles pouvaient en sûreté de conscience continuer à réciter le Bréviaire romain, depuis longtemps en usage dans le monastère, quoiqu'il ne fut pas encore généralement suivi dans les maisons de l'ordre de saint Benoît. La réponse de Rome, à la date du 25 février 1606, fut affirmative (2). Cependant, en 1640, l'ab-

---

(1) Dans le Bréviaire imprimé en 1543, fol. 242 r° et v°.
(2) Archiv. Aube. *Origin.*

baye fit imprimer un supplément au Bréviaire romain sous
ce titre : *Offices propres de Notre-Dame-aux-Nonnains de
Troyes* (1); la fête de saint Leuçon y est marquée du rite
double, mais les leçons sont prises au commun du Bréviaire romain, par la raison toute naturelle que les leçons de
l'ancien office de saint Leuçon étaient plutôt un sermon général sur les vertus d'un confesseur pontife que les *actes*
propres de la vie du saint évêque de Troyes.

§ III. — Alcuin et saint Bernard. — Règle de Notre-Dame-aux-Nonnains. — Incendie de 1188.

I. — Les archives de Notre-Dame-aux-Nonnains ayant
été détruites dans l'incendie de 1188, les documents historiques font complétement défaut sur les premiers accroisse-
ments de l'abbaye, et son existence pendant cinq siècles environ est enveloppée dans l'obscurité de la nuit des temps.
Cependant nous rappellerons le souvenir de deux épaves
précieuses des antiques archives de Notre-Dame, deux sou-
venirs glorieux de sa prospérité spirituelle, deux lettres dont
l'une est d'Alcuin et l'autre de saint Bernard.

Alcuin, qui fut abbé de Saint-Loup de Troyes, écrit à
l'abbesse de Notre-Dame-aux-Nonnains (2) : « Très-chère
sœur en Jésus-Christ... la peine que vous vous donnez
pour la prospérité du monastère de Notre-Dame, et votre
application à l'étude me causent une grande joie. Je suis
heureux de seconder, dans la mesure de mes forces, des ef-
forts intelligents qui tendent à un si noble but, et de son

______

(1) A Troyes, chez Balduc.

(2) Edit. Du Chesne, *ep.* 56 ; — Canisius, 55 ; Froben, 98. — *Gallia
Christ.*, t. XII, col. 564 — A ; 565 — B. D'après les auteurs du *Gallia*,
cette lettre fut adressée à l'abbesse de N.-D.-aux-Nonnains ; nous
adoptons ce sentiment, quoiqu'il ne paraisse pas incontestable.
Quant à la qualification de sœur donnée à l'abbesse par Alcuin, elle
doit être prise dans le sens spirituel.

côté mon disciple Fridegise ne manquera pas l'occasion de vous être utile. Votre progrès dans la perfection fait mon bonheur ; avec l'aide du Seigneur, poussez à bonne fin ce que vous avez si heureusement commencé... Plaise à Dieu que je puisse bientôt vous voir et vous confier les peines de mon cœur, afin que votre piété épanche dans mon âme les consolations dont elle a besoin. J'aime beaucoup cette croix que vous m'avez envoyée. Je ne doute pas que vous n'ayez acquis par là, aux yeux de Dieu, le droit à une récompense éternelle et la protection incessante de saint Loup et la reconnaissance des pélerins qui affluent à son tombeau... » Duhalle rapporte qu'on voyait encore à N.-D.-aux-Nonnains, au xviiie siècle, une copie de cette lettre (1). La croix dont il vient d'être question était évidemment destinée à l'abbaye de Saint-Loup de Troyes, alors située hors des murs de la ville et à la veille d'être détruite par les Normands, sous les faibles successeurs de Charlemagne, l'illustre disciple d'Alcuin.

A plus de deux siècles de distance, nous trouvons le souvenir de notre grand saint Bernard. L'abbé de Clairvaux, qui était l'oracle des cloîtres, est consulté par le monastère de N.-D.-aux-Nonnains. Cette communauté, déchue de la prospérité spirituelle qui faisait sa gloire au temps d'Alcuin, venait d'être réformée, (probablement par saint Bernard qui rétablit la discipline claustrale dans nos abbayes de Saint-Loup, de Boulancourt et autres), une religieuse, prise tout d'un coup d'une belle ferveur, *sanctior subito facta*, résolut, malgré les conseils de ses sœurs et la défense de la supérieure, de quitter le couvent pour se retirer dans la solitude. A force de représentations, on finit par la faire consentir à ce que déciderait le saint abbé de Clairvaux. Saint Bernard réfléchit, médita, revint souvent devant Dieu sur ce sujet, et enfin, tout en reconnaissant que la sœur pouvait avoir de

____

(1) *Op. cit.*, p. 208.

bonnes intentions, déclara que son zèle ne lui paraissait pas réglé par la prudence. Elle faisait cette objection : « Comment ! fuir l'abondance, le tumulte des villes, le bien-être, la vie au sein des délices, ce n'est pas être sage ? Et ma virginité ne sera pas, dans la retraite, plus sûrement gardée, quand seule ou presque seule je n'aurai d'autre souci que de plaire au seul époux que je me suis donné ? — Non, ma fille, répond saint Bernard ; quand on veut mal agir, le désert s'y prête admirablement ; l'ombre est dans les bois, le silence dans la solitude : personne n'y voit commettre le mal, personne ne peut l'y reprendre, et quand on n'a pas à craindre de reproches, le tentateur a beau jeu et le mal s'accomplit à l'aise. Mais au couvent, il n'en est point ainsi : si vous faites le bien, personne ne vous le défend, et si vous faites le mal, on vous en empêche, on le sait, on vous reprend, on vous corrige, tout comme, en vous voyant faire le bien, on vous admire, on vous vénère, on vous imite......

« D'ailleurs..., vous êtes ou l'une des vierges folles, ou l'une des vierges sages. Vierge folle, vous avez besoin du couvent ; vierge sage le couvent a besoin de vous : *aut de fatuis virginibus una es, aut de prudentibus. Si de fatuis, congregatio tibi necessaria est : si de prudentibus, tu congregationi.* Sage, et connue comme telle, votre départ sera une honte et une blessure à cette maison dont on fait partout l'éloge depuis qu'elle a été tout dernièrement réformée ; on dira que vous êtes bonne et que vous ne quitteriez pas votre couvent, si lui-même était bon. Folle, vous ferez dire en vous retirant que, ne pouvant vivre mal au milieu des saints, et ne pouvant, mauvaise comme vous l'êtes, supporter la société des bons, vous cherchez un lieu où vous puissiez vivre tout à votre aise ; et ce sera bien dit, puisque cet amour de la solitude vous est venu tout juste depuis la réforme de votre monastère. Je vois là, ma fille, je vois, et plaise à Dieu que vous le voyez avec moi, le venin du serpent, la perfidie du grand imposteur, la fourbe et l'astuce de l'esprit de ruse et de mensonge. C'est dans les bois qu'habite ce loup dévorant; vous, petite brebis, si vous vous enfoncez, toute seule, dans les ombres et dans les profondeurs des bois, c'est donc que vous voulez devenir la proie du loup? *In nemore lupus habitat. Si sola ovicula umbras nemoris penetras, preda vis esse lupo.* Mais écoutez-moi, ma fille, écoutez ce conseil ami. Pécheresse ou sainte, ne quittez pas le troupeau, de peur d'être ravie sans qu'on puisse plus vous délivrer. Vous êtes sainte, étudiez-vous à gagner vos sœurs à la sainteté. Vous êtes pécheresse? n'allez pas entasser péchés sur péchés, faites pénitence là où vous êtes : votre départ, dangereux pour vous, serait un scandale pour vos sœurs, et déchaînerait contre vous toute la foule des mauvaises langues (1).

II. — Selon les traditions recueillies par nos écrivains locaux, Notre-Dame-aux-Nonnains fut pendant des siècles un collége de chanoinesses. Ces femmes étaient riches, vêtues somptueusement et s'assemblaient seulement pour les offices du chœur. Cet état de choses aurait duré jusqu'au xvie siècle. « L'abbesse Catherine de Courcelles, dit Courtalon (2), fit embrasser à ses religieuses la règle de saint Benoît, et les cloîtra en 1518. »

Quoi qu'il en soit des temps primitifs, il est incontestable, d'après les documents publiés dans la première partie de ce travail, que dès le 11 juillet 1246, au plus tard, l'abbaye vivait sous la règle bénédictine (3); et elle l'a suivie avec plus ou moins de ferveur, jusqu'aux temps modernes. A la vérité, plusieurs de nos documents, ainsi que les procès-verbaux des visites de l'abbaye faites en 1442, 1519 et 1521 (4) par les évêques de Troyes, accusent un grand re-

---

(1) *Ep.* 115.

(2) *Topographie histor.*, t. II, p. 173. — Voir l'ancienne règle des chanoinesses publiée dans l'assemblée d'Aix-la-Chapelle, en 816. Migne, *Patrol. lat.*, t. CV, col. 935.

(3) *Chartes* n. 169, 170, 174, 184, 186.

(4) Archiv. Aube, *lias.* 383 et 299.

lâchement dans la discipline claustrale ; toutefois, la règle de
saint Benoît, quoique violée sur beaucoup de points, demeura
en fait la règle de Notre-Dame-aux-Nonnains avant comme
après 1518. Nous croyons même pouvoir avancer sans témé-
rité que la réforme établie au xiie siècle du temps de saint
Bernard, fut la réforme bénédictine qu'on trouve en vigueur
dans le monastère de N.-D.-aux-Nonnains un siècle plus
tard.

III. — Nous terminerons l'historique des temps incertains
en rappelant l'affreux désastre qui accabla Notre-Dame-
aux-Nonnains en 1188. Le 23 juillet, pendant les Foires de
Troyes, éclate un violent incendie qui consume presqu'en
entier la ville, ses plus beaux édifices, et les marchandises
accumulées dans ses murs de tous les points de l'occident et
de l'orient. La cathédrale et la collégiale de Saint-Etienne
furent la proie des flammes (1); l'abbaye de Notre-Dame-
aux-Nonnains eut le même sort, plusieurs religieuses pé-
rirent misérablement, victimes de l'incendie (2), ainsi que
les constructions et les archives du monastère. Ce sinistre
événement sépare dans les annales de l'abbaye les temps incertains de l'époque véritablement historique.

§ IV. — **Ancienne dotation de l'abbaye. — Topographie des principales propriétés. — Revenu de l'an
1380 à l'an 1777.**

I. — Les archives de l'abbaye ayant été incendiées
en 1188, la dotation primitive de l'abbaye ne nous est
connue qu'en partie par les chartes-notices données plus
tard, après l'incendie, par les successeurs des premiers bien-
faiteurs de l'abbaye.

En 1188 et 1189, l'évêque Manassès de Pougy confirma

---

(1) *Chronic. S. Mariani* ad an. 1188.
(2) *Chartes* n. 7.

l'abbaye de Notre-Dame dans la possession des églises de St-Jacques-aux-Nonnains et de St-Jean qui lui avaient été données dans les siècles antérieurs par les évêques de Troyes (1). La paroisse de Saint-Jacques était la plus importante par ses revenus, parce que le curé de Saint-Jean et des deux chapelles de secours, Saint-Panthaléon et Saint-Nicolas, devait enterrer tous ses paroissiens au cimetière de Saint-Jacques-aux-Nonnains. On voit par là que l'abbaye de Notre-Dame avait contribué à la formation et à l'érection canonique de ces deux paroisses, à celle de Saint-Jacques ou de l'abbaye d'abord, et ensuite à celle de Saint-Jean.

Le comte Hugues (1093-1125) dispose en faveur de N.-D.-aux-Nonnains des droits qui lui appartenaient à Mesnil-Sellières, Fays, Lépine, Linçon, Champigny, Montaulin, Virey-sous-Bar, Courtenot. Il accorde aussi à l'abbaye le droit à quatre foires, aux quatre fêtes de la Sainte-Vierge (2). Avant cette époque, l'abbaye possédait à Troyes plusieurs maisons et fours, le comte Henri-le-Libéral affranchit quatre de ces maisons et trois fours; il reconnut et confirma le territoire de la justice haute, moyenne et basse de l'abbaye (3). Les titres échappés à l'injure du temps ne nous fournissent que ces renseignements sur l'ancienne dotation de N.-D.-aux-Nonnains.

II. — Nous donnons la topographie des principales propriétés de l'abbaye, situées hors de Troyes, avec la date du plus ancien titre qui se rapporte à chaque propriété. La plupart de ces titres sont de la fin du xiiᵉ siècle ou de la première moitié du xiiiᵉ : Il faut en conclure que cette période de temps est l'époque du développement complet de la propriété de l'abbaye et l'apogée de sa prospérité temporelle.

---

(1) *Chartes* n. 5, 127.
(2) *Ibid.* n. 7.
(3) *Ibid.*

1. Arcis-sur-Aube, 1208.
2. Barberey, 1542.
3. Bouilly et Souligny, 1202, 1247.
4. Chamoy, 1196.
5. Chantemerle (Marne), 1208.
6. Chapelle-Saint-Luc, 1295.
7. Chennegy, 1147, 1192.
8. Courtenot, 1189.
9. Courteranges, 1368.
10. Charny-le-Bachot, 1191.
11. Créney, 1271.
12. Crésantignes, 1191.
13. Dommartin-le-Coq, 1210.
14. Fays (C^{on} de Bouilly), 1189, 1196.
15. Granges-sur-Aube, 1213.
16. Jeugny, 1220.
17. Laines-aux-Bois, 1257.
18. Larrivour et Nuisement, 1258.
19. Laubressel et Champigny, 1189, 1192, 1271.
20. Lhuître, 1525.
21. Longsols, 1201.
22. Lusigny, 1548.
23. Luyères et Assencières, 1216.
24. Méry, Saint-Oulph et Droupt-Sainte-Marie, 1235.
25. Mesgrigny et Vallant, 1189.
26. Mesnil-Sellières, 1189, 1206.
27. Mesnil-Saint-Loup, 1536.
28. Montaulin, 1189.
29. Payns, 1147, 1192.
30. Piney, 1230.
31. Poivre, 1218.
32. Polisy, 1616.
33. Pont-Sainte-Marie, 1365.
34. Ricey, 1216, 1239.
35. Saint-Benoît-sur-Vannes, 1236, 1322.

36. Saint-Geômes, près de Langres (Haute-Marne),
     1704, 1728.
37. Saint-Germain, Linçon, Les Bochot et Lépine,
     1189, 1219.
38. Sainte-Maure et Culoison, 1215.
39. Saint-Phal, 1196.
40. Saint-Pouange, 1220.
41. Sainte-Savine, La Voise et la Rivière-de-Corps,
     1363.
42. Saint-Sépulchre, maintenant Villacerf, 1566.
43. Sancey-Saint-Julien, 1220.
44. Sommeval, 1235.
45. Venisy (Yonne), 1152-1157.
46. Villehardouin, 1207.
47. Villemoiron, 1236.
48. Villy-le-Maréchal, 1180.
49. Virey, 1189.
50. Vougrey, 1190.

C'est donc sur plus de cinquante paroisses, en dehors de
Troyes, qu'étaient disséminés les biens de Notre-Dame-aux-
Nonnains.

III. Ces biens de toute nature formaient, au XII° et au
XIII° siècle, un revenu considérable que nous ne pouvons
apprécier à sa juste valeur. Mais dès le milieu du XIII° siècle,
on voit l'abbaye entrer dans une voie de décadence progres-
sive (1).

Partant d'une époque où la situation financière de l'abbaye était déchue de son ancienne prospérité, nous allons
mettre sous les yeux du lecteur l'état du revenu, de
l'an 1380 à l'an 1777 (2).

----

(1) *Chartes* n. 171, 175, 176, 180, 198, 220, 225.
(2) L'analyse des anciens comptes avec le revenu moyen et l'esti-
mation en monnaie d'aujourd'hui est tirée de l'Introduction au
Pouillé du diocèse de Troyes rédigé en 1407, publié par M. d'Arbois
de Jubainville, p. 97.

Nº 1. — Revenu moyen de.....

	1380-1381			1394-1395			1395-1396			Moyenne :			Pouvoir :	
	liv.	sous	den.	liv.	sous	den.	liv.	sous	den.	liv.	sous	den.	fr.	c.
Censives............	44	10	9	37	10	2	35	11	3	39	4	»	2038	40
Mairies, tailles et for-mariages	6	15	2	11	7	4	10	9	5	9	10	8	495	73
Fermes muables et dimes............	84	»	1	94	7	1	97	4	9	91	10	8	4759	73
Rentes perpétuelles...	105	2	8	125	1	1	127	1	10	119	1	10	6192	76
Loyers de maisons...	234	2	10	190	15	»	221	15	»	215	10	11	11208	38
Patronage de la cure de N.-D..........	20	»	»	17	9	7	22	5	10	19	16	5	1030	72
Mortemains	41	13	3	»	»	»	77	»	»	39	7	9	2048	15
Lods et ventes.......	19	7	11	20	6	8	12	3	2	17	5	11	899	38
Herbe de Prés.......	»	»	»	»	»	»	»	»	»	»	»	»	»	»

Total du revenu en deniers........... 28673 25

	m.	set.	boiss.	m.	set.	boiss.	muids	setiers	muids	setiers	fr.	c.
Froment...........	15	7	»	»	»	»	13	3	14	5	9024	»
Seigle.............	4	3	»	»	»	»	5	10	5	1	2094	»
Orge..............	3	3	»	»	»	»	3	8	3	5	978	»
Avoine...........	21	»	15	»	»	»	8	5	15	2	4034	»

Total du revenu en grains.......... 16130 »

Total général.............. 44803 25

Nº 2. — Revenu moyen de.....

	1494-1495			1495-1496			1496-1497			Moyenne :			Pouvoir :	
	liv.	sous	den.	liv.	sous	den.	liv.	sous	den.	liv.	sous	den.	fr.	c.
Censives...........	15	4	6	15	4	6	15	4	6	15	4	6	418	68
Mairies, tailles et for-mariages	5	10	»	5	10	»	5	13	4	5	11	3	152	74
Fermes muables et dimes............	101	10	4	100	4	»	90	2	10	97	5	9	2675	40
Rentes perpétuelles ..	129	9	6	128	12	»	128	12	»	128	17	10	3544	52
Loyers de maisons...	171	9	3	171	8	5	171	18	5	171	12	»	4719	»
Patronage de la cure de N.-D..........	22	2	7	25	13	9	26	»	6	24	12	3	676	84
Mortemains.........	5	10	»	»	»	»	»	»	»	1	16	8	50	42
Lods et ventes.......	220	10	»	20	10	»	32	14	7	91	4	10	2504	15
Herbe de Prés......	23	14	»	23	14	»	25	14	»	24	7	4	670	8

Total du revenu en deniers........... 15411 84

	muids	setiers	muids	setiers	muids	setiers	muids	setiers	fr.	c.
Froment...........	12	11	9	6	9	7	10	8	6676	»
Seigle.............	6	2	6	8	5	4	6	1	2506	»
Orge..............	»	13	»	4	»	14	»	14	334	»
Avoine	4	11	4	8	5	2	5	4	1418	»

Total du revenu en grains........ 10934 »

Total général.............. 26345 84

Nº 3. — Revenu net et imposable d'après les Pouillés du xvı° siècle : 6000 liv. (1)

Nº 4. — Revenu net, ou charges déduites d'après le Pouillé de 1648 : 8387 liv. 5 s.

____

(1) Bibliot. Troyes. Morel, ms. 275 *ter*.

N° 5. — Revenu de 1668-1669 :

	1668-1669			
	livres	sous	francs	cent.
Cens et rentes perpétuelles sur cures, seigneuries, héritages.	757	9	2688	95
Louages des maisons et moulins.	1696	»	6020	80
Louages de dîmes, prés, terres	2610	18	9268	70
Lods et ventes.	337	10	1192	12
Total du revenu en deniers			19176	75
	Setiers	boiss.	francs	cent.
Froment.	7	12	340	»
Seigle.	10	»	420	»
Avoine	84	»	2100	»
Total du revenu en grains			2860	»
Total général			22036	57

N° 6. — Revenu net et imposable d'après le Pouillé de 1726 : 5773 liv. 5 s.

N° 7. — Revenu net et imposable porté au Pouillé de 1754 : 8887 l.

N° 8. — ETAT du revenu annuel de l'abbaye royalle de Notre-Dame-aux-Nonnains de le ville de Troyes, fourni à Messieurs de la chambre ecclésiastique du diocèse dudit Troyes, et rédigé conformément à la lettre-circulaire de M. l'abbé de la Gallisonnière, sindic, du 19 janvier de la présente année 1756.

SCAVOIR :

Revenu en rentes foncières sur plusieurs héritages, maisons, etc.   650 l.

Revenu en argent sur les fermages par baux, qui est un revenu en fonds de terre   4125 l. 10 s.

Revenu en louages de maisons et moulins   1194 l.

Revenu en grains sur les fermages par baux qui est un revenu en fonds de terre, scavoir :

En froment, 28 septiers, 8 boisseaux, charges déduites, à 24 l. le septier, année commune, c'est   684 l.

En seigle, 78 septiers, un boisseau, à 14 l. le septier, année commune, c'est   1092 l. 18 s.   ⎱   2293 l. 8 s.

En aveine, 64 septiers, neuf boisseaux, à 8 l. le septier, année commune, c'est   516 l. 10 s.

                 2293 l. 8 s.

Revenu en grosses dixmes louées par baux qui est

un revenu casuel......................... 936 l. 12 s.

Revenu en menües dixmes louées par baux qui est
un revenu casuel .... 70 l.

Revenu en rentes consituées sur le clergé........ 2200 l.

Revenu casuel en lots et ventes, en en faisant de dix
années comme une année, ce sera chaque année. ...

Revenu en vin la quantité de... muids qui ne font
pas le quart de la provision pour la maison, année commune, estimés à..... Le muid, c'est.... ...

Total.......... 11469 l. 10 s.

CHARGES FONCIÈRES DE LADITE ABBAYE.

Charges en argent......................... 4949 l.

Charges en grains .... 571 l. 12 s.

5520 l. 12 s.

Charges en grains, scavoir :

En froment...... 13 septiers, 8 bois.
à 24 l. le septier, c'est............... 324 l.

En seigle.......... 4 .... 4 bois.
à 14 l. le septier, c'est.............. 59 l. 12 s.

En aveine........ 23 .... 8 bois.
à 8 l. le septier, c'est............... 188 l.

Total.... 41 sept..... 4 bois. 571 l. 12 s.

11469 l. 10 s.
5520 l. 12 s.

Reste net du revenu annuel. 5948 l. 18 s.

Nous soussignées abbesse et dépositaire de l'abbaye royalle de Notre
Dame aux Nonains de la ville de Troyes, certifions à Messieurs de la
chambre ecclésiastique du diocèse dudit Troyes l'etat cy dessus véritable, et conforme à la lettre circulaire cy dessus dattée, en foy de quoy
nous avons signé. Fait en la dite abbaye ce.... fevrier 1756.

N° 9. — En 1777, total du revenu : en grain....... 4521 l. 6 s.
en argent..... 16784 l.

Total général...... 21305 l. 6 s.
Ajouter........ 353 l.

Total général...... 21658 l. 6 s.
Dépenses...... 20360 l.

Revenu net... 1258 l. 6 s.

Il est dit à la fin de cet état que « les bâtiments de l'abbaye sont à
reconstruire à neuf, excepté le quartier abbatial que Mme de Montmorin
vient de faire rebâtir en partie. »

§ V. — Substance de l'histoire de N.-D.-aux-Nonnains, du milieu du XIIIe siècle au XVIIIe.

Du milieu du xiiie siècle au xviiie, la vie des religieuses de N.-D.-aux-Nonnains est absorbée en grande partie en querelles et en procès sans cesse renaissants. Querelles avec les curés de Saint-Jacques et de Saint-Jean, qui étaient en partie sous la juridiction de l'abbaye ; querelles avec les Frères-Mineurs, puis avec les Frères-Prêcheurs, puis avec les chanoines de Saint-Urbain : les religieuses se montrent voisines peu endurantes ; querelles avec les évêques, dont elles ne veulent pas reconnaître la juridiction et en particulier le droit de réformer leur monastère ; querelles avec le chapitre et les enfants de chœur de la cathédrale ; divisions intestines au sujet des élections des abbesses, ou du gouvernement de la communnauté et l'administration de ses biens ; chronique scandaleuse, enquêtes, réformes ou excommunications plusieurs fois renouvelées : sous ces divers titres on grouperait à peu près toutes les archives de Notre-Dame pendant 500 ans environ ; c'est dire une seconde fois que cette période de temps est dans l'existence de notre abbaye une époque de décadence tant au point de vue de la régularité claustrale que de la fortune immobilière.

§ VI. — Cérémonial de ce qui se passait à N.-D.-aux-Nonnains, le jour du joyeux avènement de l'évêque de Troyes.

Nous extrayons ce cérémonial de deux documents authentiques.

C'est la manière qu'on a accoustumé de tenir quand Mgr l'Évesque de Troyes faict nouvellement son entrée.

« Quand Mgr l'Evesque faict son entrée, il doibt venir en

l'église de Nostre-Dame-aux-Nonnains de Troyes la veille
de sadicte venue, à cheval, jusque dedans les lisses à la Croisette, et illec doibt descendre, et tantost l'abbesse Nostre-
Dame, ensemble son couvent, en procession luy viennent au
devant. Et quand il est illec descendu, ladicte abbesse prent
le cheval qu'il a chevauché, et l'en fait mener comme sien,
et puis ledict évesque vat au chapitre desdictes dames et se
doibt aller vestir et aller au grand autel de ladicte eglise, et
faire son serment et le bailler par escript à ladicte abbesse ;
et luy doibt ladicte abbesse pour luy et pour ses gens son
giste, ledict jour et non plus, et ledict évesque doibt avoir le
lict sur lequel il a gehu se ils n'ont composition (1)... »

Nous trouvons les détails de ce cérémonial dans le procès-
verbal de la réception de l'évèque Odard Hennequin à N.-D.-
aux-Nonnains en 1527. Il arriva à l'abbaye le samedi
28 mars, vers quatre heures de l'après-midi, avec une foule
d'ecclésiastiques et de laïques, d'abbés, de chanoines et de
seigneurs.

« Lequel révérend, monté sur une mule, ayant un roquet
ou surpelis de linge blanc sur sa robe, et un camal de satin
noir par dessus, arriva au carre et bout dudit cimetière par
devers la rue Nostre-Dame dudit Troyes, en un lieu d'an-
cienneté nommé la Croisette, où les dites abbesse, religieuses
et couvent avant leur réformation avoient accoustumé recevoir en procession chacun des autres évesques dudit Troyes,
à leur entrée en ladicte abbaye Nostre-Dame. Et illec lesdits
révérend et autres notables personnages se séparèrent en
deux rangées ; et incontinent après, partirent dudit monastère et furent envoyez par lesdites abbesse et religieuses, au
lieu d'elles, pour ce qu'elles sont en réformation et clostures,
les chanoines d'icelle esglise Nostre-Dame en belle procession

---

(1) Bibliot. du Gᵈ Sémin. de Troyes au comm. d'un Processional
du XVᵉ s. — Camusat a imprimé ce document d'après le Cartulaire
de l'évêché (*Promptuar.*), fol. 253 rᵒ.

revestus de chappes, la croix... et amenèrent l'évesque en procession au dedans de la closture et devant la seconde porte et fermette qui est l'entrée du cloistre d'iceluy monastère, à laquelle porte fut frappé plusieurs fois, disant par ledit révérend évesque que c'étoit le lieu ou il devoit descendre et estre receu par lesdites abbesse et religieuses, qui comme réformées ne pouvoient partir ne aller audit lieu de la Croisette ou ses prédécesseurs avoient esté par elles receuz auparavant leur dicte réformation, et après ouverture faite, iceluy révérend évesque descendit à terre, trouva dame Marie du Monstier, abbesse, avec grand nombre de religieuses d'icelle abbaye, laquelle abbesse après luy avoir faict la révérence en grande humilité, print et saisit la mule d'iceluy révérend, scellée et houssée, ainsi que dit est, comme sienne, la bailla et mist ès mains de Panquet Artelier, donné en icelle abbaye, qui l'amena en l'estable d'icelle abbaye. Ce faict, ledict révérend évesque baisa le texte d'Evangiles *Asperges*, et jeta eau beneiste audictes abbesse et religieuses, qui le receurent révéramment, et en signe de grande humilité ; passèrent lesdicts chanoines et enfans de chœur en procession par le cloistre d'icelle abbaye pour aller en l'esglise dudict couvent, lesquels furent suiviz aussi en procession par lesdictes religieuses chantans anthiennes et respons, et après eux, lesdicts révérends évesque et abbé de Clervaulx, et ladite dame abbesse tenant et menant par la main iceluy évesque, et derrière eux plusieurs des devants nommez et gros nombre de peuple, hommes et femmes... et illec (au chœur des religieuses) ledict révérend évesque ainsi conduit et mené par ladicte dame abbesse se mist à genoux, feit sa prière, et chantèrent lesdictes religieuses une anthienne, luy présenta ladicte dame un livre sur lequel il chanta le verset *A Domino factum est istud*, la collecte et oraison *Actiones*, etc. à lui par elle monstrée, duquel lieu se partirent lesdictes gens d'esglise et religieuses en procession ; et fut aussi ledict révérend mené par ladicte dame, et

suivy dudict peuple ou chapitre d'icelle abbaye, et illec osta
son camail, luy bailla icelle dame abbesse une chappe de
drap d'or qu'il vestît, pareillement mist en la teste une
mittre, et en sa main une crosse, en lui présentant un for
ancien livre ou estoit tenu dire et proférer par serment,
comme ses prédécesseurs évesques dudit Troyes avoyent
tousjours accoustumé faire sans difficulté à leur nouvel ad-
vènement et entrée audit monastère, et aussi monstra audit
révérend icelle dame abbesse, l'autel qu'elle avoit fait illec
dresser et disposer pour faire et recevoir ledict serment...
et proféra (l'évêque) à haute voix ce qui s'ensuit : *Ego
Odardus Hennequin, Trecensis Episcopus, juro, me ob-
servaturum jura, franchisas, libertates et privilegia hujus
monasterii Beate Marie ad Moniales : sic me Deus ad-
juvet ; et hec sancta Dei evangelia*. Et en ce disant mist la
main sur ledict livre, disant à ladicte abbesse : madame, j'ay
fait serment de garder vos droicts, je vous promets que je n'y
contreviendray point. Maistre Nicole Maillard prestre, ès
mains duquel fut mise ladicte crosse, commença à chanter à
haute voix, *Humiliate vos ad benedictionem*, au moyen de
quoy le peuple illec estant en grand nombre, tant hommes
que femmes, se mirent à genoux et receurent la bénédiction
dudit révérend évesque; quoy faict, ladite dame print ladite
crosse, osta à iceluy révérend sa mittre et chappe, le print
par la main comme devant avoit fait, et le conduisit avec ses
religieuses en procession jusques au lieu devant dit ou elles
l'avoient trouvé et receu à l'entrée de ladite fermette et porte
de réformation; demeura ledict révérend ou corps d'hostel
devant, estant et respondant sur la première court d'icelle
abbaye, pource que par icelle dame luy avoit esté dict que
ainsi le devoit faire et coucher la nuict audit lieu, ainsi
qu'avoient tousjours faict ses prédécesseurs sans aucun
contredit, auquel elle devoit le lict et coussin ou il couche-
roit, seulement; et que le lendemain il y devoit estre levé par
les quatres barons dudit évesché, et receu par les doyen,

chanoines et chapitre de son esglise de Troyes, après ce qu'il leur seroit présenté par elle ou par celuy qu'elle y commettroit... Le lendemain matin, l'abbé de Clairvaux, avec la procuration de l'abbesse, se tira près ledict évesque, lequel il vestit au lieu de ladite abbesse d'habits pontificaux, crosse et mittre, par devers lequel arrivèrent en procession plusieurs gens d'esglise, entre autres les doyen, chanoines et chappitre dudict Troyes et autres... ausquels fut par ledit révérend abbé de Clervaux dit et exposé, pour ladite dame abbesse et tout son couvent, que ne pouvant venir, pour leur fermette et closture, audit chœur, combien que comme dit est elles fussent audict gril voyans et advouans l'acte cy après déclaré, il estoit par elles commis comme ayant droict et leur appartenoit de leur présenter, et audict nom de procureur et commis ayans de ce prins charge, présentoit audits doyen, chanoines et chapitre dudit Troyes, ledit révérend évesque pour estre par eux et autres assistans avec leur procession conduit et mené jusques en ladicte esglise Saint-Pierre, et en icelle reçeu comme ses prédécesseurs avoient esté par cy devant, et que pour ce faire estoit illec préparé, et leur monstra une chaire parée, donnée et livrée par lesdicts de Saint-Pierre, disposée pour y mettre et asseoir audit nom ledit révérend évesque, et estre porté par lesdicts barons... et les dits vénérables avec grande humilité et révérence receurent iceluy révérend comme leur pasteur et évesque (1).

§ VII. — Le gîte et le palefroi, la crosse et le serment de fidélité. — Origine et nature de ces droits. — Comment ils tombèrent en désuétude.

I. — Le Cérémonial que nous venons de parcourir nous a révélé divers droits appartenant soit à l'évêque soit à l'ab-

---

(1) *Ibid.*, fol. 255.

besse. Plusieurs de ces droits ont soulevé des contestations toujours renaissantes pendant près de cinq cents ans.

Premièrement, l'évêque avait droit de gîte et de past à l'abbaye. c'est-à-dire qu'il y recevait l'hospitalité : il dînait avec sa suite et de nombreux invités dans un bâtiment tenant au monastère, il y passait la nuit, et le lit, *tout garni,* sur lequel il avait couché, lui appartenait. En retour le palefroi ou la mule qui avait servi de monture d'honneur à l'évêque, appartenait à l'abbesse, sitôt que le prélat avait quitté l'étrier.

Secondement, l'abbesse introduisait par la main l'évêque dans le chapitre de l'abbaye, et là, remplissant les fonctions d'un officier ecclésiastique, elle-même lui mettait la chape, lui imposait la mitre et lui présentait la crosse. En retour, l'évêque promettait par serment de garder les droits de l'abbaye et de n'y point contrevenir.

II. — Il nous semble qu'on a cherché trop loin l'origine de ces droits réciproques de l'évêque et de l'abbesse de N.-D.-aux-Nonnains, et qu'on a donné aux actes que nous venons de rappeler une interprétation forcée.

Nous avons dit que N.-D.-aux-Nonnains était située sous les murs de l'ancienne ville de Troyes au sud-ouest, près de l'entrée de la rue de la Cité : c'est là qu'à leur joyeux avénement, les évêques descendaient, la veille au soir, et le lendemain matin ils faisaient leur entrée solennelle. Ainsi, quand la ville se fut étendue au sud-ouest et que l'enceinte des murailles eut été reculée, les rois de France à leur joyeuse entrée dans notre cité s'arrêtaient au couvent des Antonins, sous les nouveaux remparts, où commence maintenant le faubourg Saint-Martin, rue de Paris. C'est là qu'ils recevaient les hommages des autorités ecclésiastiques et civiles, puis après un dîner somptueux faisaient leur entrée solennelle dans la ville. Charles VIII le 12 mai 1486; Charles IX le 23 mars 1564; Louis XIII le 25 janvier 1629 (1) observèrent ce Cérémonial (2). Il arriva que les rois ne firent leur joyeuse entrée qu'après avoir déjà passé plusieurs jours en ville ; or, même dans ce cas, au jour fixé pour l'entrée, ils se rendaient chez les Antonins et c'est de là que partait le cortége royal pour l'entrée solennelle. Rien donc de plus naturel que de voir les évêques de Troyes à leur joyeux avénement s'arrêter à N.-D.-aux-Nonnains, le seul monastère important situé sous les murs de la ville à l'ouest, à la jonction des routes de Paris et de Sens, la capitale de la France et la métropole de la province ecclésiastique, qui nous envoyaient nos évêques. Quant à la nature des droits en question elle nous paraît avoir été mal comprise. Le lit garni et le palefroi harnaché étaient dans le principe des présents mutuels purement honorifiques, qui consacraient noblement l'exercice de l'hospitalité ; ils avaient le caractère de simples avances de haute politesse. Plus tard, par l'usage, ces présents mutuels et spontanés constituèrent et des droits et des redevances : c'est ainsi qu'on en jugeait au xiiie siècle ; les témoins dans l'enquête que nous avons rapportée déposent que l'évêque doit donner à l'abbaye son palefroi *parce* l'abbaye doit donner à l'évêque le gîte et le past (3). Ce sont des services rémunérés dont l'histoire du moyen-âge offre des exemples sans nombre.

Les cérémonies de la crosse, donnée à l'évêque par l'abbesse, et du serment de l'évêque à l'abbesse, ont été interprétées plus mal encore : des écrivains ont cru reconnaître dans ces cérémonies l'*investiture* donnée à l'évêque par l'abbesse (4). Nous demanderons de quelle investiture il s'agit.

---

(1) Le couvent des Antonins avait été reculé en 1590 dans le faubourg Saint-Martin, où est actuellement le Petit-Séminaire. Voir notre *Notice sur les Antonins de Troyes.*

(2) Courtalon. *Topographie*, t. 1, p. 96, 116, 180.

(3) *Chartes n.* 209 « Equus esse debet abbatisse ratione gisti et ratione prandii.

(4) Nous ne réfuterons pas l'explication romantique imaginée par Vallet de Viriville. (*Les Arch. histor. du dép^t de l'Aube*, p. 346 et 352.)

Il ne peut être question de l'investiture ecclésiastique de l'évêché de Troyes par l'abbesse ; car en droit elle ne peut appartenir qu'au premier supérieur ecclésiastique, ou à son délégué, et en fait lui seul l'a toujours donnée. A plus forte raison, on n'entend pas parler de l'investiture laïque de l'évêché par l'abbesse : après la grande lutte qui dura de l'an 1075 à 1122, après les anathèmes lancés par les papes Grégoire VII, Victor III et Calixte II contre les investitures laïques par la crosse, comment supposer que l'abbesse, en présentant la crosse à l'évêque, faisait acte de dame suzeraine investissant son vassal d'un fief spirituel? Des religieuses auraient-elles osé, malgré les foudres de l'Eglise, user d'un pareil droit jusque dans les temps modernes et des évêques s'y seraient-ils soumis (1)? Nous croyons donc que la présentation de la crosse, dans les circonstances que nous avons exposées, loin d'être un signe de prééminence et **un acte de juridiction**, était au contraire un signe d'infériorité et **un acte de soumission**. L'abbesse, prenant l'évêque par la main, l'introduisait dans le chapitre du monastère, non-seulement pour lui faire les honneurs de l'hospitalité la plus intime, mais pour symboliser les rapports d'union qui devaient exister entre lui et la communauté : il entrait comme le pasteur dans son bercail, comme le père au milieu de **sa** famille; l'abbesse lui remettait la crosse entre les mains pour signifier et reconnaître la juridiction qu'il avait dans le monastère et sur le monastère; en donnant la chape et en imposant la mitre l'abbesse faisait un acte de **service** et de **charité**, se déclarant ainsi l'humble servante et la fille dévouée de l'évêque.

---

(1) On a avancé que la cérémonie en question était l'investiture laïque de *quelques* fiefs temporels que les évêques de Troyes tenaient de *quelqu'*abbesse descendant de *quelque* comte de Champagne. Mais c'est une pure supposition qui n'a aucun fondement historique; et d'ailleurs comment expliquerait-on cette investiture par la *crosse?*

C'est par distraction qu'on a transformé le serment de l'évêque en acte de vasselage : l'abbesse de N.-D.-aux-Nonnains prêtait le même serment à sa communauté (1); il était prêté par les abbés à leurs abbayes; par les doyens à leurs chapitres (2); les rois de France eux-mêmes, quand ils demandaient au clergé un secours, par forme *d'ayde et don charitatif*, promettaient de *conserver les priviléges, franchises et libertés de l'Eglise, sans qu'il y soit aucunement contrevenu*. Comme supérieur du monastère, l'évêque promettait de veiller à ses intérêts spirituels et temporels en protecteur zélé, en tuteur vigilant, en bon père de famille. Tel est, à notre avis, le serment de fidélité dont le sens a été perverti par la passion ou l'ignorance.

III. — Le Cérémonial que nous venons de discuter fut en pleine vigueur jusqu'au joyeux avénement de René de Breslay les 22 et 23 octobre 1605. François Malier, successeur de René de Breslay, supplia, par acte de notaire en date du 3 avril 1642, l'abbesse de N.-D.-aux-Nonnains de l'exempter de l'entrée solennelle à l'abbaye; il alléguait le décès de sa mère arrivé depuis peu; cependant il fit le serment à la grille. Nous lisons dans un acte notarié, en date du 16 mai 1698, que Denis-François Bouthillier de Chavigny se présente à la grille, reconnaît que ses prédécesseurs, à l'exception des deux derniers, ont fait leur entrée solennelle au monastère et déclare qu'il la ferait plus tard, mais que, pour le présent, il allait seulement prêter serment. Bossuet, en 1718, déclara qu'il ne ferait pas d'entrée publique, mais qu'il viendrait le lendemain prêter serment. Le lendemain il vint, assista à la messe et lorsqu'on préparait le texte du serment, — il remonta subitement en carosse et disparut, laissant l'assemblée, qui était fort

----

(1) Voir plus bas § IX n. II.

(2) Le serment le plus développé que nous connaissions est celui de l'abbé de Saint-Loup (Bibliot. — Troyes, m*. 2275 ad *calcem.*)

nombreuse, toute stupéfaite. — L'abbesse fit signifier opposition à l'intronisation de l'évêque, mais on ne tint pas
compte de ses réclamations. Matthias Poncet de la Rivière
arriva à Troyes le 2 novembre 1742. Ce ne fut que le lundi 5,
qu'il se transporta, sur les neuf heures du matin, à l'abbaye.
Le texte des Evangiles était prêt, l'évêque demande la permission de dire la messe, puis fait l'action de grâces,
enfin il revient à la grille, donne de bonnes paroles à l'abbesse, lui déclare qu'il a remis à des arbitres les titres de
l'abbaye relatifs à la prestation de serment des évêques de
Troyes, et qu'il attend la décision.

Nous lisons cette note à la date de 1750 :

« On peut dire que toutes ces prérogatives qu'a l'abbaye de
N.-D.-aux-Nonnains sur tous les évêques de Troyes, et que
reconnaissaient sy fort autrefois ceux qui étaient nommés à
l'évêché, sont à la veille de tomber et de s'éclipser totale-
ment, puisque trois évêques n'ont plus fait d'entrée publique
et se sont contentés de faire le serment, et que deux autres
ont par des subterfuges cherché à s'en exempter ; l'un est
mort sans l'avoir fait, l'autre a promis de le faire sitôt que
la décision des arbitres choisis tant par lui que par l'abbesse sera arrivée ; mais cette décision est encore à venir
depuis huit ans, et le silence qu'on tient sur cela dénote que
c'est une chose qu'on a perdue de vue. On laisse à penser, et
on ne sent que trop ce qu'auront à dire et faire les successeurs évêques de Troyes. » Les successeurs de Poncet de la
Rivière ne se présentèrent pas à la grille de l'abbaye, ils se
contentèrent d'une simple visite, qui fut toujours suivie d'un
procès-verbal de protestation en forme. La Révolution sur-
prit les religieuses les armes à la main, défendant leurs priviléges avec un courage et une constance dignes d'une meil-
leure cause (1).

---

(1) *Archiv. Aube*, lias. 384.

§ VIII. — Si l'abbaye de N.-D.-aux-Nonnains était exempte de la juridiction épiscopale.

Au xvie siècle, les religieuses de N.-D.-aux-Nonnains imaginèrent leurs origines fabuleuses, le collége des Vestales et la princesse aux trois châteaux qui fonda l'abbaye, l'évêché et l'hôtel-de-ville… Partant de principe absurde elles donnèrent une interprétation fausse au Cérémonial de ce qui se passait à l'abbaye le jour du joyeux avénement de l'évêque de Troyes : Notre « abaie, disent-elles, est la seule en France qui a ce droit et cete prééminance sur l'évesque que, à son advénement à l'épiscopat, il ne peut estre intronisé ni faire les fonctions épiscopales sans avoir fait préalablement entrée publique dans l'abaie, avoir presté serment à l'abesse sur les sainctes Evangiles, de garder les droicts, libertés, franchises, immunités, exemptions et priviléges de la dicte abaie ; et reçu de l'abesse ou de son député la mitre et la crosse qui emportent une investiture et marquent une espèce de supériorité en la personne de l'abbesse *in ipso actu* (1). »

D'une fable absurde et d'une interprétation fausse, les religieuses tirèrent cette conclusion ultérieure : que leur abbaye n'était pas soumise à la juridiction épiscopale, en particulier au droit de *réformation*, et qu'elles dépendaient immédiatement du Saint-Siège. Mais ce que nous avons dit sur les origines de l'abbaye (§ II.), sur la haquenée, la crosse et le serment de fidélité prêté par l'évêque (§ VII.), renverse la base et tout l'échaffaudage des prétendus droits de l'abbaye de N.-D.-aux-Nonnains.

De plus, des faits incontestables établissent la juridiction des évêques de Troyes sur N.-D.-aux-Nonnains :

---

(1) *Des priviléges prétendus du monastère de N.-D.-aux-Nonnains de Troyes*, 1696. (Archiv. Aube, *lias.* 384). — Le m⸱. autograp. se trouve au cabinet de M. l'abbé Coffinet, 17 p. in-fol.

En 1267, Nicolas de Brie, évêque de Troyes, réforme l'abbesse et les religieuses. « Le procès-verbal de cette réformation se trouve, dit Remy Breyer, dans le livre de l'évêché appelé *Le Chartulaire* (1). »

Dans le vieux *Poulier* du diocèse de Troyes en usage pendant le xiv⁰ siècle et renouvelé en 1407, on lisait à l'article de N.-D.-aux-Nonnains « Ibi habet episcopus jurisdictionem et reformacionem tociens casus requirit. » La juridiction de l'évêque s'étendait donc à l'abbaye de N.-D.-aux-Nonnains où il exerçait le droit de réforme toutes les fois qu'il y avait lieu. Ce texte du Pouillé de 1407 existe dans un « extrait fait en la court des foires de Champagne et de Brie, par vertu de certaines lettres royaulx, le 24 juin 1449 (2). »

On trouve aux archives de l'Aube des procès-verbaux de réforme qui prouvent qu'en fait les évêques de Troyes usaient de leur droit; ainsi les procès-verbaux du 12 juillet 1442, du 3 novembre 1466, du 15 juillet 1519 et du 27 janvier 1522 (3).

Dans la suscription des bulles de provision à l'abbaye de N.-D.-aux-Nonnains, adressées par le pape Innocent XI à Louise-Scholastique Le Pelletier, le 4 décembre 1688, l'abbaye est désignée *Sine medio pertinens ad Sanctam Sedem* relevant immédiatement du Saint-Siége : les religieuses voulurent se prévaloir de ce mot pour se soustraire à la juridiction épiscopale; mais on leur répondit par de bonnes raisons que leur prétention était sans fondement. Premièrement, dans les temps anciens, le monastère ne s'était jamais arrogé, dans aucun acte, la qualité de dépen-

---

(1) Archiv. Aube, *lias.* 384, xvii⁰ siècle.

(2) Archiv. Aube. *Origin.*, lias. 383. Ce texte manquait dans la copie imprimée par M. d'Arbois de Jubainville. *Pouillé du diocèse de Troyes*, p. 116. — Note *D*.

(3) Archiv. Aube. *Origin.*, lias. 383. Vallet de Viriville. *Archiv. hist. de l'Aube*, p. 406-419.

dant immédiatement du Saint-Siége. Secondement, en 1448, Jean Léguisé, évêque de Troyes, de sa propre autorité et usant de son droit de réformer l'abbaye, avait excommunié l'abbesse Isabelle de Neuville avec toutes les religieuses et interdit leur église et le cimetière (alors c'était le cas pour elles d'alléguer leur dépendance immédiate du Saint-Siége, et de recourir aux juges Apostoliques conservateurs de leurs priviléges ; cependant, elles n'en firent rien, elles se pourvurent seulement par-devant le Parlement de Paris, qui tenait ses Grands Jours en Vermandois, et obtinrent pour cela commission du 27 août 1448, alléguant qu'elles étaient de fondation royale). Troisièmement, les termes de la suscription de la bulle prouvent seulement que ces mêmes termes existaient dans la suscription de la supplique adressée au Saint-Siége, et que, selon l'usage, ils ont été reproduits sans contrôle par la Chancellerie romaine. Enfin, le 1er avril 1694, Louise Le Pelletier et ses religieuses désavouant leurs prétentions, signèrent un acte par lequel elles reconnurent l'évêque de Troyes pour leur supérieur immédiat (1).

Nous allons fournir une nouvelle preuve de la juridiction épiscopale sur N.-D.-aux-Nonnains.

§ IX. — Consécration ou bénédiction des abbesses de N.-D.-aux-Nonnains par les évêques de Troyes. — Ce qui se passait au couvent.

I. — C'est à l'évêque diocésain, d'après les principes du droit canonique (2), qu'il appartient de bénir, après leur élection, les abbés et abbesses non exempts et de recevoir leur serment de fidélité. Dès les temps les plus reculés, les

---

(1) Remy Breyer. *Des priviléges prétendus de l'abbaye de N.-D.-aux-Nonn.*, p. 7.

(2) Cap. *Devotis* 11, Causa 20, q. 1. — Cap. *Statuimus* 1, de Suppl. neglig. prelat.

évêques de Troyes ont donc béni, de droit ordinaire, les abbesses de N.-D.-aux-Nonnains. Sur les instances du monastère, Guillaume Méchin, évêque de Troyes, accorda pour les abbesses, le 9 février 1324, la permission de se faire bénir par tout archevêque ou évêque catholique, en communion avec le Saint-Siége. Nous donnerons plus bas le texte de cet indult (1) : les abbesses de N.-D.-aux-Nonnains n'en usèrent que rarement et principalement lorsque les évêques de Troyes étaient absents. De 1410 au 9 octobre 1519, nos évêques donnèrent la bénédiction à sept abbesses : Blanche de Broyes, Jeannette de Broyes, Isabelle de Neuville, Huguette de Bessy, Catherine de Lusigny, Isabelle de la Rochetaillée, Marie du Montier. Les rites suivis dans la bénédiction des abbesses se trouvent dans un Pontifical qui fut à l'usage des évêques de Troyes, du xii⁰ siècle au xvi⁰ inclusivement (2). On y lit aussi le serment de fidélité qui fut prêté aux évêques par chacune des sept abbesses. Voici la formule de ce serment : « Je, sœur N..., abbesse de N.-D.-aux-Nonnains de Troyes, de l'ordre de saint Benoît, promets de bouche à vous, mon père N..., et à vos successeurs et à ma sainte mère l'église de Troyes, la soumission

---

(1) Guilelmus, miseratione divina episcopus Trecensis, charissimis nobis in Christo filiabus monialibus monasterii Beate Marie ad Moniales Trecenses, ordinis sancti Benedicti, salutem in Domino, cujus sunt obsequio specialiter deputate. In his que respiciunt religionis vestre suffragia, et nitori divine gratie vos coaptant, votis vestris annuere cupientes : ut a quocumque archiepiscopo vel episcopo catholico, ac Sedis Apostolice gratiam obtinente, munus benedictionis juxta formam Ecclesie recipere valeatis, eis et eorum alteri, conferendi, ac vobis et vestrum cuilibet recipiendi, tenore presentium licentiam concedimus specialem. Datum Avenioni, sub sigillo nostro presentibus apposito, anno a Navitate Domini 1324 die 9 februarii. Hanc autem potestatem extendi nollumus, ad benedictionis hujusmodi non capaces. Datum ut supra.   (Camusat. *Promptuar.*, fol. 197 r⁰.)

(2) Fol. 115 r⁰. — Au Trésor de la cathédrale de Troyes. — Ce Pontifical est connu vulgairement sous le nom de Pontifical de Saint-Loup, parce qu'au siècle dernier il appartenait à cette abbaye.

voulue et l'obéissance, selon les règles établies par les Saints-Pères ; ce que je confirme par mon seing manuel (1) » : suit la signature autographe de chaque sœur. La Bénédiction était suivie de l'installation et des serments réciproques de l'abbesse et des religieuses.

II. — Un document qui remonte, au moins en substance, vers la fin du xiiie siècle, nous donne le cérémonial de ce qui se passait à N.-D.-aux-Nonnains au retour de l'abbesse.

C'EST CE QUE NOSTRE ABBESSE DOIT FAIRE QUANT ELLE VIENT DE SA BENOISON.

« Premiers la croiz, l'iaue benoite, et le ticute, et tuit li bénéficié en chappes, et touz li couvens, et l'atendent au portau, et quant li prestres l'a recehue et donné l'iaue benoite, si commance la chantre *Honor virtus*, et la moine li grans arcediacres (2) au grant autel, et baise l'austel, et met sa croce sus et commence *Te Deum*. Et puis la moine li grans arcediacres en son siége et la sict ou siége et puis dit li prestres le verset *A domino factum est istud*, et puis dit la collecte *Actiones*, et puis la moine en chapitre, et puis tient la prieuse ou la soupriéuse l'angle ou les Evangiles sont, et sus ce livre faict elle son serment en tel maniere : elle jure premiers par les saintes Evangiles que elle nos gardera leaument en totes nos franchises et libertés, espéciaument que bien et leaument nous maintenra en nostre religion selon ce que elle doit être menée et selon les bonnes coustumes de nostre église, sans faire nulles nou-

---

(1) « Ego soror N. abbatissa B. M. Trecensis, ordinis sancti Benedicti, promitto tibi pater N., tuisque successoribus atque sancte matri ecclesie Trecensi debitam subjectionem et obedientiam secundum statuta SS. Patrum ore promitto et manu propria confirmo. » *Pontificale cit.* p. 4 rᵒ. — 11 vᵒ, *ad calcem.*

(2) D'après le droit canonique, c'est à l'archidiacre qu'appartenait le droit d'installer les abbesses, Cap. 9 *de offic. Archidiac.*

velletés ; et que elle nous amministrera tous nos vivres et nécessités, tiex comme nous les avons acoustumés à avoir, et que de riens ne nous retranchera, se n'est par commun accort ; mais pourchacera totes les rantes et possessions qui a nostre église devroit apartenir ; et enfin nos homes et nos fames taillables gardera et gouvernera en la guisse que nous avons acoustumés au profit et a l'onneur de nostre église, et toz nos homes qui nous avoient renoié, ou de nos héritages, leaument, que elle fera tot son pouvoir et sa diligence de revenir à l'église. Et puis quant tot ceci est fait, la prieuse li doit faire fauté et touz li couvens après. »

Ce serment de fidélité prêté par la prieure et toutes les religieuses à l'abbesse le jour de son installation est le même qui était prêté par chaque religieuse le jour de sa profession. En voici la formule, d'après un acte du 22 janvier 1625 :

« J'ay sœur Charlotte de Choiseul faict vœu et promets a Dieu, a la glorieuse Vierge Marie, a Monsieur St Benoist et a tous les saintz et saintes du paradis et a vous madame Claude de Choiseul abbesse de Labbaye de Notre-Dame-aux-Nonnains de Troyes et a vos successeresses, stabilité en ce monastère et conversion de mes mœurs, observer et garder obédience, pauvreté et chasteté soubz la reigle de mondict seigneur St Benoist. Tesmoing mon seing manuel cy mist le 22 jour de janvier, mil six cens vingt-cinq. *Signé :* Sœur Charlotte de Choiseul (1). »

On trouve aux Archives de l'Aube (2) « le livre ou quel sont inscriptes les professions solennelles accoustumées estre faictes par les religieuses receuz en l'esglise et monastère de N.-D.-aux-Nonnains de Troyes, après leurs années de probation expireez » de 1511 à 1636.

---

(1) *Archiv. Aube,* reg. 1562, fol. 33 v°.
(2) *Reg.* 1562.

§ X. — Historique des démêlés de l'abbaye de N.-D.-aux-Nonnains avec : 1° le curé de Saint-Jacques; 2° les Dominicains; 3° les chanoines de Saint-Urbain.

I. — L'abbesse de N.-D.-aux-Nonnains avait, sur la paroisse de Saint-Jacques, tous les droits de curé-primitif; elle nommait à la cure, et c'est entre ses mains que le curé prêtait serment (1); elle faisait bénir par ses prêtres et chapelains les fonts baptismaux de Saint-Jacques, les veilles de Pâques et de la Pentecôte; le service divin ne se faisait pas dans l'église paroissiale les trois derniers jours de la Semaine-Sainte, mais dans l'église abbatiale; l'abbesse avait la moitié du pain, du vin et de la cire qui *tomboient* à l'église parois-siale, et les deux tiers des offrandes en argent; elle nom-mait, alternativement, avec les paroissiens, un marguillier, qui prêtait serment entre ses mains; elle examinait et arrê-tait les comptes de la fabrique; elle instituait le sonneur-fossoyeur et exigeait son serment. (Cet office ne fut commis à des laïques qu'à partir de 1568; le 11 décembre 1315, l'abbesse, Isabelle de Saint-Phal, affermait la sonnerie, moyennant 45 livres par an à Béatrix de Beaune, tréso-rière de l'abbaye); l'abbesse avait encore la collation des sept chapellenies fondées dans l'église Saint-Jacques : Saint-Nicolas d'Eté, Saint-Michel, Saint-Nicolas d'Hiver, Sainte-Catherine, Saint-Antoine, Saint-Georges et Saint-Phal, Saint-Siméon sous le clocher. C'est sur tous ces différents points que surgissent, dans le cours des temps, entre l'ab-baye et les curés de Saint-Jacques, des querelles sans cesse

---

(1) *Chartes*, n. 5, 206. — *Annales de Troyes* (chez M. Alexis Socard, libraire), p. 141, prestations de serment par le curé de Saint-Jacques, depuis le 3 juillet 1388 jusqu'au serment d'Eloi Thomas, au mois de juin 1737.

renaissantes (1). Néanmoins, l'abbaye conserva jusqu'à la Révolution, la plupart de ses droits sur la paroisse qui, au xviii⁰ siècle, comptait environ onze cents communiants.

Les démêlés de N.-D.-aux-Nonnains avec ses voisins les Dominicains et les chanoines de Saint-Urbain prirent le caractère de rixes violentes.

II. — Dès l'an 1232, les Dominicains ou Frères-Prêcheurs dits aussi Jacobins étaient établis à Troyes (2), près de la rue Saint-Paul, d'où ils furent d'abord appelés Frères de Saint-Paul. Leur monastère, dont on voit encore les ruines au sud-ouest des Archives départementales, était trop rapproché de celui de N.-D.-aux-Nonnains pour que la paix existât longtemps entre les deux maisons. Dès l'an 1241, au mois de novembre, les religieuses se plaignent de ce que les Dominicains acquièrent, sans leur consentement, des biens mouvant de leur censive (3). Plusieurs accords sur ce même sujet sont signés dans la seconde moitié du xiii⁰ siècle. En 1307, les Dominicains voulurent construire une muraille avec une porte, pour clore leur terrain ; mais aussitôt les religieuses, à tort ou à raison, s'y opposèrent. A un jour donné, le mercredi 21 mai, l'abbesse Isabelle de Saint-Phal, accompagnée de son frère, le seigneur de Saint-Phal, et suivie de ses sergents, de ses valets et de plusieurs hommes de l'abbaye, tous armés de piques, d'épées, de haches, de bâtons, se précipitèrent dans l'enclos de leurs voisins par la porte de la Tannerie et ruinèrent les travaux commencés ; et cela, au milieu d'un tumulte effroyable, et sous les yeux de *cinq cents personnes et plus*, accourues à ce spectacle. Les Jacobins, inoffensifs, *ne se défendaient que de bouche, comme il appartient à religieux ;* plusieurs spectateurs, hommes et femmes, *furent gités au fossé.* Le lendemain, le

---

(1) *Annales de Troyes, passim.* — Archiv. Aube, *lias.* 385-389.

(2) Camusat, *Auctar.* fol. 32 r⁰.

(3) *Chartes*, n. 105, 106.

prévôt de Troyes, avec des sergents, se rendit chez les Jacobins pour leur prèter main forte, et les ouvriers se remirent à l'œuvre. Mais l'abbesse revint avec ses hommes en armes, cette multitude furieuse, trouvant la porte de la Tannerie fermée, fit une large brèche dans le mur de séparation, brisant les treilles et les *courtillages*, mettant à sac tout ce qui ressemblait à une clôture (1). Les Jacobins demandèrent justice au roi ; mais les religieuses furent simplement condamnées à réparer les dommages qu'elles avaient causés (2).

Passons à d'autres démêlés, c'est-à-dire à d'autres scènes de violence de la part des religieuses de N.-D-aux-Nonnains :

III. — A peine élevé sur le siége de Saint-Pierre, Urbain IV s'était souvenu de Troyes, sa ville natale. *Pour que la mémoire de son nom survécut à la dissolution de son cadavre*, il avait ordonné qu'une magnifique église collégiale fut construite, aux frais du trésor pontifical, sur le sol même de la pauvre maison de II..., son père, non loin de l'église Saint-Jacques ; mais cette maison, *qui avait prêté au Pape un abri, quand il commença son pélerinage terrestre*, il l'avait donnée depuis longtemps à N.-D.-aux-Nonnains par reconnaissance ; car c'est dans l'église de Saint-Jacques, sa paroisse, qu'il avait reçu le baptème, avec le nom du patron de l'église, et c'est là que son père était inhumé (3). Le 20 mai 1262, Urbain IV demandait donc aux religieuses de Notre-Dame-aux-Nonnains de lui rendre, à prix d'argent, la maison en question (4) ; elles y consentirent. Mais en 1266, lorsque la construction de la nouvelle église, ce bijou de l'architecture gothique, commençait à s'avancer, Odette de

---

(1) *Chartes* n. 211.

(2) *Ibid.* n. 212, 213. Archiv. Aube, *lias.* 390, 391.

(3) *Chartes* n. 184, 186, 191.

(4) *Ibid.* n. 186.

Pougy, abbesse de N.-D.-aux-Nonnains, y vint en armes et
suivie de ses religieuses, de ses convers, des hommes de
l'abbaye et d'une foule de partisans également armés; cette
troupe ayant enfoncé les portes de l'église, renverse auda-
cieusement l'autel en marbre; les mouffles, les outils et tous
les instruments de travail sont brisés et dispersés, avec les
matériaux de construction eux-mêmes (1). Les chanoines
font poser de nouvelles portes; mais les religieuses reviennent à l'assaut et les portes sont arrachées et triompha-
lement emportées à l'abbaye avec les ferrements, les serrures
et les gonds (2). Le 1er octobre, le pape Clément IV donne
commission à Richard de Vaulgrenant, archidiacre de
Luxeuil en l'église de Besançon, et à Milon, doyen de Saint-
Etienne de Troyes, de lancer un monitoire contre les religieuses et leurs complices : elles doivent donner pleine
satisfaction au doyen et aux chanoines de Saint-Urbain dans
le délai de quinze jours ; sinon, les mandataires Apostoliques fulmineront l'excommunication générale contre les
coupables. Mais les religieuses récusent Richard de Vaulgrenant, parce qu'il est familier du cardinal Ancher, protecteur
des chanoines de Saint-Urbain; parce qu'il a reçu l'hospitalité chez les chanoines, et qu'ils l'indemnisent de tous
frais (3). Cependant le 25 novembre, elles déclarent qu'elles

---

(1) Cette scène de désordre rappelle le souvenir des séances de la
Société Populaire qui s'ouvrirent dans l'église Saint-Urbain, le 13 thermidor an II de la République. Voici la lettre du président annonçant
la première réunion de cette fameuse Société : « Nous invitons les
» membres composant le département. Si possible est, de donner au
» porteur trante Chuiliette en fer, provenant des démolitions du clo-
» cher de urbain, pour servir à Construire des Lenterne pour Eclairer
» la Société Populaire qui va etre Se soir à urbain; Locale destiné à
» y tenir ses séances.
   » En permance (permanence), le 12 thermidor 2e anne republi-
» cain. — *Signé :* H.-F... G... V... » *Au dos :* « le 12 thermidor livré
seize livres de ferraille pour la Société Populaire. » (Archiv. Aube.)
   (2) *Chartes* n. 194.
   (3) *Ibid.* n. 195.

consentiront l'arrangement qui sera réglé par des arbitres et qu'elles donneront au chapitre de Saint-Urbain une indemnité convenable. Mais les contestations se multiplient et la conclusion est sans cesse reculée. Pendant ce temps-là, les travaux de Saint-Urbain marchaient, déjà les chanoines avaient obtenu de Clément IV le droit de cimetière pour eux et pour leurs serviteurs. La délégation pour bénir le nouveau cimetière, près de l'église, avait été adressée le 2 février 1267, à Gui de Mello, évêque d'Auxerre (1). Cette commission n'ayant pas été exécutée, elle fut de nouveau donnée à Gilles, archevêque de Tyr et légat en France. Il arriva à Troyes et se disposait à remplir sa mission, mais Odette de Pougy et ses religieuses et ses hommes, tous en armes, se rendent à l'église Saint-Urbain, ferment les portes et s'opposent avec mille outrages à ce que la bénédiction s'accomplisse. C'est vainement que le légat ordonne aux rebelles, sous peine d'excommunication, d'ouvrir les portes ; son autorité est méconnue. Poursuivi dans la rue, frappé et accablé d'injures, il est obligé de céder devant la plus étrange des rebellions et le plus inouï sacrilége. Un peu plus tard, le légat ayant voulu revenir à l'église pour exécuter son mandat, les religieuses accourent de nouveau, se saisissent de sa personne et jurent qu'elles s'opposeront, comme la première fois, à un acte qui lèse leurs droits paroissiaux, pour lesquels elles sont en appel en cour de Rome. Le Pape, averti de ces excès, adressa, le 15 juillet 1268, à ses commissaires Richard de Vaulgrenant et Milon, l'ordre d'informer et de lancer l'excommunication contre les coupables, si prompte réparation n'était pas faite (2). Les citations, les enquêtes, les ajournements, se succèdent pendant plusieurs mois ; enfin, le 15 mars 1269, une sentence d'excommunication personnelle et générale est portée contre

_____

(1) Archiv. Aube. *Origin.*
(2) *Chartes* n. 199.

les religieuses et leurs adhérents (1). Pendant treize ans elles s'obstineront dans leur triste révolte et mépriseront ces foudres de l'excommunication. C'est seulement au mois de mars 1282 qu'elles consentent à faire amende honorable et à donner 100 marcs d'argent aux chanoines de Saint-Urbain; le 24 mars, l'absolution de l'excommunication leur fut accordée (2), et la paix avec la collégiale dura huit ans et trois mois (3).

§ XI. — Les processions des chanoines de la cathédrale à N.-D.-aux-Nonnains. — Les poules rôties et farcies, et les petits pots de vin rouge et blanc. — Le déjeuner de deux enfants de chœur.

I. — D'après un usage de la plus haute antiquité, les chanoines de la cathédrale et deux enfants de chœur se rendaient tous les ans en procession à N.-D.-aux-Nonnains, le mardi de Pâques et le jour de l'Assomption. La procession quittait la cathédrale après l'heure de Prime et allait chanter Tierce à N.-D.-aux-Nonnains. Après Tierce, la procession retournait à la cathédrale, trois chanoines seulement restaient avec les deux enfants de chœur pour chanter la Messe avec le clergé de l'abbaye. Voici l'ordre de cette cérémonie, d'après l'*Ordinarium* de 1287 :

« Apres Tierce, si devons attendre la procession de Saint Pere en cloitre. (Aussi i doivent il venir le soir, la voille, à Vespres, et doivent chanter Vespres en cuer). Quant il sont venu et il sont en cuer si chantent Tierce ; et endementre si doivent venir en chapitre cel qui doit chanter la Messe, li diacres et li sordiacres, et doivent tuit III estre chenoigne. Quand Tierce est chantee, si s'en viennent en cloître la crois

____

(1) *Chartes* n. 200.
(2) *Ibid.* n. 205.
(3) *Ibid.* n. 207.

devant, quand cil sont revestu, si sen vet la crois devant ; et il envont apres, et cil qui sont revestu apres, et li chenoigne qui sont revestu demourent pour chanter la grant Messe. Quant cil sen sont ale, si doivent estre appareillie tuit li clerc, et tuit li prevoire revestu en chapes, et doit dame abbesse porter sa crosse, et doit aler la crois devant, et l'encensier, et li clerc, et li prevoire, si come il sont ordene, et sen vont devant, et li couvens apres. et comence la chantre cest respons *Stirps Jesse* (1). »

En 1393, les religieuses se plaignirent de ce que les chanoines de la cathédrale, après la procession, laissaient pour la Messe de l'abbaye trois prestres non chanoines ou trois demi-chanoines de Notre-Dame de la cathédrale ; il fut convenu, le 15 août, que les officiers seraient tous trois grands-chanoines ou du moins que l'office ne serait fait que par des grands-chenoines aidés par des demi-chanoines (2). Mais un peu plus tard, les religieuses exigèrent que l'office fut fait uniquement par trois grands-chanoines, et firent cette addition à leur *Ordinarium :*

« Il est assavoir que mes seigneurs de Saint-Pere doyvent seans venir deux fois l'an. C'est assavoir à la Nostre Dame de la mi aout et doyvent la veille chanter Vespres, et le jour de ladicte feste doyvent chanter Tierce ; et après Tierce doyvent venir aucuns des seigneurs en nostre chapitre pour ordonner ceulx qui doyvent demourer à la Messe. Et doit estre celui qui chante la Messe et celui qui dit l'Evangile et celui qui dit l'Espitre doyvent estre grant chenoines ; car nous ne recevrains pas se il estoient de Nostre Dame d'arier. Et le mardy après Pasques doyvent leur procession venir ceans et chanter Tierce et la Messe comme dessus dit est et doit on soner quant il s'en vont (3). »

---

(1) Bibliot. Troyes, ms. 792, fol. 330 ro.

2) *Chartes* n. 223.

(3) Bibliot. Troyes, ms. 792, fol. 366 ro.

II. — Après la messe, les trois chanoines de la cathédrale percevaient de l'abbaye une gratification. Le chanoine célébrant avait droit à vingt-quatre *rissoles*, à deux poules rôties et farcies mises entre deux plats de bois, enfin à une quarte de vin rouge et à une quarte de vin blanc, dans deux pots de terre. Le chanoine diacre recevait la même gratification. Le chanoine sous-diacre, avec les rissoles et le vin, n'avait qu'une poule. Le tout était porté à la demeure de chacun des chanoines qui demeuraient possesseurs des plats de bois et des pots de terre (1). Cette redevance est marquée dans l'*Ordinarium* de la cathédrale (2). Les trois chanoines avaient encore droit à toutes les offrandes qui étaient faites à la messe du mardi de Pâques et à celle de l'Assomption.

Le 10 février 1436, les religieuses et les chanoines, de commun accord, remplacèrent la redevance traditionnelle par une somme de 40 sous, donnée à chacun des trois chanoines, le mardi de Pâques et le jour de l'Assomption (3). Ce nouvel usage dura jusqu'à la Révolution.

III. — Le *jentaculum* ou déjeûner, servi aux deux enfants de chœur de la cathédrale, est aussi ancien que les processions, et les redevances payées aux trois chanoines de

---

(1) *Chartes* n. 223, 224. — Archiv. Aube, *lias.* 392.

(2) Post Primam fit processio ad Moniales, cum subdiaco inducto et cum textu et duobus cereis, et ibi cantant Terciam, et post Terciam recedit processio. Et remanent ibi ministri alteris de antea hebdomada ad celebrandum Missam. Dicte vero moniales debent ministrare presbitero et dyacono, cuilibet, duas pullas farsatas et viginti quatuor roissellos in vasis ligneis ; et duas quartas vini, cuilibet, in vasis terreis, videlicet, unam quartam vini rubei et aliam vini albi ; et subdyacono tantumdem, excepto quod non habet nisi unam pullam farsatam. Et debent remanere vasa lignea et terrea dictis ministris. Notandum est quod omnia ista debent observari feria tercia post Pascha. (Biblioth. Troyes, *ms.* 833, fol. XXXIV v°).

(3) *Chartes* n. 224.

Saint-Pierre. Ce déjeûner, dont on ne connaît pas la nature, était servi après la messe, dans la sacristie de l'abbaye.

Dans l'accord de 1436, il fut décidé qu'on n'innoverait en rien par rapport au déjeûner des enfants de chœur et que les anciens usages auraient force de droit coutumier (1). Dans les temps modernes, les religieuses essayèrent d'abolir cette redevance; mais elles eurent le dessous dans la lutte et les enfants de chœur continuèrent à prendre leur déjeûner, nonobstant les réclamations des religieuses et leurs protestations par-devant notaires. Voici comme les choses se passèrent pendant près de dix ans.

« L'an mil six cent quatre vingt huict, le dimanche quinziesme aoust, jour de l'Assomption Nostre Dame, environ les dix heures du matin, après la grande messe célébrée en l'église abbatialle de Nostre-Dame-aux-Nonnains de Troyes, nous Jacques Thevignon et Nicolas Bourgeois, notaires royaux, garde nottes et tabellions à Troyes soussignez, sur la requeste des dames abbesse, prieure et religieuses de la dicte abbaye de Nostre-Dame dudict Troyes, nous sommes transportés dans la sacristie de la dicte église ou entre aultres estoient deux enfants de chœur de l'église Saint-Pierre, qui avoient servy a l'autel et dict le repons au graduel de la dicte grande messe célébrée en la dicte église, qui auroient demandé avec empressement qui leur fut donné par les dictes dames le desjeuné acoustumé, lequel desjeuné auroit esté fourny pour éviter à bruict, sans tirer à conséquence, ny préjudicier aux protestations portées en nostre procès-verbal de ce dict jour, ce qui auroit este ainsy déclaré, et du tout faict et dressé nostre présent procès-verbal pour servir aus dictes dames ce requérantes etc., et a la dicte dame Abbesse signé : Anne de Choiseul Praslain, abbesse. Bourgeois. Thevignon. Avec paraphes (2).

_____

(1) Archiv. Aube, *lias.* 392.
(2) Archiv. Aube, *lias.* 392.

Bon gré malgré, les religieuses continuèrent à servir le déjeûner aux enfants de chœur qui le demandaient avec un *empressement* irrésistible.

§ XII. — Anciens usages : *Ordo* **de la procession des Rameaux. — Bénédiction de la table le Jeudi-Saint après la messe. — Cérémonie des trois Maries le matin de Pâques. — Lectures en latin au réfectoire.**

L'*Ordinarium* de l'an 1287 décrit des usages curieux en vigueur à N.-D.-aux-Nonnains pendant toute la durée du moyen-âge ; nous les rapporterons d'après le texte même du manuscrit que nous avons déjà fait connaître. Disons d'abord que toutes les processions de la ville se rendaient à la cathédrale pour la fin de Tierce. C'est de là que la procession générale partait avec les châsses de la cathédrale, de Saint-Étienne et de Saint-Loup. Les curés de Saint-Jean, de Saint-Remy, de Saint-Nizier et de Saint-Denis en aubes, avec des étoles, et un bâton blanc à la main, accompagnaient la châsse de Saint-Savinien. Le sermon avait lieu devant les portes de l'église de Saint-Jacques-aux-Nonnains, ensuite les processions entraient et le chanoine de la cathédrale, faisant les fonctions de diacre, bénissait les rameaux destinés à toutes les églises. Au retour, à la porte de la *Girouarde,* près de l'Hôtel-Dieu, les enfants de chœur montaient sur la porte et chantaient *Gloria, laus*, en jetant au peuple des *nieules* ou *achaidez* (échaudés) (1).

I. — *Ordo* de la procession des Rameaux. — « A la procession de Pasques floriez. Si la ferons si come nos l'avons acostumé après l'eabenoite, et dirons *Cum sederit*, et à re-

____

(1) *Ordinarium* de la cathédr. Biblioth. Troyes, m⁵. 833, fol. 36 : Cantando *Gloria, laus,* pueri de choro jactare debent neulas ad populum.

venir, une antene de Nostre Dame si come nos avons acoustumé; et maintenant Tierce. Après, tuit li prevoire et li diacre et li sordiacre, tuit revestu, et la crois et l'eabenoite et li encens et li teutes doivent aler encontre les processions de la vile, et li covens après; et doivent aler li prevoire et li clerc fors de la porte encontre, et li couvens doit demorer dedans le grant motier, et se tient li covens enqui tot coi, et ne dit néant jusques autant que les chases entrent ou motier. Lors si comence la chantre ceste antene *isti sunt viri sancti*. Et fait l'en le sarmon; et après le sarmon, si benissent cil de Saint Pere les fleurs au grant autel, et quant il s'en revont si comence la chantre ces antenes *Pueri Hebreorum* et l'autre *Pueri Hebreorum*.

Quant c'est départis si reviennent li prevoire et li clerc et li couvent en cuer arrier. Et revient l'eaubenoite, et la crois, et li encens, et li teutes, et tuit li prevoire, et li diacres, et li sodiacres, et tuit li beneficiez de l'église revestu en chape de cuer, la mestre d'escole, et li enfant, et li couvent après. Et doit départir la souprieuse le bois, et comence la chantre ceste antene *Cum appropinquarent*, et s'en revet chantant tot en cor et revient par l'uis devers saint Michiel, et se reste li covenz en la nef dou grant motier. Ceste antene finée, si comence la chantre ceste antene *Ave, rex noster*, et doivent tenir les dames en aflicions devers la croiz. Ceste antene finée, si recomence la chantre ceste antene *Salvator mundi*. Après ces antenes dit li prestres ces II versez *Omnis terra* et *Orate pronobis*, et dit ces collectes *Respice, quesumus*, et *Tribue, quesumus*. Ces collectes dites, si s'encline li covens devant et darriers et fiert l'abesse en I livre, et li covens s'encline, et dit *Pater noster;* et s'en vet la croiz et li teutes, et li prestes, et la mestre d'escole, et li enfant, fors des portes, et vont IIII nonains por dire *Gloria laus*. Lors si comence les IIII nonains *Gloria laus*, et la chantre recomence devers le covent *Cui puerile decus*, et ensi s'ensuit jusqu'à la fin. Quant *Gloria laus* est finez, si comence li prestres *Attolite portas,* et li autres qui sont dedans responnent *Quis est iste rex.* Quant ce est finé et l'en ovre la porte, si comence la chantre ceste responz *Ingrediente Domino,* et s'en vont li prevoire, et li clerc, et li covenz arier en cuer, et comence l'en la messe tot ensivant, fors au trait si convient vi nonains (2). »

II. — Bénédiction de la table le Jeudi-Saint après la messe. « Le jor de la Cene à la messe, l'entroite *Nos autem gloriari,* la collecte *Deus a quo et Judas,* et ne dit-on pas *Flectamus genua,* et dit l'en la preface de chascun jor et ne mie de la jeûne, et disons la messe tot enterrienement et *Sanctus* et *Agnus* et le postcommenion, mes l'en ne done point de pais, et se comenie toz li couvens et toute la congrégation. Et puis portent li prestres et li diacres et li sordiacres *Corpus Domini* ou trésor. A revenir, desvet li prestres la chasuble, et vest une chape de cuer, et vient li prestres, li diacres et li sordiacres, et li clerc qui porte la crois envelopée, et s'en vont en refeiteur, et l'abesse et toz li couvens apres, si come il est ordenez. Et doivent estre les napes mises sus les tables, et s'essient es tables tot en ordre. Et vient la refeituriere, et li doit l'en aporter les aichadez apres li : et vient premiers devant l'abbesse et met devant li, et puis devant les prevoires, et lor en met devant aus chascun un, et puis à la prieuse; et puis si s'en retorne au cuer destre, et puis à l'autre cuer, si despart à chascune le sien; et puis si s'en retorne aus escolieres qui sient emmi le cuer à une table; et puis si depart aus autres à toute la congrégation. Et vient la refeituriere et aporte les verres et met devant l'abesse, et puis devant les prestrez et devant la prieuse, et puis d'une part et d'autre, et le vin dedans les verres. Lors vient li prestres, si se lieve et fait la beneyçon et dist : *Cenam sue familie benedicat rex glorie,* et puis si

---

(1) *Ordinarium* de N.-D.-aux-Non. m°. 792, fol. 287 v°.

seigne et dit *In nomine Patris et Filii et Spiritus Sancti.*
Et li couvens respont *Amen.* Et puis si se lievre li prestrez,
et li clerc, et s'envont et emportent lor eschaudez, chascun
le sien ; et li couvens demeure tot coi. Et vient dame abbesse et fait signe que l'en maingoit ; et ne doit nule ne boire
ne mangier jusques tant que dame abbesse a fait son signe.
Quand ce est fait, si s'en reviennent arrier ou moutier, les
jeunes dames devant (1). »

III. — La cérémonie des trois Maries. — « Et doit la
chantre proveor III dames por estre les III Maries, et II enfans por estre ange. Et sont les III dames en lor habitz, et li
enfans si sont toutes blanches et crevechie blan sor lor testes. Et doit avoir une dame emprès les enfans por enseignie
la ou elle doivent estre et quelle diront. Et doivent estre appareillie tuit li prevoire, et tuit li clerc, et tuit li beneficie de
l'esglise ; nomement li prestres qui doit chanter la messe et
li diacres et li sordiacres et li marreliers. Et doit estre li
prestre qui doit chanter la messe doit estre revestuz aussi
appareilliez comme por chanter la messe fors la chasuble, et
en leu de la chasuble une chape de cuer ; et li diacres et li sordiacres revestuz en damatiques et en tuniques. Et doit avoir
appareillie la trasorière III boites, et III cierges, et III touel-
letes. De rechief la trasoriere doit avoir appareillie des chandeles et les doit baillier à la souprieusse, et por l'abbesse un
tortis. Et doit la souprieusse baillier à chascune une chandele
et à l'abbesse son tortis, et doit li couvens estre en cuer. Et
doit estre li prestres qui doit chanter la messe devant le grant
autel tout appareillie aussi comme il est dessus ordene ; et li
diacres et li sordiacres tout aussi comme il est dessus ordene
et doit avoir li tieute, et l'eau benoite, et la croix, et les encensiers, et les cierges. Et viennent les III Maries devant le
grant autel la ou en a appareillie ces choses ; et viennent et

---

(1) *Ordinarium* de N.-D.-aux-Non., fol. 291 r°.

s'agenoillent et dient *Confiteor* et li prestres dit *Misereatur*.
Quant il les a essolu, si done a une chascune un cierge et
une touelle et une boite. Li cierge si sont alumé. Si a enqui
une nonain qui tient un tortis alumé, et un livre por elles
conduire; et li couvens s'en vet ou grant moutier a tout lor
chandeles alumées, et sont enqui toute tornees devers l'autel
sanz néant chanter. Et s'en viennent li prevoire avec li couvens ou grant motier, et li diacres, et li sordiacres, et l'eau
benoite, et li encensier, et la crois, et li teutes, et mennent
les III Mariez, et la dame qui les conduit si vet de costé por
elles alumer et porte le livre en quelles resgardent. Et s'en
vont parmi cuer, et vont parmi l'uis de la barroche, et s'en
vont par devant l'autel de la barroche, et puis pardevant
l'autel de Saint Nicholas, et s'en vont par devers le puis
jusques devant l'autel Saint Michiel. Et quant elle muevent
de devant l'autel, premierement si preignent à chanter *Heu
nobis*, et le chantant basset. Et sont li ange la ou les a ordenez coté dou piler de lez l'autel de Saint Michiel et enqui
tot coi tant que les trois Mariez viennent et quels sont un
petit arriers d'aus, et li ange sont torné devers elle, et quant
elle dient *O Deus! O Deus! O Deus!* tot ces ver. Et li
ange respondent ces ver et chantent *O vos Christicole*, et
dient tot ces ver; et les Mariez dient en chantant *Querimus*.
Quant elle ont cest ver chanté et li ange dient *Non jacet
hic*, et le dient tout jusques a *Venite et videte* et les en-
moignent a l'autel Saint Tantoigne (1). Et vient la crois, et
l'eaubenoite, et li teutes, et li encensiers, et li cierges, et li
prevoire, et li diacres, et li sordiacres, et la mestre d'escole, et li enfant, et vont a l'autel Saint Tantoigne, et li couvens demeure tout coi. Et chantent les III Maries *Salve rex
Sabaoth*, et chantent tot contreval jusques a cest ver *Jam
concussa gemit*, et puis si preignent *Gloria Sancte tibi*. Et
quant cil ver est diz si vet li prestres a l'autel et prend le

---

(1) Saint-Antoine.

calice ou *Corpus Domini* est, et la veraie croix sus, et un peile sus. Au lever qui le fait si comence cest respons *Christus resurgens*, et la chantre dès ou elle est avec le couvens et sone les cloches, et si dist *Ex mortuis*, et s'en viennent ou couvent la crois devant, et l'eaubenoite, et puis li sordiacres qui porte le tieute, et li diacres, et li prestres qui porte *Corpus Domini*, et dui prevoire qui vont encensant costé dou prevoire qui porte *Corpus Domini*, et li dui ange qui portent chascun un cierge de costé le prevoire, et li autre après, et les iii Mariez et la cele qui les convoie, et puis la mestre d'escole et si enfans, et viennent la ou li couvens est et se tiennent enqui tot coi jusques l'en ait chante *Christus resurgens*, et quant il est diz, si diz la chantre *Dicant nunc* et puis la reprise. Quant tot ce est chantez si comence li prestres *Te Deum laudamus* et s'en vont, et li couvens après, chantant *Te Deum*; et s'en vet li prestres au grant autel ausi come il sont ordene et le met sus l'autel un biau paile (1). »

IV. — Lectures en latin au réfectoire (2).

1. « Ci comence l'ordenance des livres comment ils sont ordené à lire au mangier.

Premiers, le premier diemenge des Advens ci comence cest livre *Isaiu propheta* et durera ii sepmaines.

---

(1) *Ordinarium* de N.-D.-aux-Non., fol. 301 v° — 302 v°. La cérémonie des trois Maries fut généralement abolie en France dans le cours du xvie siècle. Elle ne cessa à Bourges qu'en 1613, en vertu d'une sentence portée par l'archevêque et son chapitre, et appuyée par un arrêt du Parlement en date du 27 juin. (*Pragmatica Sanctio.* Paris, 1666, p. 1152).

(2) Ce document et d'autres semblables concernant le Paraclet (nous les publierons plus tard), prouveraient qu'au xiiie siècle encore, les religieuses de nos deux principales abbayes de femmes, de l'ordre de saint Benoît, entendaient la langue latine aussi bien que les religieux de Clairvaux du temps de saint Bernard. Ces documents nous paraissent appuyer la thèse de Mabillon contre l'opinion de l'abbé de Rancé (Bibliot. nation. *Résidu Saint-Germain*, t. VIII, 1235, lettre inédite. — *Op.* S. Bernardi, t. I, p. 706. Edit. 1690).

Lou jor de la Conception si lirons au mangier ce que l'en a leu a Matines, si les panrons ou lecenier.

Et lou jor de Noel si lirons *Dicebat Jesus turbis Judeorum.*

Et de l'Apparition si lirons *Cum natus esset Jesus.*

Et lou jor de la Chandeleur si lirons a mangier ceste evangile *Post quam impleti sunt dies.*

Et est assavoir que le landemain de la Circuncision nos devons comencier a lire au mangier les epitres seint Pol *Paulus servus Jesu Christi* et en lirons jusques l'alleluie chié.

Il est assavoir que quant l'alleluie chiet, si devons comencier à lire au mangier *Librum Genesis. In principio creavit Deus.* Et en devons dire jusques à *Passio Domini*, que nos disons *Isti sunt dies.*

Il est assavoir que à la Trinité nos començons à lire à mangier *Liber Regum* et en lisons jusques aoust. Et puis après ci comence *Parabole Salomonis* et dure jusquam septembre. Et puis après ci comencera li livre *Job vir erat in terra* et en lirons ii semaines. Et les autres ii semaines si lirons les livres le premier si est de Tobie, Judis, Ester et Job et en lirons les ii semaines. Et puis à l'entrée octembre si comencerons à lire *Librum Machabeorum* et durra jusqu'à novembre. Et à l'entrée de novembre ci commençons à lire *Vidi Dominum, — Ezechiel propheta*, tous les prophetes, tout contreval (1).

2. Ci commence l'ordenance des livres que l'en lit à la colaution.

Li premiers si est *Vitas Patrum*. L'autres si est *Donny Effrem*. Et l'autres si est *Dyadema monachorum*.

A la feste sainte Catherine si prant on sa légende, et prant on enqui ou en a leissie à leire à Matines et en lit-on chascun soir à coulation, tant comme elle dure (2).

---

(1) *Ordinarium* de N.-D.-aux-Non., fol. 355 r°.
(2) *Ibid.*, fol. 362 r°.

§ XIII. — Les ligueurs et les royalistes.

Troyes est une des villes de France qui embrassèrent avec le plus d'ardeur et qui suivirent avec le plus de constance le parti de la ligue. Les premiers « sermens de la ligue chrestienne et roiale » furent jurés à Troyes le 25 juin 1568 (1); le 22 mars 1577, l'Association comprenait presque tous les notables de Troyes et le clergé (2). En 1588, lorsque Henri III eut fait assassiner les Guises, le duc le 23 décembre et le cardinal le lendemain, l'irritation des ligueurs contre le roi et les calvinistes fut à son comble, et à Troyes elle fut marquée par plusieurs représailles de violence. Le duc de Mayenne, frère des Guises assassinés, partit aussitôt de Lyon pour se mettre à la tête de la ligue; il arriva à Troyes le 24 janvier 1589. Son premier soin fut de faire renouveler les serments de la Sainte-Union, puis il destitua Joachim de Dinteville et établit en sa place gouverneur de la ville son neveu, Charles de Lorraine (3), duc de Chevreuse; les ligueurs triomphaient et les royalistes étaient plongés dans la consternation. Bientôt on apprenait à Troyes que le roi venait de déclarer criminels de lèse-majesté les chefs de la ligue, et déchues de leurs honneurs et priviléges, les villes qui étaient entrées dans l'Association-Sainte; on sut en même temps que le roi venait de signer un traité d'alliance avec le roi de Navarre pour combattre la ligue. Ces nouvelles furent le signal de la guerre civile, des bandes de partisans prenaient et reprenaient les châteaux et les villages, promenant partout le désordre et le pillage, emmenant des otages, et rançonnant les captifs. Le parti royaliste était représenté dans nos contrées principalement par le duc d'Aumont et par François de

---

(1) *Mémoires de Claude Haton*, t. II, p. 1152.
(2) *Ibid.*, p. 1154.
(3) *Chartes* n° 227 *au lieu* de Claudii a Lotharingia *lisez* Caroli...

Luxembourg, duc de Piney, comte de Roussi et de Ligni, seigneur de Pougy, qui tenait pour le roi de Navarre. Après l'assassinat de Henri III, le 31 juillet 1589, le duc de Piney essaya de gagner les Troyens à la cause du roi de Navarre, et entama des négociations avec la municipalité : Elle devait envoyer des délégués à une conférence. François de Luxembourg leur remit des lettres de sauf-conduit, et donna en ôtage sa jeune fille, Louise de Luxembourg, âgée de neuf ans, qui portait le voile à N.-D.-aux-Nonnains, mais qui n'avait pas fait profession et était encore sous puissance de père. Sur la foi des traités, les délégués de la municipalité troyenne partirent le 28 septembre, sans escorte et sans armes. Mais comme ils approchaient du château du duc de Piney, ils sont tout-à-coup enveloppés par une quarantaine de cavaliers armés jusqu'aux dents, qui s'emparent de leurs personnes et les conduisent prisonniers jusqu'à un autre château du duc, où ils arrivent le soir, à jeun, et harassés de fatigue. Ils espéraient qu'à la première nouvelle de leur mésaventure, le duc les ferait mettre en liberté : il n'en fut rien, leur captivité se prolongea (1). De son côté, la municipalité fit placer la fille du duc de Piney sous bonne garde, dans une maison commode, où elle était traitée avec tous les égards dus à son rang. Trois mois plus tard, le cardinal Cajetan, légat du Saint-Siége en France, avec la mission de soutenir la ligue, était reçu à Troyes avec les plus grands honneurs, le 9 janvier 1590 (2). Il fut mis au courant de cette affaire et voulut bien s'y intéresser (3). Mais, c'est seulement après neuf mois de captivité, et après avoir payé une forte rançon, qu'un des délégués de la municipalité, le vicaire général de l'évêque, fut mis en liberté.

---

(1) *Chartes* n. 227.

(2) Pithou et Passerat, dans la *Satire Ménippée*, firent chèrement expier au cardinal tous les honneurs qu'il avait reçus à Troyes.

(3) *Chartes* n. 227.

Pendant que le cardinal Cajetan passait quelques jours à Troyes, François de Luxembourg était à Rome, où il arriva le 8 janvier, en qualité d'ambassadeur de Henri de Bourbon. Il devait amener le pape Sixte-Quint à se déclarer en faveur de son maître et à travailler à lui rendre libre l'accès du trône de France. François de Luxembourg demanda encore au Souverain-Pontife de solliciter de la municipalité de Troyes l'élargissement de sa fille. Sixte-Quint adressa, le 14 juin 1590, une commission à l'évêque de Troyes, Claude de Bauffremont, à François Michelet, archidiacre et official de Troyes, et à Guillaume de Taix, doyen de la cathédrale, à l'effet de procurer la mise en liberté de Louise de Luxembourg (1). L'évêque était absent, Guillaume de Taix, très-attaché à François de Luxembourg (2), avait abandonné le parti de la ligue et s'était retiré à Châlons vers la fin du mois de décembre 1588; François Michelet exécuta donc la commission Apostolique. La municipalité fut réunie à l'évêché, devant Charles de Lorraine, duc de Chevreuse, gouverneur de Champagne. Après mûre délibération, la municipalité chargea François Michelet de dresser une supplique au Saint-Siége, afin d'exposer l'ordre et la nature des faits (3). Nous venons de donner l'analyse de cette supplique qui se termine ainsi : « Que Votre Sainteté soit juge du débat. Si le prince de Luxembourg veut délivrer sa parole d'honneur et sa fille, qu'il fasse mettre en liberté nos concitoyens, ces hommes dévoués à l'Eglise et au pays ; qu'il nous les rende sains et saufs et sans

---

(1) *Chartes* n. 226.

(2) En 1585, le dimanche 27 janvier, de Taix, qui était abbé de Bassefontaine, assistait, avec l'abbé de Larrivour, l'évêque de Troyes Claude de Bauffremont, qui dans l'église de Pougy donna le baptême au fils de François de Luxembourg. De Taix composa, pour cette circonstance, *le discours sur le baptême de Henri de Luxembourg, prince de Tingry, fils de François de Luxembourg, premier duc de Piney, pair de France... et de Diane de Lorraine, fille du duc d'Aumale.* (Imprimé.)

(3) *Chartes n.* 227.

rançon. » S'il en faut croire une tradition, fort altérée dans les détails, cette affaire se termina par le rachat des captifs, de part et d'autre ; et l'abbaye de Notre-Dame-aux-Nonnains aurait payé la rançon de Louise de Luxembourg (1).

Louise devint abbesse à dix-sept ans, en 1597, et mourut au mois d'avril 1602, âgée de vingt-deux ans.

§ **XIV**. — Souvenir de l'abbé de Rancé. 1722.

Les archives de Notre-Dame-aux-Nonnains renferment un précieux souvenir que nous tenons à consigner dans ces notes. Il fait honneur à la mémoire d'Armand-Jean Bouthillier de Rancé, le célèbre réformateur de la Trappe : c'est une lettre avec un linge miraculeux, envoyés par **D. Paul Plouvié** à Marie-Angélique d'Eu d'Arrest, abbesse de **Notre-Dame** (2).

✝

« Madame,

Voilà le linge de M. l'abbé de Rancé, réformateur de la Trappe, avec son véritable portrait et les cartes de visite ou vous voirez sa vie en abregé, par M. l'évêque de Séez, qui a esté un témoin autentique, comme plusieurs autres évêques,

----

(1) C'est évidemment à la captivité de Louise de Luxembourg que se rapporte cette narration de Courtalon : « Le 15 juin 1558, Marie de Luxembourg, fille de Charles de Luxembourg, premier du nom, comte de Brienne, fit son entrée comme abbesse, et le lendemain elle fut bénie par l'évêque Carracciole. C'était alors le temps des guerres civiles, et cette nouvelle abbesse fut arrêtée et mise en prison par un de ces partis qui ravageaient le pays. Sa rançon coûta beaucoup à l'abbaye ; les religieuses furent obligées de vendre plusieurs maisons qu'elles avaient autour de leur place, et les donnèrent à rente censuelle. Ce qui diminua beaucoup la communauté. » (*Topographie histor.*, t. II, p. 173.)

(2) Archiv. Aube, *lias.* 421.

des miracles qui ont este opérez par le moien du mesme linge que je vous envoie. Je souhaitte, Madame, que le Seigneur exauce vos vœux et ceux de votre saincte communauté et qu'il vous rende une santé qui est si chere à touttes vos religieuses en particulier. J'espère, madame, que vous voudrez bien me faire rendre en main propre ces cartes avec ce portrait qui est les seuls qui me restent. Je suis avec un profond respect, Madame, vostre très-humble et obéissant serviteur.

D. Paul Plouvié.

A Montirazet ce 4 novembre 1722. »

La lettre est encore accompagnée du linge miraculeux. Il est à regretter que le règlement des Archives ensevelisse cette lettre dans une liasse ordinaire, au milieu de documents presque dénués d'intérêt.

§ XV. — Episode du Jansénisme à Notre-Dame-aux-Nonnains.

Il s'agit de la prétendue guérison miraculeuse de Marie-Madeleine de Mégrigny, par l'intercession du diacre François Pâris. La secte janséniste, puissante à Troyes, s'empara de ce fait, le grossit et le dénatura : Jérôme-Nicolas de Pâris, frère du Bienheureux, Soanen, évêque de Senez, de Caylus, évêque d'Auxerre, se coalisent avec Bossuet, évêque de Troyes, l'abbé Parchappe, chanoine de la cathédrale, Jean Lefebvre, curé de Saint-Jean, le P. Colinet, supérieur du collége de l'Oratoire, pour ce qu'ils appelaient la *Glorification* du B. Diacre. Les *Nouvelles ecclésiastiques* se firent naturellement l'organe public des menées et l'écho des appréciations passionnées du parti (1). Cette affaire eut tant d'éclat que la cour elle-même, qui venait de fermer le cimetière de Saint-Médard, s'en émut et dut intervenir.

______

(1) Nos des 23 mars et 22 mai 1732. — 20 janvier et 8 mars 1734.

Le dossier relatif à la guérison de Marie-Madeleine de Mégrigny se trouve à la Bibliothèque de Troyes (1); il se compose de quarante-trois pièces dont nous donnons l'analyse. Le jansénisme se peint au naturel dans cet épisode.

La guérison de sœur Marie-Madeleine eut lieu le dimanche 23 mars 1732. La soi-disant miraculée fit connaître tout ce qui s'était passé, dans un écrit intitulé : *Déclaration de madame de Mégrigny, religieuse Bénédictine de l'abbaye de Notre-Dame de Troyes ; au sujet de sa guérison, opérée par l'intercession de M. de Pâris, le 23 mars 1732.* Après avoir parlé d'une maladie, dont elle se crut guérie par l'intercession de sainte Mâthie, en 1724, elle ajoute : « Le 18 de novembre de l'année 1730, je retombai dangereusement malade, et je reçus tous mes Sacrements. Je perdis la nuit du même jour l'usage de la parole, ma langue s'étant retirée beaucoup.

» Le 10 février de cette année 1732, à cinq heures du soir, il me prit une faiblesse, qui me dura près de trois quarts d'heure, et lorsque je revins à moi, il me prit un tremblement à la jambe droite, qui dura une demi-heure ; ensuite elle demeura raide, sans qu'il me fût possible de la remuer... je n'ai plus marché depuis... J'ai toujours été plus malade de jour en jour. Le 7 du présent mois de mars 1732, il me prit une grande douleur à l'œil gauche, qui était celui dont je voyais ; mais la douleur fut si violente, qu'elle me fit perdre absolument la vue : la paupière demeura même fermée. Enfin, je pris la résolution de faire une neuvaine à M. de Pâris, pour demander à Dieu, si c'était sa volonté, la santé. Je m'adressai pour cela à M. le Supérieur du collége, mon confesseur, et je lui fis connaître par signe mes intentions. Il voulut bien se charger, conjointement avec d'autres prêtres de sa communauté, de dire la messe pendant cette neuvaine. Ils la commencèrent le 19 du

______

(1) Ms. 2507.

présent mois de mars, jour auquel je fus encore plus malade... Le lendemain jeudi 20, je fus encore plus malade, et le vendredy encore plus mal; car il me prit une convulsion au bras droit, qui dura près d'une heure, et avec une grande douleur. Le même jour, je commençai à ne pouvoir plus rien avaler qu'avec des douleurs extrêmes. Le lendemain samedy, la douleur augmenta encore davantage, et le dimanche matin 23 dudit mois, je ne pouvais plus rien prendre ; tout ce qu'on me donnait m'étranglait, et ne pouvait plus passer... Enfin, à cinq heures du soir, je fus si mal, qu'on crut que j'allais mourir : il me prit de si grandes douleurs par tout le corps, que je ne sçavais ce qui s'allait faire en moi : il me semblait qu'on m'arrachait les yeux, et tout ce qui était dans ma tête, la langue, les jambes et en un mot tout mon corps. Je fus en cet état l'espace d'une bonne demi—heure; et tout d'un coup je vis clair... Je parlai en même tems, et je dis : Mon Dieu, ayez pitié de moi; faites-moi miséricorde. Le mouvement de ma jambe paralytique revint en même tems ; je souffris encore pendant un bon quart d'heure. Après cela, je ne sentis plus de mal (1). »

La nouvelle de cette guérison se répandit avec la rapidité de l'éclair. Grand fut l'émoi de tous les sectaires « Mgr notre évêque, écrivait l'abbesse Marie-Angélique d'Eu d'Arrest, le 29 du même mois, est accouru ici (pour voir Madame de Mégrigny) et lui a fait toutes les honnêtetés possibles... on vient nous en faire de grands compliments et fêtes, je laisse dire ; car il y a un parti bien fort dans notre ville qui s'en réjouit. Dieu veuille que sa santé dure ! Comme elle est de naissance et d'une nombreuse famille en ce pays, cela fait grand bruit. »

Le bruit arriva bientôt jusqu'à Paris : le 30 mars, Jérôme-Nicolas de Pâris écrivait à l'abbé Parchappe, chanoine de

____

(1) Fait à Troyes, ce 30 mars 1732. *Signé :* Marie-Madeleine de Mégrigny de S.-Benoist. — Imprimé à Paris.

la cathédrale, dans les bonnes grâces de l'évêque et lié à la secte, il le prie d'insister auprès de Bossuet pour que les informations soient faites promptement « si elles ne sont déjà faites ; car vendredi dernier il se tint à Issy une assemblée d'évêques au nombre desquels était l'archevêque de Paris, et dans laquelle on a dû prendre des mesures pour prévenir ou empêcher les informations. » Ces craintes étaient fondées, Louis XV allait être averti par le cardinal de Fleury ; et l'intendant de Champagne, Pelletier de Beaupré, allait partir pour Troyes avec des ordres de Sa Majesté pour arrêter le scandale. Cependant l'évêque de Troyes ne s'endormait pas dans l'inaction. L'abbesse écrit à la date du 4 avril : « Un parti très-considérable qui est à Troyes a poussé Mgr notre évêque à faire des informations pour constater le miracle, il écrivit pour cela, et arriva ici mardi premier avril pour me dire ses intentions là-dessus. Je le suppliai de vouloir bien ne rien précipiter, que la fille n'avait encore pu assister à aucune régularité, qu'elle pouvait retomber dans le même état de vapeurs et de maux... que toute réflexion faite, cette guérison pouvait être attribuée à des causes naturelles. Il parla très-longtemps à la fille en particulier, puis il demanda la communauté et elle. Cette fille vint au milieu de nous toutes le supplier à genoux de vouloir bien faire toutes les formalités nécessaires pour faire connaître ce miracle ; cela nous parut concerté. Mgr de Troyes dit fort que c'était son intention, prêcha la confiance en Dieu et en ses saints, et ensuite fit retirer la communauté. Il me dit à moi seule que je ne pouvais pas reculer de rendre témoignage à la *Vérité*. Je répondis que c'était bien mon intention, mais qu'il me fallait du temps pour voir si cette infirmité ne reviendrait pas, et que je croyais que la nature avait bonne part à la guérison, il n'en fut pas content... Le lendemain matin il vint un huissier demander les noms d'une partie de mes religieuses pour les faire assigner et moi, à la requête du promoteur, qui étaient celles que la sœur de Mégrigny lui avait nom-

mées, et qui n'en étaient nullement contentes. Une heure
après vint le curé de Saint-Jean me dire qu'il était commis-
saire pour venir faire ici les informations, et que Mgr de
Troyes lui avait dit de commencer par moi ; après bien des
discours, il me demanda mon heure pour le lendemain
jeudi, 3 du mois, et comme il sortait de ma maison à midi
sonnant, Mr l'Intendant arriva dans mon parloir. Il me fit
beaucoup de politesses, et me dit l'ordre de la Cour de faire
sortir ma sœur de Mégrigny pour la transférer dans un autre
couvent. Vous jugez, Monsieur, si je fus surprise, mais en
même temps, je compris que cela m'allait tirer, et toute ma
communauté, d'un très-grand embarras dans lequel on
nous jetait bien malgré nous ; j'en bénis Dieu au fond de
mon âme. Mr l'Intendant m'ajouta qu'il fallait partir dans
une heure... Tout se passa très-doucement, la chaise de
poste arrivée, l'exempt m'apporta une lettre de cachet. Je
conduisis moi-même madame de Mesgrigny à la porte avec
une sœur converse qui l'accompagne ; on ne voulut point me
dire où elle allait... » L'intendant assura qu'on aurait toutes
sortes d'égards pour la religieuse, qu'elle allait être placée
en bon lieu et que la converse reviendrait avec l'équipage.

Jérôme de Pàris, qui ignorait encore ce qui venait de se
passer à Troyes, écrivait le vendredi 4 : « La Providence
voit qu'à Paris on ne veut approfondir aucun miracle, elle
permet qu'il s'en opère un dans un diocèse dont l'évêque
aime la *Vérité*. Tout le monde ici souhaite qu'il le fasse
constater juridiquement. » Le lendemain samedi 5, le cardinal de Fleury écrivait de son côté à l'intendant, et après
l'avoir remercié d'avoir exécuté les ordres du roi, il ajoute :
« De tous les miracles prétendus du sieur de Pàris dont le
roi a fait examiner exactement la vérité, il n'y en a pas un
seul à qui on puisse donner ce titre. »

A Troyes, l'enlèvement de madame de Mégrigny avait
consterné le parti : « Je ne puis vous dire, écrit l'abbesse le
4 avril 1732, combien cela a rendu de monde capot. » Le

mécontentement de l'évêque était extrême, quoiqu'il eût
promis à l'intendant de ne pas donner suite à l'enquête, il
voulait faire les informations dans le monastère, malgré
l'abbesse : elle est obligée de lui écrire plusieurs lettres
pour le calmer et l'assurer qu'elle « ne mérite pas tout le
mécontentement qu'il a contre elle... On a vu dans le monastère, dit-elle, des guérisons qui ont paru merveilleuses,
tant par l'intercession de la Sainte-Vierge, que de l'application de la sainte Epine et du chef de sainte Tanche, dont
nous possédons les reliques » mais elle ne paraît pas croire
à la guérison miraculeuse de madame de Mégrigny; d'ailleurs l'intendant lui a dit, comme à l'évêque lui-même,
« que sa majesté exigeait qu'il ne sortit du monastère aucun
écrit. »

Partout ailleurs qu'à N.-D.-aux-Nonnains on exaltait les
vertus héroïques de madame de Mégrigny, on la proclamait
martyre de la Vérité; « on vient ici, dit l'abbesse, nous
demander de ses reliques. » Bossuet ayant reçu une lettre
de la miraculée qui lui annonçait que le lieu de son exil était
l'abbaye de Moncel, et que là on essayait de la tirer de ce
qu'on appelait *l'erreur et la nouveauté :* il lui répond aussitôt pour l'encourager à persévérer *dans sa fermeté ;* et il
ouvre enfin l'enquête sur le miracle. Quatorze religieuses de
N.-D.-aux-Nonnains font des dépositions qui, dans leur ensemble, sont loin de confirmer le miracle. Le principal auteur de cette nouvelle agitation était le confesseur de madame de Mégrigny, le P. Colinet, le plus ardent de la secte à
Troyes. L'abbesse désirait ardemment qu'il ne confessât
plus dans sa maison ; « car, dit-elle, des filles très-religieuses
et rangées seront des deux ou trois ans sous sa conduite sans
faire leurs Pâques, et notre Mégrigny en est une. » Son in-
fluence était grande, parce qu'il était supérieur du collége
« et avait toute sa famille à Troyes dans la robe. » Le supérieur général de l'Oratoire, le P. Latour, instruit de ces
faits, fit partir, le lundi 30 juin, le P. Colinet pour la rési-

dence de Lyon (1). Dans ces circonstances, Jean Soanen, évêque de Senez, exilé à la Chaise-Dieu, envoie ses condoléances à l'évêque de Troyes, le 26 août 1732 : « Je n'ai osé confier au courier public ma douleur extrême sur la sévérité et l'injustice qu'on a exercées depuis quelques mois en votre personne contre les droits les plus sacrés de l'épiscopat, contre les aziles les plus inviolables des épouses du Seigneur, et contre le miracle le plus authentique du *saint Diacre...* » Il lui recommande un prêtre interdit pour avoir refusé d'adhérer à la bulle *Unigenitus*, et il termine en s'intitulant : *Vinctus in Domino.*

Mais un nouveau coup de foudre vint attérer le parti, au mois de septembre 1733 ; le 6 de ce mois, parut un écrit, daté de l'abbaye de Moncel, et qui portait ce titre : *Profession de foi et rétractation solennelle de madame de Mégrigny.* Voici la substance de cette rétractation :

« Je, sœur Marie-Magdeleine de Mesgrigny, dite de Saint-Benoît, relligieuse bénédictine de l'Abbaye royale de Notre-Dame de Troyes, et à présent dans celle de Moncel de l'Ordre de sainte Claire, par ordre du Roy, proteste que mes sentiments contenus cy-dessous sont aussy purs et aussy sincères que si j'étais devant Dieu pour y subir mon arrest éternel. »

« Je me soumets sans restriction à la constitution dite *Unigenitus*, comme à un jugement de l'Eglise universelle en matière de doctrine, de la quelle je ne m'écarteray jamais. »

« Je désavoue, et renonce entièrement au culte de feu Mʳ Pâris, diacre, et à l'invocation de son secours qui a été faite en mon nom, déclarant que je suis bien éloignée de luy

---

(1) Le 12 août 1630, le pape Urbain VIII avait confié le monastère de Notre-Dame de Troyes à la conduite spirituelle du P. Charles de Condren, qui devait exercer ces pouvoirs tant qu'il serait supérieur général de l'Oratoire. — Les religieuses avaient ensuite sollicité et obtenu du Saint-Siége la faveur d'être dirigées plus tard par les successeurs de Charles de Condren. (Archiv. Aube.)

attribuer en aucune façon la guérison prétendue de ma maladie... »

« Je proteste et déclare nul et forcé l'acte qu'on m'a fait faire à Monsieur Bossuet, mon évêque, pour luy demander que ma guérison fût rendue publique, et donner par là plus de poids à l'invocation de M. Pâris, et je révoque en conséquence, de mon plein gré et librement, ma signature à cet acte. »

« Je proteste que je crois tout ce que croit l'Eglise catholique, apostolique et romaine... »

« Je prie le public de regarder cette profession de foy come une réparation que je luy fais du scandal que j'ay donné à toutte l'Eglise et le supplie de demander au Seigneur par ses prières qu'il luy plaise me le pardonner. Amen. »

« Fait à l'abbaye de Moncel, le 6 septembre 1733. »

Cette défection causa autant de douleur que de scandale aux dévots serviteurs du diacre Pàris. Mais il n'était pas facile d'échapper aux mille intrigues de la secte ; on mit tout en œuvre pour rattraper la fugitive, des confidents parvinrent à pénétrer dans sa retraite, des intelligences se nouèrent, enfin cette fille, qui « n'était pas un génie et qui avait beaucoup de vanité » au dire de son abbesse, fut prise, et au mois de mars 1735, elle rentra solennellement dans le giron de la secte en signant la déclaration suivante :

« Je déclare que c'est de mon propre mouvement et de toute la plénitude de mon cœur, que je fais très-librement... le présent acte... pour réparer autant qu'il est en moi le scandale que j'ay donné, et les fautes énormes que j'ay commises en consentant que l'on rendit publique la rétractation que j'avois même en horreur, et qui démentoit le miracle que Dieu a opéré en moy le 23 mars 1732, par l'intercession de son serviteur M᷊ de Pàris ; et en recevant contre les lumières de ma conscience la constitution dite *Unigenitus*, comme un jugement de l'Eglise universelle en matière de doctrine... »

« Je rétracte la signature et acceptation pure et simple, que l'on m'a fait faire de la constitution ditte *Unigenitus*, comme d'un jugement de l'Eglise universelle en matière de doctrine, protestant que je suis d'ailleurs très-soumise à l'Eglise; que je crois d'esprit et de cœur toutes les vérités qu'elle enseigne, et que je condamne très-sincèrement toutes les erreurs qu'elle condamne. »

« Je reconnois devant Dieu que j'ay été guérie miraculeusement et subitement de plusieurs maladies, qui m'avoient mise à l'article de la mort ; et que je n'ay employé d'autres moyens que l'intercession du B. Diacre, Mr François de Pâris; comme je l'ay marqué dans la relation que j'ay faite de mes maladie et guérison, et qui a été rendue publique... »

« Je demande très-humblement pardon à Mgr l'évêque de Troyes de la grièveté des fautes que j'ay commises en désavouant ma guérison miraculeuse et en recevant la bulle *Unigenitus*, et je sollicite, avec toute la sincérité et les instances possibles, sa charité et sa tendresse paternelle de vouloir bien me les pardonner, je le prie de recevoir le présent acte, comme un témoignage de mes véritables sentimens... »

« Enfin je désavoue et rétracte par avance tous autres actes que l'on pourroit arracher de moi à l'avenir... les quels actes seroient contraires aux véritables sentimens que je viens d'exprimer dans celui-cy, je prie Dieu, et Notre Seigneur Jésus-Christ de me soutenir et de me faire persévérer jusqu'au dernier soupir dans la présente protestation... »

C'est le dernier codicille du testament de tout vrai janséniste. C'est le dénouement du triste épisode que nous avons voulu faire connaître.

§ XVI. — Reconstruction de l'abbaye. 1772-1781.

Dès le commencement du xviiie siècle, les constructions
de l'abbaye étaient dans un état déplorable de vétusté, au
point qu'après l'orage du 16 mai 1728, l'église elle-même
avait été mise en interdit. L'abbesse Marie-Angélique d'Eu
d'Arrest, par une sage administration, avait fait rentrer plus
de cent mille livres de rentes constituées ; mais elle ne pouvait songer à une reconstruction générale du monastère.
Françoise-Lucie de Montmorin, qui lui succéda en 1756,
hésita encore pendant seize ans, enfin elle commença la reconstruction du quartier abbatial et la première pierre fut
solennellement posée en 1772. Cette pierre se trouve maintenant au Musée de Troyes (n. 225) : elle porte un écu en
losange, aux armes de Montmorin, surmonté d'une couronne
marchionale, avec la crosse et la croix en sautoir. Au-dessous
on lit cette inscription :

CETTE PIERRE A ÉTÉ POSSÉE

PAR MOY FRANÇOISE-LUCIE DE

MONTMORIN, ABBESSE, FILLE

DE M^r DE MONTMORIN

MARQUIS ET GOUVERNEURE

DE FONTAINEBLEAU

1772

L'état du revenu de l'abbaye en 1777 mentionne cette
reconstruction (1). Un accident, arrivé en 1776, arrêta les
travaux, l'abbesse avait fait employer la craie, lorsque tout-
à-coup « aux deux tiers de l'ouvrage les matéreaux du pays,
dont on s'était servi pour tirer à plus grande économie, ont
faibli sous le poids des ouvrages élevés et il a été nécessaire

––––––

(1) Voir plus haut, p. 169.

de démolir et de reconstruire avec d'autres plus solides tirés de 25 et 30 lieues, ce qui occasionne une augmentation de dépenses, cette pierre revenant à 36 sous le pied. » Les travaux restèrent interrompus pendant deux ans. Le devis estimatif montait à la somme de 187,870 livres. Le 24 février 1777, l'abbesse obtenait du Bureau de la commission des secours 24,000 livres payables en six années; le roi accorda, au mois de novembre, une somme de 60,000 livres sur les Economats, et 18,000 livres sur les Lots non-recouvrés, sommes payables en quatre années. Les dépenses faites jusqu'alors montent à 200,000 livres, sur quoi l'abbesse a déjà payé 112,500 livres.

Après avoir obtenu de nouveaux secours, l'abbesse recommence les travaux en 1778, madame Victoire de France, tante de Louis XVI, accepta de poser la première pierre et se fit représenter. Le 30 avril, avait lieu la solennité, au milieu d'un concours immense de personnes de tout rang et de toute condition. La pierre renfermait dans une boîte de plomb une lame de cuivre sur laquelle, dans la partie supérieure, étaient gravées les armes de Madame Victoire, celles de la marquise de Montmorin et celles de l'abbesse. Au-dessous, en exergue : *Ce Monastère a été rebâti des libéralités de Louis XVI.* Plus bas : *La Première Pierre a été posée le 30 avril 1778, par Très-Haute, Très-Puissante et Excellente Dame Victoire-Louise-Marie-Thérèse de France, Tante du Roi, Protectrice et Bienfaitrice de cette Maison. Elle a été représentée par Dame Marguerite Morin de Banneville, Epouse de Messire Jean-Baptiste-François, Marquis de Montmorin, Chevalier-Commandeur des Ordres du Roi, Gouverneur des ville et château de Fontainebleau, Capitaine des Chasses de Sa Majesté et Lieutenant-Général de ses Armées.*

La pierre a été bénite par Monseigneur C. M. J. de Barral, Evêque de Troyes, en présence du Chapitre de la Cathédrale, du Corps municipal et autres Corps de la

Ville: La construction a été faite sur les plans et sous la direction de M. Louis de la Brierre, Architecte de Paris, et bâti par le sieur Gaugé, Maître Maçon de Paris ; Inspecteur, le sieur Gentil.

M. Vallet de Viriville acquit, en 1841, quatre petits tableaux, ou miniatures gouachées, qui représentent cette cérémonie en quatre compositions allégoriques (1). La reconstruction, reprise en 1778 et « faite sous les ordres et conduite de Mꝛ de la Brière, architecte, demeurant à Paris » ne fut achevée qu'en 1781. Voici les principaux chapitres de la dépense :

Maçonnerie, de 1778 à 1781..	149,333 l.
Charpente................	32,895 »
Serrurerie...............	8,843 »
Total.......	191,071 l.

On voit au Musée de Troyes (n. 162) une aquarelle, rehaussée de gouache, par Charpentier, représentant la reconstruction de l'abbaye de 1778 à 1781.

§ XVII. — Inventaire des reliques fait en 1664.

« Premièrement une croix de Lorraine, d'argent doré, où sont des reliques. Le pied n'est que de cuivre doré.

2. Un vase de cristal, où il y a du sang de Notre-Seigneur.

3. Deux grands ymages d'argent : l'un de la Sainte-Vierge, l'autre de saint Benoist ; où il y a dans le pied, qui est d'ebenne, de l'ymage de la Sainte-Vierge un morceau de sa saincture, et dans celui de Nostre Père saint Benoist un fragment d'un de ses os. Ces deux ymages ont esté donnez

---

(1) Ces miniatures sont dans la galerie inférieure des Archives de l'Aube.

par madame la marquise de Raffelot sœur de madame nostre
révérende abbesse, à la profession de madame sa fille
l'année... La Sainte-Vierge pèse 19 marcs et Saint-Benoist
22 marcs.

4. Le chef de sainte Verenne, vierge et martyre, com-
pagne de sainte Ursule, couvert d'argent.

5. Une châsse de cristal, où il y a un chef d'une des
Onze mille vierges.

6. Un bras d'argent, où il y a un fragment du bras de
saint Liébault, abbé.

7. Un autre reliquaire d'argent, où il y a deux anges qui
soutiennent une fiole d'agathe où il y a un petit fragment de
sainte Reine. Au-dessous, un fragment d'une coste de saint
Guillaume d'un costé, et de l'autre de saint Vincent, martyr,
et de saint Nicolas, évesque.

8. Une grande châsse d'argent, avec des images d'émail
dessus.

9. Une petite châsse d'argent, où il y a une coste de
saint Laurent martyr; donné par M' Belot, oncle de mes
sœurs Belot, Anne de sainte Scholastique et Catherine de
l'Assomption.

10. Une autre petite châsse d'argent, où il y a des reliques de saint Eutrope, évesque et martyr, de saint Eloy,
évesque; donné par ma sœur Marie Clausier.

11. Un grand reliquaire d'argent, où il y a dans la
pomme, qui est de cuyvre doré, soutenue par deux anges,
le crâne du chef de sainte Tanche, vierge et martyre, le pied
est de cuyvre émalié; ce reliquaire a été donné par madame de Fleurigny à la profession de ma sœur Emée de
Jésus, sa fille.

12. Un petit coffre d'argent, où il y a un reliquaire d'argent, dans lequel il y a un petit fragment de saint Paul et de
sainte Scolastique.

13. Deux croix, dont l'une a un bâton d'argent. Dans

la grosse croix au-dessous d s pieds du crucifix, il y a de la vraie Croix, enchâssée avec un petit cristal ; cette croix pèse 12 marcs, elle a esté donnée par madame Robin à la profession de ma sœur Jeanne de la Croix sa fille (1). »

§ XVIII. — Sceau de l'abbaye. — Armorial des abbesses.

I. — On connaît le sceau traditionnel de Notre-Dame-aux-Nonnains : plusieurs empreintes, du xiii° siècle, se trouvent aux Archives de l'Aube, et une de ces empreintes, attachée à un acte de 1293 a été donnée par M. de Paulis à l'Ecole des Beaux-Arts.

M. Bourdignon, ancien professeur à Troyes, trouva, en 1847, la matrice de ce sceau entre les mains d'un enfant qui s'en servait pour jouer au palet sur la promenade publique ; il en fit l'acquisition. Cet objet d'art est maintenant au cabinet de M. l'abbé Coffinet, chanoine de la cathédrale.

Le sceau de Notre-Dame-aux-Nonnains est oval, de 65 millimètres de hauteur sur trente-neuf de largeur. Il porte au champ un pupitre, supportant un livre ouvert, sur lequel on lit ces deux mots superposés : *Ave Maria ;* il est entouré de cette légende : † *Sigill. Capituli sancte Marie Trecensis.* Ce sceau a été décrit par M. l'abbé Coffinet (2).

II. — L'armorial des abbesses de Notre-Dame-aux-Nonnains est un tableau héraldique présentant dans leur ordre chronologique les blasons des abbesses. Les émaux de ces armoiries sont en camaïeu. M. Vallet de Viriville a reproduit ce tableau à l'aquarelle en y joignant diverses notes

---

(1) Archiv. Aube.

(2) *Recueil de documents et de mém. publiés par la Société de Spragistique,* n° de janvier 1852.

et additions héraldiques complémentaires (1). Il renferme vingt-et-un écussons armoriés dont trois n'ont pas d'émaux. L'écusson le plus ancien est celui d'Alix de Villehardouin; et le dernier, celui de Louise-Scholastique Le Pelletier. Nous ne traduirons pas l'armorial des abbesses de Notre-Dame-aux-Nonnains parce que plusieurs écussons nous paraissent de pure fantaisie. Le document le plus ancien en cette matière serait la couverture de l'Evangéliaire de Notre-Dame-aux-Nonnains (2) qui renferme plusieurs écussons avec des émaux enchâssées dans l'argent, magnifique travail, paraissant remonter au commencement du xive siècle.

§ XIX. — Catalogue des abbesses.

Nous donnons, pour chaque abbesse, les dates qui peuvent fixer la durée de leur administration :

I. — Ide (*Obit.* 14 janvier).

II. — Risondis (*Obit.* 7 février).

III. — Frideburge (*Obit*, 12 février).

IV. — Nicole (*Obit.* 13 février).

V. — Cécile (*Obit.* 25 mai).

VI. — Lethuide (*Obit.* 29 mai).

VII. — Marthe (*Obit.* 12 juin).

VIII. — Sibille (*Obit.* 21 juin). Les noms de ces huit abbesses, qui vivaient antérieurement à 1135, sont marqués à l'ancien *Obituaire* de l'abbaye (Bibliot. nation. latin — 9894).

IX. — Ledendis.

X. — Adelaïde. Ces deux dernières abbesses figurent sur le *Rouleau des morts* de Mathilde, abbesse de Caen.

---

(1) Archiv. Aube. Portefeuille.
(2) Bibliot. Troyes, ms 2251.

XI. — Gertrude, 1135 (1).

XII. — B. 1182.

XIII. — Gertrude II, 1183-1205.

XIV. — Adélaïde II de Vendeuvre, fille de la comtesse de Sens, 1211-1231, janvier.

XV. — Adélaïde III de Villehardouin, fille de Geofroi de Villehardouin, maréchal de Champagne, 1233-1249.

XVI. — Mathilde I de Vallery, fille de Jean de Vallery et sœur d'Erard de Vallery, 1249-1262, enterrée le vendredi après Pâques. (Voir son épitaphe n. XXII.)

XVII. — Ermengarde du Châtel, élue le mardi après l'Ascension 1262. (*Obit.* 12 juillet.)

XVIII. — Isabelle ou Elisabeth de Chateauvillain, sœur de Jeanne de Chateauvillain, dame de Barberey-Saint-Sulpice, mourut le 17 janvier 1264. (Voir son épitaphe n. III).

XIX. — Odette de Pougy, fille de Renaud de Pougy, et nièce de Manassès, évêque de Troyes, 1266, mourut en 1272. (Voir son épitaphe n. VI.)

XX. — Isabelle II, 1275 (v. st.), février.

XXI. — Odette II, 1282-1284.

XXII. — Jeanne Gâteblé, 1289.

XXIII. — Herminie, 1290, juillet. (*Obit.* 22 novembre.)

XXIV. — Isabelle III de Saint-Phal, 1292-1293. (Voir son épitaphe n. IX.)

XXV. — Gille de Vaujean, 1293-1297, jeudi après saint Pierre, saint Paul. (Voir son épitaphe n. VII.)

---

(1) Le *Gallia* place ici N. ou l'abbesse inconnue qui fut honorée d'une lettre d'Alcuin, mais cette abbesse peut fort bien être une des dix premières désignées dans l'Obituaire.

XXVI. — Isabelle IV de Saint-Phal, 1301-1311, mourut le 31 mars.

XXVII. — Isabelle V de Saint-Phal, 1311-1328, mourut le 6 avril. (Voir son épitaphe n. II.)

XXVIII. — Mathilde II d'Anglure, 1348-1349, mourut le 4 novembre. (Voir son épitaphe n. XVIII.)

XXIX. — Helvide de Troyes, elle avait donné sa démission dès 1352, elle mourut en 1357 le jour de la fête des Onze mille vierges. (Voir son épitaphe n. XV.)

XXX. — Béatrix de Laude, 1352-1359, 1er avril. Elle était sœur de Flamant de Laude, archidiacre de Troyes.

XXXI. — Marie I de Saint-Phal, fille d'Etienne de Saint-Phal et de Guillemette de Ray, mourut le 15 septembre 1368. (Voir son épitaphe n. I.)

XXXII. — Jeanne I de Ricey, élue en 1369.

XXXIII. — Marguerite de Saint-Phal, 1380-1409, elle mourut le 30 décembre.

XXXIV. — Blanche de Broyes, élue en 1410, prêta serment à Etienne de Givry, évêque de Troyes, mourut le 17 janvier (v. st.) 1438. (Voir son épitaphe n. XIV.)

XXXV. — Jeanne II de Broyes, élue en 1438, prêta serment à Jean Léguisé, évêque de Troyes,

XXXVI. — Jeanne III de Vezelize, mourut le 24 février 1447.

XXXVII. — Isabelle VI de Neuville, 1448-1452, 8 mai.

XXXVIII. — Huguette de Bessy, 1456, 5 octobre — mourut le 4 février (v. st.) 1465. (Voir son épitaphe n. XIII.)

XXXIX. — Catherine I de Lusigny, confirmée le 26 mars, prêta serment à Louis Raguier, évêque de

Troyes, le 20 juillet 1466, fit cession en 1475, mourut le 14 novembre 1479. (Voir son épitaphe n. XVI.)

XL. — Isabelle VII de Rochetaillée, prêta serment à Louis Raguier, évêque de Troyes, le 24 août 1475, mourut en 1480.

XLI. — Claudine de Bercenay 1482. La validité de son élection fut contestée.

XLII. — Catherine II de Courcelles, fille de Jean de Courcelles, seigneur de Saint-Thibaut, abbesse du Paraclet, obtint des bulles pour Notre-Dame-aux-Nonnains le 12 octobre, garda les deux abbayes, et mourut le 9 juillet 1519.

XLIII. — Marie II du Montier, prêta serment à Guillaume Parvi, évêque de Troyes, le 9 octobre 1519, fit cession en 1542 (v. st.) 22 février, mourut le 17 juillet 1543.

XLIV. — Marie III du Foulx, obtint ses bulles le 25 mars 1543, prit possession le 21 juin, mourut le 13 novembre 1557.

XLV. — N. Nanthelon, elle avait fait cession en 1560.

XLVI. — Marie IV de Luxembourg, fille de Charles de Luxembourg, comte de Brienne, et de Charlotte d'Estouteville, elle fut en contestation pour son élection, avec Barbe de Launay, abbesse de Notre-Dame-des-Prés, du 1er février 1558 (v. st.) au 7 février 1559 (v. st.), elle mourut le 16 mars 1597 (*Epitaphes* n. XIX).

XLVII. — Louise I de Luxembourg, fille de François de Luxembourg, duc de Piney, et de Diane de Lorraine, reçut la bénédiction le 21 septembre 1600, mourut le 4 avril 1602, âgée de 22 ans. (*Epitaphes* n. XX.)

XLVIII. — Louise II de Dinteville, fille de Guillaume de
Dinteville, seigneur des Chenets, bailli de
Troyes, et de Louise de Rochechouart,
nommée par le roi le 17 avril 1602, confirmée par le pape le 16 août, fut installée
le 8 janvier suivant, prit pour coadjutrice
Claudée de Choiseul en 1610, et mourut
le 27 novembre 1617. (Voir son épitaphe
n. XXI.)

XLIX — Claudée de Choiseul-Praslains, fille de Charles
de Choiseul, maréchal de France, et de
Claudée de Cazillac, fut confirmée par le
pape le 7 janvier 1618, mourut le 4 août
1667, âgée de 65 ans. On trouve au Musée
de Troyes (n. 218-219) deux écussons en
pierre, de Claudée de Choiseul, l'un porte
la date de 1633 et l'autre celle de 1654.

L. — Anne de Choiseul-Praslains, sœur et coadjutrice de Claudée, reçut la bénédiction et
prit possession en 1667, mourut le 29 août
1688.

LI. — Louise-Scholastique le Pelletier, sœur de
Claude le Pelletier, religieuse de la Ville-
l'Evêque, près Paris, est nommée par le
roi, le 1er novembre 1688. Les bulles
datées du 4 décembre sont fulminées seulement le 8 juillet 1689. Louise reçoit la
bénédiction des mains de François Bouthillier, évêque de Troyes, le **9 juillet**, dans
l'église de la Ville-l'Evêque, elle prend
possession le 20 et fait cession en 1697.

LII. — Marie-Madeleine-Marguerite de la Chaussée
d'Eu d'Arrest, nommée par le roi le 24 décembre 1697, confirmée par le pape au
mois de mars 1698, prête serment à l'évêque

de Troyes le 22 juin, et prend possession le 9 juillet.

LIII. — Marie-Angélique de la Chaussée d'Eu d'Arrest, ancienne prieure de Sainte-Scholastique-les-Troyes, nommée par le roi au mois d'octobre 1717, était sœur de Marie-Madeleine qui précède. Elle dégagea le monastère de plus de cent mille livres de rentes constituées.

LIV. — Françoise-Lucie de Montmorin, nommée par le roi le 8 août 1756, elle fit reconstruire l'abbaye de 1772 à 1781.

§ XX. — Anniversaires et fondations de N.-D.-à» Nonnains, de 1198 à 1586.

Nous pensions faire précéder cet article de l'*Obituaire* de Notre-Dame-aux-Nonnains qui se trouve à la Bibliothèque Nationale latin 7894; mais l'étendue de ce document nous force à en ajourner la publication.

Nous publions les anniversaires et fondations de Notre-Dame-aux-Nonnains d'après une copie du xviiie siècle qui se trouve aux Archives de l'Aube, et dont voici la teneur (1) :

1198. — Charte de l'abbesse de Notre-Dame, faite en présence des chanoines de ladite église, et autres, portant fondation d'un anniversaire *Cunctis diebus* pour Pierre de Orengies et sa femme.

1207. Décembre. — Charte de l'official de Troyes portant fondation d'un anniversaire pour Drogon de Luères, chanoine de Saint-Etienne.

1225. Février. — Charte pour l'anniversaire de Jean de Mussy, qui se doit célébrer au jour de saint Remi.

1230. Janvier. — Charte d'Alix, abbesse de Notre-

---

(1) Elle contient les anniversaires encore en vigueur à la fin du xvie siècle.

Dame, portant fondation d'un anniversaire pour la vicomtesse de Sens, sa mère.

1230. Novembre. — Charte de ladite Alix, abbesse, pour la fondation d'un anniversaire pour Gui, seigneur de Julli, moyennant 40 s. à distribuer selon qu'il est porté en ladite charte.

1246. Août. — Charte de Girard de Vendeuvre, portant fondation d'un anniversaire, moyennant soixante sols à prendre, chaque année, au jour de Pasques, sur le péage de Vendeuvre.

1273. Août. — Charte de l'official de Troyes, portant fondation d'un anniversaire pour Vivien de Pains.

1305. Septembre. Vendredi d'après l'Exaltation de la Sainte-Croix. — Charte de l'official de Troyes, par laquelle Marie... donne trente sols de rente sur les halles de Châlons à Troyes, pour un anniversaire.

1307. 23 novembre. — Charte de Marguerite de Saint-Fál, abbesse de Notre-Dame, portant fondation d'un anniversaire pour Françoise de Liége, religieuse sousprieure de ladite abbaye.

1310. Septembre. Jeudi d'après la fête de la Sainte-Croix. — Fondation faite par Gaucher, vidame de Méry, d'un anniversaire pour Gaucher son père.

1312. Mardi après le dimanche *Oculi*. — Testament de Jean Garnier, dans lequel est contenue la fondation d'un anniversaire, pour quoi il donne 60 s. de rente. Ledit testament fait aussi mention d'une maison, rue de la Petite-Tannerie, cy-devant donnée à ladite abbaye. — *Vidimus* de l'official de Troyes, du mardi d'après l'Epiphanie, 1317.

1317. Février. Du mercredi fête de saint Mathias, apôtre. — Donation d'une maison, rue Saint-Paul, par M⁰ Jean de Laon, à la charge d'un anniversaire et autres charges cy mentionnées.

1326. Samedi d'après le dimanche où on chante *Jubi-*

late. — Testament de Me Jacque de Baaçon, archidiacre de Troyes, par lequel il donne à ladite abbaye 22 s. de rente pour un anniversaire.

1317. Dimanche d'après Noël. — Testament de Hugues-le-Flamant, par lequel il donne à l'église de Notre-Dame, lieu de sa sépulture, 40 s. de rente sur un pré lui appartenant au lieu dit : le Pré-l'Abbesse. — *Vidimus* de l'official de Troyes, du jeudi avant la fête de Saint-Nicolas d'hiver 1342.

1348. Jeudi d'après la Saint-Remi. — Charte de Mahaut d'Anglure, abbesse de Notre-Dame, portant fondation d'un anniversaire à l'intention d'Isabeau de Saint-Fal, trésorière de ladite abbaye, moyennant 50 s. de rente à prendre sur un pré au finage de...

1380. Vendredi d'après la Saint-Martin. — Charte de Margueritte de Saint-Fal, abbesse, contenant la donation faite par Henri de Poitiers, évêque de Troyes, d'un anniversaire, moyennant 20 l. qui ont été employées aux réparations des moulins de l'abbaye.

1391. 16 mars. — Autre charte de ladite Margueritte, dans laquelle il est fait mention d'une pitance fondée en la dite abbaye par sœur Guillemette la Bourgoigne, pour le jour de l'Exaltation de la Sainte-Croix, dédicace de l'église Notre-Dame. La dite Guillemette a déposé, à cet effet, entre les mains de Mre Nicolle le Bourgoin, chanoine de Troyes, son frère, alors gouverneur de ladite abbaye, de par le roi, la somme de quinze francs d'or, pour aider aux réparations desdits moulins. Après mûre délibération avec notre R. Père en Dieu et souverain Mgr l'Evêque de Troyes (qualifié dans la dite charte), la dite abbesse s'oblige, et tous les biens temporels de la dite abbaye, de fournir, à tout jamais, la pitance audit jour.

1391. 30 mai. — Autre charte de la dite Margueritte de Saint-Fal, abbesse, portant donation de 8 l. tournois par Jeanne la Menotte pour un anniversaire.

1398. Septembre. — Testament de Dame Isabeau de Saint-Fal, femme de M^ro Thibaut de Montant, par lequel elle donne à la dite abbaye, pour un anniversaire, 50 s. de rente sur la terre de Crésentine, — *Vidimus* de l'official de Troyes, du samedi d'après la Saint-Remi, octobre 1399.

1400. 23 août. — Charte de la dite Margueritte de Saint-Fal, abbesse, contenant la fondation faite par Mahaut de Dinteville, religieuse de la dite abbaye, pour un anniversaire, moyennant 20 l. tournois, monnaie courante après le franc d'or pour 20 s. tournois.

1400. 13 septembre. — Charte de ladite Margueritte de Saint-Fal, abbesse, portant fondation d'un anniversaire pour dame Guillemine de Ray, jadis dame de Saint-Fal et ses prédécesseurs.

1401. 6 août. — Charte de la dite Margueritte de Saint-Fal, abbesse, portant fondation faite par Mahaut de Dinteville, prieure de la dite abbaye, d'un anniversaire à l'intention de Jeanne de Ailli, chantre de la dite abbaye, et de Margueritte et Alix, ses sœurs, moyennant 20 l.

1400. 5 août. — 1403. 26 avril. — Deux chartes de la dite Margueritte de Saint-Fal, abbesse, portant fondation faite par Thévenotte, femme de Lambert de Brusselles, de deux anniversaires; l'un pour elle, l'autre pour son mari, moyennant 30 l. Ces jours-là, il sera payé dix deniers à chaque chanoine de Notre-Dame par les abbesse et religieuses; la dite Thévenotte donne, à cet effet, 24 l. à l'abbaye.

1407. 20 mars. — Une charte de la dite Margueritte de Saint-Fal, par laquelle Isabeau de Seaux, religieuse de la dite abbaye, donne 20 l. pour la fondation d'un anniversaire.

1409. 18 mai. — Une charte de la dite Margueritte de Saint-Fal, portant fondation d'un anniversaire par Catherine la Ciergière, religieuse de la dite abbaye, moyennant 20 l.

1410. 5 septembre. — Charte de Blanche de Broyes, abbesse de Notre-Dame, portant une fondation faite par la dite Guillemette la Bourgoigne, religieuse de la dite abbaye, d'un anniversaire pour elle et ses parents, moyennant 20 l.

1419. 11 mai. — Charte de la dite Blanche de Broyes, abbesse, portant fondation par madame de Dinteville, prieure de la dite abbaye, d'une seconde torche, lors de l'élévation du Saint-Sacrement à la grand'messe, moyennant 20 l.

1421. 22 avril. — Charte de la dite Blanche de Broyes, abbesse, portant fondation d'un anniversaire par Helluison la Monnoyère, chantre de la dite abbaye, moyennant 20 l. pour employer à un encensoir.

1429. 28 juin. — Charte de la dite Blanche de Broyes, portant fondation par Catherine de Lusigny, chantre de la dite abbaye, d'un anniversaire, moyennant 25 l.

1585. 3 janvier. — Acte portant délivrance faite à Marie de Luxembourg, abbesse de la dite abbaye, d'une somme de 100 l. par les exécuteurs du testament de M° Claude Brandon, chanoine de Saint Etienne, pour un anniversaire fondé par lui en l'église de Notre-Dame.

§ XXI. — Epitaphes et inscriptions extraictes des tumbes et monumentz qui ont esté recongneuz en l'église et cloistre de l'abbaye de Nostre-Dame de Troyes, en l'an 1626, estant lors abbesse d'icelle noble dame sœur Claude de Choiseul, nonain professe de la dicte abbaye (1).

I. — Au milieu du chœur des religieuses, sur une belle grande tumbe est ceste inscription :

Cy gist noble homme Monseigneur Estienne, jadis

---

(1) Archiv. Aube. Nous avons déjà publié ce document, mais d'après une copie défectueuse.

sire de Sainct Fale, Chevallier, qui trespassa l'an 1342, le 20 janvier, et Dame Guillaume de Ray, sa femme, Dame dudit lieu, qui trespassa l'an mil..... Item trespassa sœur Marie de St Fale, jadis abbesse de céans, l'an 1368, le 15 jour de septembre. Priez Dieu pour les ames d'eux. Amen.

II. — Audict chœur, devant le siége abbatial :

Hic jacet Domina soror Isabellis de Sancto Fidolo, quondam Abbatissa istius Monasterii quae obiit anno 1328, die 6 aprilis.

III. — Devant la chappelle Nostre-Dame-du-Rosaire, sur une tumbe :

Hic Ysabellis jacet abbatissa : rebellis
Semper avaritiae, dedita munditiae,
Mitis, amans, simplex, humilis, vetus et juvenilis,
Largaque pauperibus; sit sacer inde cibus.
M. iungas, bis C. simul LXJ tria misce
Hoc, Martisque dies, summa fuere quies.

Par cet épitaphe est dict que ceste abbesse mourut en l'an 1264, un jour de mardy; n'ayant esté aucunement avarre ny convoiteuse des biens temporelz ; se rendant aymable à chacun, humble, tant en sa jeunesse qu'en son vieil aage, et grandement charitable envers les pauvres.

IV. — Devant la dicte chappelle, sur une tumbe :

Cy gist Dame Agnès, fille au vicomte de Linière, Dame de saint Sépulchre, qui trespassa l'an de grâce 1288, au mois de novembre, le jour St Martin.

V. — Devant ledict autel du Rozaire :

Corpus Alaidis abbatissae
Jacet isto sub tectu lapidis,
Animam poscit dare Christo,
Pro quo laudes meruit magnas,
Donatur pro mercede corona.
Dicite : *Pater noster.*

L'année du décès de cette abbesse Alix n'est point cottée en ceste inscription, mais on recongnoist par deux tiltres qu'elle vivoit ès-années 1216, 1233 et 1241. La dicte inscription tesmoingne qu'elle avait vescu bien religieusement, et pour ce fut honorée et estimée en son temps. Son effigie, représentée sur sa tombe, est ornée d'une coronne soustenue sur sa teste par deux anges, tesmoingnage de sa vertu, éminente pureté et chasteté. On conjecture par un tiltre de l'an 1189 qu'elle estoit fille du généreux seigneur Geoffroy de Villeharduyn : lequel Geoffroy par le dict tiltre donne, en considération de sa fille Alix, à la dicte abbaye xx s. de rente annuelle à prendre sur le plus clair revenu de sa terre de Villy, depuis nommé de luy Villy-le-Mareschal.

Ledict Geoffroy est auteur de la belle histoire de la prise de Constantinople par les François et Vénitiens en l'an 1204.

Ledict tiltre, comme ladicte sépulture, la nomment Adelays, qui est Alix : toutes fois pourroit estre que celle qui est nommée Alix ès dicts tiltres de l'an 1233 et 1241 fust une aultre.

VI. — Devant l'autel de saincte Magdelaine, sur une tumbe :

Anno millesimo, C bis, LX duodeno,
Haec abbatissa fuit ad coelestia missa.
Oda suum nomen, felix fuit illius omen,
Ordinis et clavis, pia, sobria, justa, suavis.

L'inscription contient que cette abbesse, Oda, mourut en l'an 1272, et que par bonne rencontre elle avait ce nom Oda, lequel en grec signifie hymne ou chant; car ayant esté chantre de l'abbaye, elle fut depuis esleue abbesse, recommandable pour sa douceur, sobriété et observance de la règle.

VII. — Au chapitre de l'Abbaye :

Cy gist Gilles de Vaujoan, jadis abbesse de Nostre-Dame de Troyes, qui trespassa l'an 1297, le jour de dimanche après Pasques.

Les tiltres anciens la nomment en latin Gila de Valle Joannis.

VIII. — Audict chapitre :

> Hic jacet religiosa soror Gilla de Barberiaco, quondam hujus monasterii Eleemosinaria, quae obiit anno 1327.

Elle estoit parente de l'abbesse Gille de Vaujoan, et toutes deux sortyes de bonnes maisons.

IX. — Devant le chapitre :

> Cy gist Dame Ysabeau de Sainct Fale, Abbesse de Nostre-Dame de Troyes, qui trespassa l'an de grâce 1293, le mardy après Pasques.

X. — Tout joingnant :

> Hic jacet religiosa domina Isabellis de Sancto Fidolo.

Le reste ne se peult lire, mais il y a apparence qu'elle estoit pareillement abbesse, et mesme étant nommée Domina ; et peult estre aussi niepce de l'aultre Ysabele de St Fal, car par les tiltres se treuve une Ysabelle abbesse en l'an 1311, et ainsi y a convenance au temps.

XI. — Tout joingnant :

> Hic jacet Petronilla de S° Fidolo, istius ecclesie Eleemosinaria.

Le reste est effacé.

XII. — Tout de suitte :

> Cy gist sœur Mahault de Dinteville, Prieure de ceste église, qui trespassa le 12 août 1420. — Cy gist sœur Ysabeau d'Annoy, jadis Trésorière de cette église, qui trespassa le 8e septembre 1438.

XIII. — Au cloistre, à la sortye de l'église, à main sénestre :

> Cy gist Madame Huguette de Baissi, jadis Abbesse de cette église, qui trespassa le quatriesme febvrier 1465.

XIV. — Un peu plus avant, audict cloistre :

Cy gist Madame Blanche de Broye, jadis Abbesse de cette église, qui trespassa le 17 janvier 1438.

XV. — Joingnant la sépulture de Madame Huguette de Baissy :

Cy gist Marie de Troyes, nonain de ceste église, laquelle trespassa l'an de grâce 1315, le jour de la Chaize St Pierre en febvrier. — Et Heluis de Troyes, jadis Abbesse de ceste église, qui trespassa l'an 1357, le jour des XI mille vierges.

XVI. — Tout de suitte :

Cy gist Guillemette la Bourgongne, religieuse de céans, laquelle trespassa l'an 1409, le jour St Clément.

Cy gist sœur Catherine la Ciergière, enfermière de céans, laquelle trespassa l'an 1424, le 26 juin.

Cy gist Catherine de Lusigny, leur niepce, chantre de céans, et depuis Abbesse, laquelle trespassa l'an 1479, le 14 novembre.

Fault notter que ladicte Catherine de Lusigny renoncea à la dignité abbatialle en l'an 1475, et sur cette démission fut faicte Prieure, et sœur Ysabeau de Rochetaillée esleue en sa place.

XVII. — Au cloistre du costé du chapitre, près l'entrée pour monter au dortoir :

Cy gist sœur Heluis des Portes, jadis Prieure et nonain de ce monastère, qui trespassa le 25 aoust 1341. Et Sybille la Pacarde, nonain, et Marie sa sœur, converse, ses niepces, et Marie la Cauchonne leur niepce; laquelle Sybille trespassa l'an mil CCC..... et sa sœur le premier octobre, et leur niepce le 27 septembre 1345.

XVIII. — En l'église, à main gauche, assez près du grand autel, contre la muraille, y avoit une sépulture eslevée, laquelle a été enlevée en l'année présente 1626, lorsqu'on a dressé le nouvel autel ; sur la sépulture y a cette inscription :

> Cy gist Mahault d'Anglure, jadis Abbesse de céans, qui trespassa l'an 1439, le 4 novembre.

XIX. — Madame Marie de Luxembourg, abbesse, mourut le 16 mars 1597, n'y aiant aucune tumbe sur sa sépulture.

XX. — Madame Loyse de Luxembourg, abbesse, sa niepce, mourut en avril 1602, aagée de 22 ans, comme porte une inscription, laquelle est contre un pillier du chœur, au dessus des chaizes, du côté dextre.

XXI. — Madame Loyse de Dinteville fut abbesse par la mort de la dicte Loyse de Luxembourg, et mourut le 28 novembre 1617, aagée de 60 ans, estant née à Polisy en aoust 1557, peu de jours après la bataille St Quentin, est enterrée à l'entrée du chœur.

> [Hic jacet Ludovica a Dintevilla, in Remensi divi Petri monasterio professa, primum in claustro Dominae de Pietate Jonvillensi prior, deinde in coenobio Argensollensi ordinis S. Bernardi, demum in isto abbatissa, ubi regularis vitae instaurationem inchoavit, solitudinem coluit, jugiter orans et egentium mater, mirae paupertatis fuit. Obiit aetatis annus 68, salutis 1617, quinto calendas Decembris] (1).

XXII. — Au devant du grand autel, à main droitte de la grille :

> Hic jacet Mathildis de Valeriaco, quondam hujus monasterii abbatissa, quae hic sepulta fuit an. D. 1262, die veneris post Pascha.

La dicte Mathilde estoit de la maison très-illustre de Valery. En l'année 1401, sœur Margueritte de St Fal estoit abbesse, comme appert par un tiltre de la dicte année, faisant mention de sœurs Jehanne de Ricey, jadis chantre, Margueritte et Alix ses sœurs, lors décédées.

---

(1) *Gallia Christ.*, t. XII, col. 569 — B.

XXIII. —

Ici repose
Dame Catherine de la Ferté,
Religieuse professe,
de l'abbaye de Notre-Dame
aux Nonnains de Troyes,
Prieure titulaire de ce monastère,
qu'elle a conduit pendant x ans et vi mois,
s'appliquant sans relasche à perfectionner
dans ses filles,
par ses instructions et ses exemples,
l'édifice spirituel,
en même temps qu'elle travailloit avec zèle
à décorer
le temple matériel du Seigneur.
Elle décéda le... — novembre 1700,
âgée de 55 ans (1).

Nous indiquerons seulement un document assez curieux, analogue à celui des *Epitaphes et inscriptions*, et qui en est comme l'appendice naturel : c'est le *Nécrologe* des religieuses de Notre-Dame-aux-Nonnains, du 13 avril 1630 au 20 janvier 1789. Il se trouve aux Archives de l'Aube (2).

§ XXII. — L'administration du département de l'Aube installée à N.-D.-aux-Nonnains. 1794.

En 1790, l'administration du département s'était établie dans l'hôtel Marisy, rue des Quinze-Vingts, en vertu d'un bail de trois ans, échéant à la Saint-Jean 1793. Au mois de février de cette année, l'hôtel fut vendu par le citoyen Angenoust, qui en était propriétaire, à Nicolas-Jean-Baptiste Vernier (3). Le nouveau propriétaire voulut habiter son hôtel; toutefois, il accorda à l'administration dépar-

---

(1) Sémillart, *Recueil*, cabin. de M. l'abbé Coffinet.
(2) N -D.-aux-Nonn., *reg.* 1564.
(3) Archiv. Aube, *reg.* L 16, fol. 46 r°.

tementale de prolonger son bail jusqu'au 1er mai 1794. L'administration pensa d'abord à établir ses bureaux dans l'ancienne maison des Filles-Pénitentes; mais le 11 brumaire an II (1er novembre 1793), le conseil assemblé considérant qu'il résultait du devis dressé par le citoyen Milony « que les ouvrages à faire à la maison des Filles-Repenties, pour y pouvoir placer l'administration, coûteraient une somme de 25,550 francs, non compris les frais de déplacement... que les circonstances ayant forcé de jeter les yeux sur un autre emplacement... celui de la ci-devant abbaye de N.-D.-aux-Nonnains, situé dans le centre de la ville, paraissait réunir le double avantage d'y recevoir l'administration du département et celle du district, sans être obligé d'y faire beaucoup de dépenses... Le Conseil général permanent décide qu'il transferrera l'administration dans la maison de la ci-devant abbaye de Notre-Dame. Cette résolution est approuvée par le citoyen Garnier, représentant du peuple, présent dans le département avec des pouvoirs de la Convention nationale » (1).

Les travaux de réparation furent poussés activement; et le citoyen Vernier « par acte contradictoirement par lui souscrit avait consenti à reprendre la jouissance de l'hôtel de Marisy au jour dit de *Paquet* » 1794, au lieu du 1er mai, selon qu'il avait été d'abord convenu (2). C'est donc à Pâques, 26 mars 1794, que l'administration du département de l'Aube prit possession de l'abbaye de N.-D.-aux-Nonnains, actuellement hôtel de la Préfecture.

---

(1) Archiv. Aube, *reg*. L 13, fol. 4 r°.

(2) *Ibid.* Reg. L 1, fol. 50 r°. On voit, par une délibération du 13 prairial an II (1er juin 1794), que l'administration départementale était encore en difficulté avec le citoyen Vernier, au sujet des réparations locatives de l'hôtel Marisy : il refusait, malgré sommation, de reprendre les clefs. (Reg. L 1, fol. 50.)

TABLE

Extrait des Mémoires de la Société Académique de l'Aube

Tome XXXVIII. — 1874.

[illegible]

[illegible]

[illegible]

9 782019 221706